员工记分卡

为执行战略而进行人力资本管理

马克·A.休斯理德
〔美〕布赖恩·E.贝克尔 著
理查德·W.贝蒂
吴雯芳 译

商务印书馆
2012年·北京

Mark A. Huselid　Brian E. Becker　Richard W. Beatty

THE WORKFORCE SCORECARD

Managing Human Capital to Execute Strategy

图书在版编目(CIP)数据

员工记分卡:为执行战略而进行人力资本管理/〔美〕休斯理德,贝克尔,贝蒂著;吴雯芳译.—北京:商务印书馆,2005(2012.6重印)

ISBN 978-7-100-04687-9

Ⅰ.员… Ⅱ.①休…②贝…③贝…④吴… Ⅲ.企业管理—人力资源—资源管理 Ⅳ.F272.92

中国版本图书馆CIP数据核字(2005)第107251号

员 工 记 分 卡

——为执行战略而进行人力资本管理

〔美〕马克·A.休斯理德
布赖恩·E.贝克尔　著
理查德·W.贝蒂
吴雯芳　译

商 务 印 书 馆 出 版
(北京王府井大街36号　邮政编码100710)
商 务 印 书 馆 发 行
北 京 瑞 古 冠 中 印 刷 厂 印 刷
ISBN 978-7-100-04687-9

2005年12月第1版　　开本710×1000 1/16
2012年6月北京第2次印刷　　印张22

定价:55.00元

致中国读者

哈佛商学院经管图书简体中文版的出版使我十分高兴。2003年冬天，中国出版界朋友的到访，给我留下十分深刻的印象。当时，我们谈了许多，我向他们全面介绍了哈佛商学院和哈佛商学院出版公司，也安排他们去了我们的课堂。从与他们的交谈中，我了解到中国出版集团旗下的商务印书馆，是一个历史悠久、使命感很强的出版机构。后来，我从我的母亲那里了解到更多的情况。她告诉我，商务印书馆很有名，她在中学、大学里念过的书，大多都是由商务印书馆出版的。联想到与中国出版界朋友们的交流，我对商务印书馆产生了由衷的敬意，并为后来我们达成合作协议、成为战略合作伙伴而深感自豪。

哈佛商学院是一所具有高度使命感的商学院，以培养杰出商界领袖为宗旨。作为哈佛商学院的四大部门之一，哈佛商学院出版公司延续着哈佛商学院的使命，致力于改善管理实践。迄今，我们已出版了大量具有突破性管理理念的图书，我们的许多作者都是世界著名的职业经理人和学者，这些图书在美国乃至全球都已产生了重大影响。我相信这些优秀的管理图书，通过商务印书馆的翻译出版，也会服务于中国的职业经理人和中国的管理实践。

20 多年前，我结束了学生生涯，离开哈佛商学院的校园走向社会。哈佛商学院的出版物给了我很多知识和力量，对我的职业生涯产生过许多重要影响。我希望中国的读者也喜欢这些图书，并将从中获取的知识运用于自己的职业发展和管理实践。过去哈佛商学院的出版物曾给了我许多帮助，今天，作为哈佛商学院出版公司的首席执行官，我有一种更强烈的使命感，即出版更多更好的读物，以服务于包括中国读者在内的职业经理人。

在这么短的时间内，翻译出版这一系列图书，不是一件容易的事情。我对所有参与这项翻译出版工作的商务印书馆的工作人员，以及我们的译者，表示诚挚的谢意。没有他们的努力，这一切都是不可能的。

哈佛商学院出版公司总裁兼首席执行官

万 季 美

对本书的评价

继《人力资源记分卡》之后，作者开发了又一个层面的战略测量工具，用以评价员工在战略执行过程中的作用。作者的关注点不是人力资源测量指标，而是经营战略框架中的员工测量指标。他们提出的问题是："在员工对战略执行的贡献方面，我们必须测量什么?"而不是"我们如何测量人力资源?"在强生公司，我们也曾提出并且试图回答同样的问题，这也正是《CEO》杂志曾经提名强生公司为领导力开发方面的先导者的原因之一。

——强生公司前人力资源副总裁

兼公司执行官　迈克尔·J.凯里

人力资源领导者不再能靠设计和提供艺术级的计划方案去取得"战略合作伙伴身份"。我们所付出的努力应当能导致可测量的行动，包括建立理想的文化和开发明天的战略型员工队伍，并同时实现今天的客户目标和股东目标。《员工记分卡》一书为我们提供了结果导向型的实用工具，对传统的人力资本管理思想提出了挑战。

——美国世纪投资公司高级副总裁兼首席
人员执行官　马克·吉尔斯特拉普

大多数“商学图书”都令我感到不满意。因为，虽然有时候我非常同意书中的观点，但它们通常最终还是不能准确地告诉我如何去实施他们所支持的论点。只有拉姆·查兰和拉里·博西迪的杰作《执行：如何完成任务的学问》和眼前这部由休斯理德、贝克尔和贝蒂合著的《员工记分卡》是明显的例外，我相信它们一定会成为经典著作。

“保持评价”和“差别对待”是杰克·韦尔奇在GE公司的信条。从著名的“A、B、C绩效员工”的确定，到革命性的“四种领袖类型”，该公司上下一律严格实行差别对待。薪酬计划，比如奖金和购股权，由杰克控制，有时甚至可以说是具体而微地控制，因此，这些计划绝不会变成无效的东西。

韦尔奇凭着本能直觉和像解读资产负债表那样解读员工绩效数据的能力，来作评价和实行差别对待。而本书则准确地告诉你如何去作评价和实行差别对待。

——GE公司高级沟通经理　杰克·韦尔奇
演讲稿撰稿人　比尔·莱恩

经营战略和人力资源战略正在成为越来越普遍的话题。但是却缺乏员工战略。本书值得直线经理和人力资源经理一读，因为他们必须共同执行经营战略。本书认为，大多数企业都具有两大战略（经营战略和人力资源战略），但是，为了成功地执行企业的战略，企业还需要第三种战略，那就是员工战略。

——F. Hoffmann-La Roche Ltd. 公司
Pharma 事业部人力资源负责人
保尔·牛顿-西姆斯

被检查的东西受到重视。本书阐明了竞争优势的最后疆域：员工责任。组织没有变化，唯有人员变了。把握人对实现企业战略的责任，对于企业的成功来说极为重要。本书提供了让管理人员负责缩小绩效差距的测量手段……是一个重大的贡献。

——葛兰素美克公司高级人力资源副总裁
丹尼尔·费伦

本书非常有力地说明了人力资源部如何影响企业的竞争优势——形成差异！它提出了一套清晰的基本原理，说明外部差异为什么必须得到内部差异的支持，并且提供了大量的范例和工具，说明如何能实现这种支持。通过本书的论述，人们可以了解人力资源战略领域的一种新的重要性。

——洛桑国际管理开发学院国际人力资源与战略教授
弗拉迪米尔·普西克

对本书的评价

如果你想建立一个绩效卓越、责任到位的组织，那么，本书就是你的起点。休斯理德、贝克尔和贝蒂提供了一个引人注目的员工战略案例，说明了员工战略是引导企业取得卓越绩效的战略执行的关键需求。

——迪阿吉奥公司人才战略高级副总裁

琳达·索雷尔

目录

CONTENTS

序

HOW do we know(我们是怎样知道的)这四个单词构成了一个简单的问题。而这个问题有时能区分期望与实干、吹牛与支持、花言巧语与真实之间的差别。企业的创新活动往往以吹大牛、乱承诺开始,以偃旗息鼓、悄然失败而告终,不能取得其预期效果,这种情况太常见了。我们之所以常常会有这种失望,原因就在于没有清楚地回答这个问题:How do we know?

要回答这个简单的问题,需要进行比较复杂的分析。休斯理德、贝克尔和贝蒂的这部富有思想性的著作——《员工记分卡:为执行战略而进行人力资本管理》,为作这种分析提供了框架和工具。

首先,在分析之初,我们必须清楚我们想知道什么。如果我们不清楚我们想知道什么,那么我们就永远不会知道它。我们往往是在测量容易测量的东西,而不是测量应该测量的东西。在人力资源管理方面,我们往往会计算经理人员用于培训的天数、成本，或者通过培训获得的好分数，因为这些东西相对而言比较容易跟踪了解，而不是因为它们是最关键的东西。而《员工记分卡》一书就人力资源投资效用测量的关键问题，提供了明确、具体的指导。

重要的不是活动本身，而是活动对组织成果的影响。重要的不是培训的天数，而是培训对个人和组织的影响。《员工记分卡》指出，对员工的投资应当有助于通过所创建的文化、心态、能力和行为去执行战略。执行战略不是一个新的概念，但却是近来被证明对于战略成功至关重要的一个概念。[1]制定一个战略可能要比贯彻执行一个战略更容易一些；提出承诺和主张也可能比实现承诺和主张更容易一些。《员工记分卡》指出，战略执行是进行员工投资的预期成果。而且，成功的战略执行也表明，一种人力资源管理活动已经创造了比它自身更持久的员工成功。员工成功（员工文化、心态、胜任能力和行为）可以成为一个组织的特性和品格；它们变成了战略、人力资源投资以及员工之间的链环。[2]培训投资应当使员工具有更清晰的战略意识，能更快速地完成工作，更有创新精神和能力，更善于合作与学习，更清楚对业务结果所承担的责任。员工成功、企业的能力以及投资者愿意为之付钱的无形资产，这些都是人力资源管理活动可以取得的成果。

《员工记分卡》以一种清晰的、令人信服的方式阐释了如何通过聚焦于能够被跟踪和监控的员工成功要素来将战略付诸实施。休斯理德、贝克尔和贝蒂将人力资源管理的成功分为四个范畴：

- 员工成功(workforce success)。员工成功是指人力资源管理活动所能取得的成果，即能驱动经营、客户及财务战略的文化、心态、胜任能力以及行为。员工成功也是组织的唯一特征。
- 员工心态和文化(workforce mind-set and culture)。员工心态和文化是指组织创建的、一系列员工必须理解的规范和期望。这种文化塑造了员工的行为，而这种行为反过来也塑造了文化。也可以用企业文化对于企业战略成功的影响来对企业文化加以测量和评估。
- 员工胜任能力(workforce competencies)。胜任能力，即每个员工有能力做什么事情，表现为员工的知识、技能和能力。也可以对每个员工的胜任能力加以测量和监控。
- 员工行为(workforce behaviors)。领导者和员工一定会以一些使战略得以执行的方式来行动。为确保领导者和员工做战略要求必须做到的事情，可以对这些行为加以定义和测量。

如果对这些要素处理得当，那么就能够回答要采取什么测量指标的问题。由于以上各类成功都与企业战略密切相关，因此就形成了一种有关人们可以怎样执行企业战略的观点。而源自于这种观点的记分卡则成为测量一个企业战略成功的仪表盘。而且，作者认为，如果这个仪表盘使用得当，就可以对人力资源系统、实践以及专业人员的胜任能力加以定义和跟踪。如果创建了上述各类成功的活动和测量指标，便有了测量指标和测量实施。现在，我们不仅能根据经理人员对下属的言论和行动，而且可以通过其所创造的员工成功、心态、能力和行为来掌握其履行责任的情况。一种真实的、用于指导和评价经理人员的平衡记分卡(Balanced Scorecard)将包括战略、财务、经营以及员工(workforce)测量指标。目的将不再证明手段是合理的，公司的违法行为也将不再是企业成功的副产品。我们可以识别、确定、开发或者淘汰不能创建员工成功的经理人员。

其次，了解很多错误的事不仅于事无补，而且可能产生误导作用。《员工记分卡》一书指出，并非所有的客户、战略或产品都是合适的。想一想当我们在为所爱的人寻找合适的礼物、为企业界定合适的战略，或者与目标客户建立某种特别亲密的关系时，我们就比较容易理解这一点。但是，《员工记分卡》一书指出，并非所有的员工或雇员都是合适的。这一点有时比较难以承认。将资源投入到那些由于各种原因总是不能适应工作、不能增加价值或不能提交工作成果的员工身上，就好比是把水倒在筛子里而且还纳闷为什么水会漏下去。人员管理的严峻现实是，差别一定会出现，有些雇员就是要比别的雇员更胜任工作。在我们的著作中，我们提出，经理人员要专注公平而非平等。[3]公平的意思是付出越多的人将获得越多，而平等的意思则是所有人得到的报酬相等。只有在经理人员了解下属人员应当付出什么，并且确信他们掌握着了解下属人员付出能力的测量指标的情况下，才会有真正的公平。《员工记分卡》一书展示了使公平变为现实的框架和工具。

将工作与雇员分别归纳为“A”、“B”、“C”三类，需要有明确的标准和可靠的测量方法，这样才能使将谁列入哪一类具有信度。无论如何，确定这样的差异将提出一种形式，将员工行为与工作绩效联系起来，并且有助于员工了解企业对他们的期望以及他们怎样做才能改进。重要的是，直线经理现在可以对他们所开发人才的数量和质量负责了。开发“A”绩效员工的经理人员所贡献的价值与他们所贡献的利润价值一样大，甚至更大。发现并鼓励提供“A”绩效员工的经理人员能随时帮助企业实现战略目标。这些经理人员应当被识别出来，得到鼓励和奖励。利用《员工记分卡》一书所提出的测量指标，我们就可以识别、鼓励和奖励他们。

员工队伍要发挥作用，就必须具有被高层次认可所激发出的、高质量的员工积极性。[4]如果一个主意的质量高而对它的认可度低，则这个主意将不会产生预期的作用。好的测量指标，如果没有得到认可或采用，那么即使它是正确的，也将只能发挥很小的作用。《员工记分卡》一书也就如何保证好的测量指标得到接受和采用，提出了具体的指导方针。测量指标的采用意味着领导者承担了测量员工成功的责任和工作职责。这种测量指标必须被纳入到绩效管理和保持沟通等人力资源活动中去。

将员工成功测量指标整合进人力资源实践活动，这能使这种测量指标规范化、制度化，并且保证这种测量指标的持久性。人力资源活动就像是一座房屋的基础设施：包括管道、热力、电力、照明以及功能区分。除非这些系统坏了，否则不会有很多人注意到它们。但是，正是它们构成了居住于一所房屋中的生活质量。同样，将员工成功测量指标纳入工作设计、人员配置、员工发展、绩效管理、报酬以及沟通等人力资源实践活动，实际上就是铺设了支撑成功的基础设施。

我预见到人力资源领导者会全神贯注地关注《员工记分卡》一书所提倡的这种测量指标。在关注的同时，他们还会在自己的人力资源角色之外看到直线管理人员的责任。于是，人力资源专业人员在调整和适应其人力资源实践活动的时候，也会确保为企业提供实际价值。价值是人力资源投资的最终成果。[5]对于提供价值的人力资源实践活动、人力资源职能部门和人力资源专业人员来说，他们必须测量和监控他们的工作绩效及其对企业战略成功的影响。而《员工记分卡》则提供了进行这种测量和监控的模板和流程。因此，想调整好人力资源投资的人力资源领导者将体会到该书的价值。

那么，我们能知道我们将怎样知道吗？回答是肯定的。《员工记分卡》一书将带我们去循序渐进地了解我们应当知道什么，如何将我们所知道的内容区分为谁以及为什么是最要紧的，以及如何将我们所知道的内容规范为企业长期执行的程序。可以预见，人们不仅会阅读该书，而且，那些想将实践活动转化为战略成果的直线经理以及想确定其所创造的价值数量的人力资源专业人员还会使用该书。

迪夫·乌里奇

[illegible]

绪　论

几年来，我们三个人一直在构思酝酿撰写本书。在《人力资源记分卡》(*The HR Scorecard*)一书出版之前和出版以来，我们有幸能与许多不同企业和行业的人力资源实际工作者以及企业领导人一起设计和实施员工测量系统。[1]我们看到，许多企业在界定和贯彻描述人力资源部(HR function)对企业成功的贡献的测量指标方面取得了重大进展。但同时，我们也看到，在开发说明员工(workforce)对企业成功的贡献的测量指标方面却进展甚微。

为什么会出现这种情况呢？原因在于，大多数企业制定了明确的战略去进行诸如资本、技术、品牌等资源的优化，而只有很少的企业在其战略中对其最昂贵的资源——员工——加以清晰的说明。我们相信，一种清晰的、引人注目的员工战略是企业战略得以有效执行的一个关键要素。对于每一个企业来说，其员工战略的性质应当是非常独特的和定制化的。正如我们的研究成果所论证的那样，有效的员工管理战略和实践活动可以对企业的经营成果，包括生产率、收益率以及股东价值产生很大的影响。遗憾的是，我们最常看到的是，企业往往拥有高度差异化的产品战略，而只有很一般的或无差别的员工战略。利用多年来对这个主题进行研究、咨询以及高级管理教育的经验，我们在本书中提出了一种制定员工战略的方法以及为评价员工战略的成功而设计的员工记分卡(workforce scorecard)。

我们的目的是通过人来解决企业战略制定与企业战略执行之间的差距。因此，这本书没有聚焦于如何制定企业战略本身，而是致力于探讨战略如何才能得以成功地执行。我们认为，人们是基于自相矛盾的论点来断定成功的战略执行的。在许多方面，由于全球化以及极其有效的信息发送机制(如国际互联网和流行新闻)，使有关企业如何在市场上竞争的信息得到及时、广泛的传播，因此，企业逐渐变得越来越相似。例如，有关沃尔玛公司物流系统的信息很容易查到，于是，许多企业就利用这种信息去改进其工作流程。然而，如果能形成对顾客具有重大意义的差异，还是能创建竞争优势。因此，对于企业来说，包容差别、打破常规、重视外在和内在的差异，是很重要的。这种观点对企业内部的员工活动具有明确的启示。另一方面，我们也想通过以上论述提醒企业，在将其他企业的“最佳做法”用于本企业环境时要慎重。

实际上，我们提出的员工管理和测量方法将会对许多企业的现状提出挑战。我们围绕企业在设计和执行员工测量系统时面对的三个主要挑战来组织我们有关这个方法的思路。第一个挑战是观念的挑战(perspective challenge),表明管理者必须经历有关员工观念的转变;从成本最小化转变为成长与价值创造的主要来源,尤其是在整个企业的关键或“A”职位上。由于企业竞争越来越多地依靠知识资本和“脑波”取胜,员工成为极其重要的、可更新的竞争优势的唯一来源。那些能够吸引、聚集和激发员工能力和行为的企业就能够抓住最佳机遇,在竞争的环境中不仅能存活下来而且能茁壮成长。因此,提供这样一种员工队伍是人力资源部和直线管理人员的共同责任,这就要求这二者之间形成一种新的合作伙伴形式。

在有效的战略执行过程中,一个重要的步骤就是了解对帮助将企业战略转化为现实非常必要的员工文化和心态(例如战略焦点)。员工们了解本企业的经营战略吗?他们理解这种经营战略应当塑造他们自己的行为吗?他们了解他们独特的能力会如何影响本企业差异性(即竞争优势)的形成吗?人力资源部和直线管理人员了解他们在提供符合客户需求和客户特点的员工队伍进而创造支撑本企业发展的财富方面所承担的责任吗?在长期经营中胜出的企业对所有这些问题的回答一直都是肯定的。

企业要应对的第二个挑战是测量指标(metrics challenge),必须开发出测量评价工具并帮助指导其员工战略的执行。对直线经理以及人力资源经理来说,我们主张战略和测量指标应当针对员工,而不仅仅是人力资源职能人员。相应的测量指标应当着重于能够证明员工如何执行战略以及影响本企业利润的员工文化、心态、胜任能力和行为。在员工记分卡上，谁应当承担责任和受到测量？那些负责提供能够有效地执行企业战略的员工队伍的人就是：人力资源职能人员和直线经理人员。由于直线经理与人力资源部共同承担员工责任，因此，对他们二者应当使用同样的员工测量指标进行评价。而且，事实上，由于直线经理比人力资源职能人员对员工的日常影响更大，因此，我们通过考察这二者在影响员工和影响员工记分卡方面的不同角色来探究这种共同责任。

最后，企业在设计和贯彻员工测量系统的过程中还要应对执行的挑战。为应对这个挑战，需要帮助经理人在其自己的业务领域中利用员工数据去改进决策质量。在这个过程中，CEO、高层管理团队、直线经理以及人力资源部各自都有重要角色要扮演。我们这部书探究的是每个群体必须做的事情，并且还提供了用以评价每个群体履行其员工责任的测量指标样本。

总之，我们相信，本书已经清晰地说明了一种有助于企业通过员工去执行其战略的、新的思考方式和行动方式。我们希望，我们已经为高级管理人员、MBA、资深人力资源实际工作者、大学生、研究生提供了人力资源管理和战略方面的重要见识。我们极力根据我们与企业领导人一起对付日益复杂、快速变化的商业环境的经验，并且利用我们及他人的研究成果，提出了实用建议。

在阐明员工战略的概念以及员工记分卡方面还有许多工作有待完成。我们请读者加入我们一起完成这项工作，并且欢迎提出意见、批评以及有关如何测量企业的“软性”资产和证明这种资产对企业战略成功影响的见解。

员工

致　谢

我们受惠于我们学院的同仁和朋友的灵感、挑战和激励。这些同仁和朋友包括吉姆·贝蒂(Jim Beatty)、约翰·布德罗(John Boudreau)、韦恩·布罗克班克(Wayne Brockbank)、保罗·卡里吉里(Paula Caligiuri)、韦恩·卡西欧(Wayne Cascio)、拉姆·查兰(Ram Charan)、杰克·菲茨恩茨(Jac Fitz-enz)、苏珊·杰克逊(Susan Jackson)、史蒂夫·克尔(Steve Kerr)、戴夫·里帕克(Dave Lepak)、巴鲁克·利弗(Baruch Lev)、C. K. 普拉哈拉德(C. K. Prahalad)、克雷格·埃里克·施奈尔(Craig Eric Schneier)、兰德尔·舒勒(Randall Schuler)和查利·撒普(Charlie Tharp)。我们还要特别感谢我们的朋友和同事迪夫·乌里奇,感谢他为本书写了序言。

我们还从许多企业中获得了颇有价值的见识。我们要感谢他们的合作,感谢他们允许我们在本书中发表各种引用资料。我们要特别感谢 IBM 公司的加勒特·沃尔克(Garrett Walker)和兰迪·麦克唐纳(Randy MacDonald),卡地纳健康公司(Cardinal Health)的托尼·鲁西(Tony Rucci)和阿米·怀特(Amy White),戴尔计算机公司的劳拉·阿诺尔德(Laura Arnold)和伊利莎白·纽(Elizabeth New),感谢他们愿意与我们分享在员工队伍改革与测量方面的突出案例。我们还想感谢 Root Learning 公司的克里斯蒂·康塔蒂·斯通(Christy Contardi Stone)、卡迪耶·奥特卡尔特(Katie Outcalt)、里奇·伯恩斯(Rich Berens),感谢他们为我们提供了关于卡地纳健康公司和戴尔公司案例的初稿(本书第八章中采用)。

还有许多资深人力资源工作者也非常慷慨地运用他们的时间和专业知识为我们提供了反馈、见解和案例。他们是通用汽车公司的凯蒂·巴克雷(Katy Barclay)和约翰·布里奇(John Bridge),IBM 公司的迈克尔·巴兹格斯(Michael Bazigos)、罗伯特·卡拉米(Robert Calami)、里奇·卡洛(Rich Calo)、拉里·哈特(Larry Hatter)、泰德·霍夫(Ted Hoff)、山姆·拉达(Sam Ladah)、塔尼亚·勒(Tania Le)、唐纳·里雷(Donna Riley)、汤姆·罗丹(Tom Roden),强生公司的迈克·凯里(Mike Carey),花旗集团(Citigroup)的约翰·唐奈利(John Donnelly)和雷尼·胡珀(Renee Hooper),必治妥施贵宝(Bristol-Myers Squibb,以下简称 BMS)的彼得·法所罗(Peter Fasolo)和多米尼克·费尔南得斯(Dominic Fernandes),Gap 公司的安·格斯特(Ann Gust)和比尔·汤姆金斯(Bill Thomkins),美国世纪投资公司(American Century Investments)的马克·吉尔斯特拉普(Mark Gilstrap),霍夫曼-拉若奇化学公司(Hoffman-LaRoche)的斯蒂夫·格罗斯曼

(Steve Grossman),JC Penney 公司的布鲁斯·希尔(Bruce Hill),LEGO 公司的克里斯琴·艾弗森(Christian Iversen),高盛集团(The Goldman Sachs Group)的斯蒂夫·克尔(Steve Kerr)、斯蒂芬·林蒂亚(Stephen Lindia)、杰克·韦斯(Jake Weiss),安万特药厂(Aventis)的苏珊·凯特曼(Susan Ketterman)和山姆·珀金斯(Sam Perkins),朗讯技术公司的帕姆·金米特(Pam Kimmet)和凯伦·斯坦顿(Karen Stanton),Sun 微系统公司里奇·朗(Rich Lang),惠氏公司(Wyeth)的雷内·卢因(Rene Lewin)和约翰·马科斯基(John Markowski),Perdue Pharma 公司的戴维·隆(Dave Long)、丹尼斯·奥奈尔(Dennis O'Neill)、查克·凯利(Chuck Kelly),诺基亚公司的哈尔斯汀·摩克(Hallstein Moerk)和阿里·莱托兰塔(Ari Lehtoranta),葛兰素史克(GlaxoSmithKline)的凯西·奥茨(Kathy Oates)和丹·费伦(Dan Phelan),雅虎公司的利比·萨尔顿(Libby Sartain),Biogen Idec 公司的克雷格·埃里克·施奈尔(Craig Eric Schneier),保德信金融集团(Prudential Financial)的沙伦·泰勒(Sharon Taylor)和鲍伯·克劳福德(Bob Crawford)。其他为我们提供重要信息的企业还有阿斯利康公司(AstraZeneca),ConAgra 公司,迪阿吉奥公司(Diageo),Elkay Manufacturing 公司,通用汽车公司,Key Bank 和辉瑞制药有限公司(Pfizer, Inc.)。

其他给我们提供见解、案例和精神支持的个人还有汤姆·班纳(Tom Banner)、吉姆·卡萨迪(Jim Cassaday)、拉弗尼·凯特(Lavonne Cate)、黛安·科博尔(Diane Coble)、帕特里克·戴雷(Patrick Dailey)、格伦·德比亚斯(Glenn DeBiasi)、杰夫·尤因(Jeff Ewing)、卢·福布林格(Lou Forbringer)、约翰·冈伯特(John Gumpert)、迈克·哈斯汀斯(Mike Hastings)、保尔·约翰逊(Paul Johnson)、安纳德·库玛(Anand Kumar)、雷尼·卢安道斯基(Renee Lewandowski)、珍妮特·马乔(Jeanette Maggio)、凯斯林·麦基(Kathryn McKee)、林达·梅里特(Linda Merritt)、拉尔夫·麦耶(Ralph Meyer)、阿兰·米歇尔(Allan Mitchell)、彼特·佩里兹(Pete Perez)、吉姆·波特(Jim Porter)、约翰·罗迪(John Roddy)、比尔·希曼(Bill Schiemann)和伯尼·韦策尔(Bernie Wetzel)。

我们学校也为我们的工作作出了很大贡献。我们想对Rutgers-SMLR的芭芭拉·李(Barbara Lee)校长致谢,感谢他为我们提供了完成本书的资源文化环境,并使我们在工作中不断得到鼓励。查利·撒普(Charlie Tharp)[其创造了"不成比例的投资"(disproportionate investments)这个术语]和埃里卡·哈顿(Erika Harden)为本书初稿提供了很有帮助的、详细的反馈。我们还要感谢他的硕士研究生以及在Rutgers-SMLR学习员工测量课程的人力资源高级主管领导班的学生,因为他们不断地对我们的思想提出挑战。我们也感谢赫莱尼·兰德逊(Helaine Randerson),他承担了本书几章内容的编辑工作并且巧妙地修订了多处内容和图表。此外,HRCI和SHRM基金会重视员工测量对企业成功的作用,一直在对本专业提供重要资助。

我们三个人都想对梅林达·梅里诺(Melinda Merino)以

及哈佛商学院出版社的其他编辑人员致谢。我们特别感谢梅林达在帮助我们把握写作方向的过程中所付出的努力和所表现出的耐心。她一直在为我们提供鼓励、建议、反馈，并一直在支持我们的思想。她是最好最好的编辑。是一位无与伦比的编辑。

最后，也是最重要的是，我们非常感激我们的家人耐心、坚韧地承受了我们在写作期间占用家庭活动的时间，以及对家庭生活造成的干扰。为了表示感谢，我们谨以此书献给他们。

马克·A. 休斯理德

布赖恩·E. 贝克尔

理查德·W. 贝蒂

2005 年 1 月

[illegible]

第一章　员工测量与管理的三大挑战

本书基于一个非常简单的前提：在 CEO 和高级管理人员能够直接改变的、影响企业绩效的所有因素中，员工成功（workforce success），或者说企业能形成一支具有执行其战略所必需的文化、心态、胜任能力及战略行为的员工队伍的程度，是大多数企业中最重要但利用最不充分的资产。大多数经理人员都知道，尽管宣称"人是我们最重要的资产"，但其组织在落实这个口号的时候却步履维艰。在以竞争激烈和国际化扩张为标志的经济环境中，无形资产越来越多地成为竞争优势和成长机会的基础。不能达到员工成功最佳状态不仅会导致错失良机；而且，在很多情况下，这种状况本身就是对企业实际生存的威胁。

在本书中，我们阐述了这个战略机遇的各个维度，对管理活动提出了清晰、明确的建议。我们的研究阐明了几个可能令某些读者感到惊讶的关键要素。第一，许多经理人员认为，员工绩效和成功是一个“人的”问题，其主要是人力资源专业人员的责任。但我们的分析证明正好相反，员工成功取决于直线经理与人力资源专业人员如何履行一种共同的（shared）责任；并且，我们的建议也反映出这个分析的结果。由于我们主要根据有效实现企业目标而非人力资源目标的程度来界定员工成功，因此，本书是为高级直线经理以及人力资源专业人员而撰写的。

第二，组织的战略成功要求直线经理和人力资源专业人员对员工成功的管理采用一种不同的观念（different perspective）。传统的员工成功观念通常专注于标准化和降低成本，而在有效地执行战略方面几乎无所作为。事实上，传统的员工管理思想可能琢磨与企业大战略目标相反的目的。而新观念的中心主题则是基于企业的竞争战略和经营目标，企业需要有更具差异性（differentiation）的雇员、职位以及员工绩效管理方式。成功的战略和竞争优势几乎总是依赖于在市场上具有某种形式的差异；而传统的员工战略在企业内部和企业之间显然是没有差异的。也就是说，我们常常看到具有不同组织战略的企业采取非常相同的员工战略。结果，作为企业最重要的战略资产之一的员工队伍就成为企业中表现最不好的资产之一。对基于战略性员工能力去参与竞争的企业来说，这会导致灾难。非常常见的是，这样的企业往往是怀着改善财务绩效的希望而死于精简员工队伍。

第三，我们阐明，由于使经理人员聚焦于非战略性战略费用的员工测量系统，这个问题被放大了。这在通常采用的依赖行业标杆研究成果的“人力资源绩效”测量方法上表现得尤为真实。那种做法使经理人员聚焦于可以在企业之间进行比较的简单事务，并同时鼓励那些经理人员将员工战略投资减少到最低的普通标准。[1]为提供解决这些问题的方案，我们阐明了如何开发员工记分卡（Workforce Scorecard）——一种直接聚焦于高层管理人员所需要的、战略性员工成功的测量方法。

员工记分卡

我们选择“员工记分卡”这个术语是出于一个非常特殊的原因。首先，虽然“记分卡”这个术语在绩效测量词汇中显得越来越突出，但我们仍在卡普兰与诺顿平衡记分卡（Kaplan and Norton Balanced Scorecard）的传统框架中使用它。[2]与卡普兰和诺顿一样，我们也在专注于一种特殊的企业绩效：战略执行。这个测量方法基于一种有关企业成功的先导性与滞后性的指标体系，并且承认有形资产和无形资产的潜在重要性。这是一个重要的差别，因为虽然“记分卡”在管理学文献中已经变得相当普通，但它们往往专注于以战略作为代价的操作。我们对战略执行的关注意味着员工记分卡方法同样重视员工成功的测量与员工成功的管理。事实上，它反映出一种不同的员工成功管理观念，而这种员工成功管理方式也是一种不同的员工成功测量方法。

其次，我们用员工（workforce）这个术语来突出我们对雇员战略绩效的关注，而不是人力资源职能部门对企业成功贡献的关注。员工记分卡是为了给 CEO 和高级管理团队的成员提供适时的、战略性的员工绩效测量指标以及员工绩效的主要指标。图 1—1 说明了员工记分卡是如何适应更大的战略绩效测量范围的。

我们认为，企业需要经营战略、员工战略以及人力资源职能部门战略。这些战略分别通过平衡记分卡、员工记分卡以及人力资源记分卡来实施。因此，员工记分卡是员工战略执行过程中的一个至关重要的杠杆。这个过程的关键维度包括经营成功和客户成功，而这些成功又有助于创建财务成功。员工成功常常是关键绩效驱动要素，它直接或间接地调动了战略成功的其他要素。遗憾的是，高级管理人员通常只掌握很少的员工成功测量工具，或者说他们通常只有很少的手段能让直线经理人员对员工绩效负责。实际上，许多企业掌握有关自身存货和物质形态的工厂的详细信息，却几乎不知道其员工队伍的信息，而员工队伍却正是他们实现战略的关键驱动要素。员工记分卡就是用来解决这种问题的。

在价值创造过程的另一端是人力资源职能以及由人力资源专业人员所扮演的角色。这些要素是我们上一部著作——《人力资源记分卡》——论述的焦点。《人力资源记分卡》一书着重论述了人力资源专业人员和人力资源管理系统在成功地执行组织战略过程中所发挥的战略作用。[3]许多在《人力资源记分卡》中首次提出的论题也被本书所转述。无

图 1—1　为执行战略而进行人力资本管理

人力资源记分卡 ←—— 员工记分卡 ←—— 平衡记分卡

		客户成功 必须满足什么具体的客户需求和期望？	**财务成功** 必须兑现什么具体的财务承诺？
	领导和员工行为 领导团队和员工队伍一直在采取能导致实现我们战略目标的行为方式吗？	**员工成功** 员工已经实现本企业的关键战略目标了吗？	**经营成功** 必须优化什么具体的内部经营流程？
人力资源系统 □ 调整 □ 整合 □ 差异化	**员工心态与文化** 员工理解我们的战略并且信奉它吗？我们有支持战略执行所必需的文化吗？	**员工胜任能力** 员工，特别是关键职位或“A”职位上的员工，拥有执行我们的战略所必需的技能吗？	
人力资源员工的胜任能力 □ 战略伙伴 □ 变革代理人 □ 雇员鼓动者 □ 管理专家	**人力资源实践活动** □ 工作设计 □ 人员配置 □ 发展 □ 绩效管理 □ 报酬 □ 沟通		

论如何，我们在与许多不同企业和行业的人力资源专业人员及直线经理一起设计和贯彻人力资源记分卡的经验使我们清楚地看到，企业成功需要进一步强调员工和直线经理人员在战略执行过程中的作用。虽然人力资源专业人员和人力资源管理系统为将员工队伍建设成为一种战略资产奠定了基础，但员工成功的责任却越来越多地落到了直线经理的身上，因为在任何企业中，都是直线经理在主持着大部分员工管理活动。高级管理人员和直线经理必须了解，一种有效的员工战略对成功地履行其自身的战略负有多么重要的责任以及为什么。此外，他们还需要有一种适当的测量方法去指导决策。而《员工记分卡》一书能满足他们的这两个需要。

图 1—1 最上部的箭头从平衡记分卡移向人力资源记分卡。这反映出从对企业战略到经营目标的清晰表述开始的一个发展过程，以及一种说明这个价值创造过程中重大因果联系的战略图。这个过程的下一步骤是制定一个员工战略和记分卡。这个过程最终制定出人力资源职能战略和记分卡。但是这个价值创造过程却在反方向运转。换言之，员工成功的基础开始于人力资源职能部门。它负责人力资源管理系统的设计和实施（例如人员招募、选拔、薪酬），而人力资源管理系统可以对一个企业的绩效产生长期影响。正如一个说明人力资源“长期阴影”的例子所示，许多大公司的高级管理团队成员在企业任职时间很长，通常达 20 多年。由于在大公司里大多数人力资源实践活动相对稳定，因此，这可能就意味着，目前的高级管理团队可能是通过 40 年前设计

的人力资源管理系统招募、选拔和培养出来的！如果一个组织的人力资源专业人员只专注于操作效率和服从管理，那么这个组织就绝不可能充分获得其员工队伍的战略价值。

员工记分卡是平衡记分卡与人力资源记分卡之间的一个关键价值创造链。这是否意味着一个企业必须完全拥有这三种记分卡才能真正发挥这些思想价值呢？我们并不以为然。图1—1描述了管理和测量员工成功的一种最佳方法。对于许多企业来说，最重要的步骤只是改变方向，开始朝着图1—1所描述的框架改变，包括考虑人力资源职能、员工队伍以及企业层面的成果等问题。采取一种新的员工成功观念是这种比较正式的测量体系的基础。基于这种正确的观念以及一个不很正式和全面的测量体系可以取得很大进步。组织通常会从确定一项经营成果（员工成功）开始，然后再检查经营成果与员工记分卡中的某个先导性指标（比如领导胜任能力）之间的关系。这构建了直线经理和人力资源专业人员分享这些思想的热情，同时也构建了进一步努力发展这个框架的基础。

员工记分卡（图1—1）有四个维度：员工成功、领导和员工行为、员工胜任能力以及员工心态和文化。

员工成功

这是员工记分卡上最重要的一个维度，因为它抓住了“底线”员工绩效。这个维度的测量指标是说明员工对企业战略执行所作贡献大小的指标。它们是具有两个关键特征

图 1—2　员工成功:员工战略对经营战略执行的影响

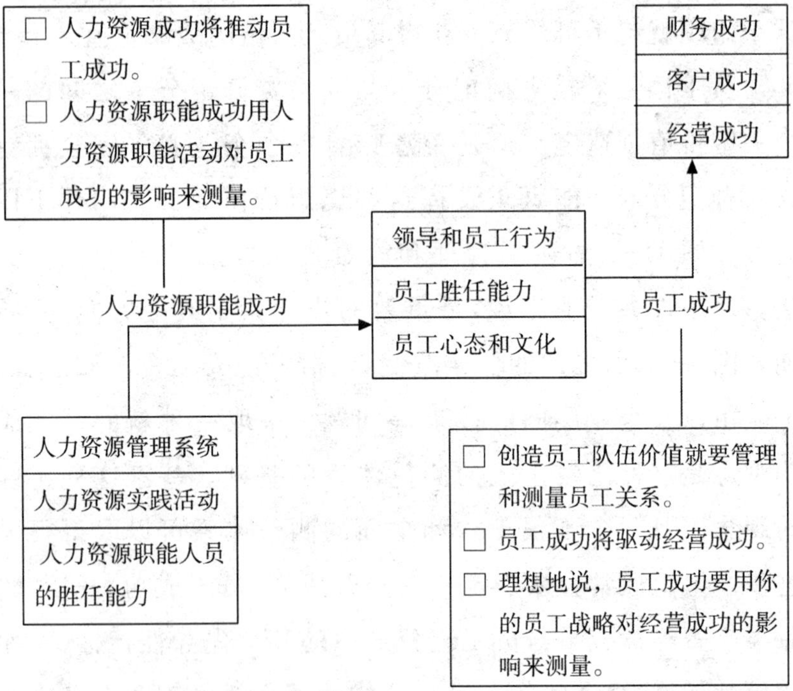

的绩效测量指标。第一,它们抓住了直线经理最关心的经营目标。这些就是推动企业战略成功执行的战略性绩效驱动要素,它们是一个或多个直线经理的直接责任。第二,这些经营成果主要是(尽管不完全是)由员工绩效驱动的。以零售企业为例。零售企业依靠其员工队伍去为顾客创造一种世界级的购物体验,进而提高顾客的满意度,增加销售额,提高企业的财务绩效。在这种企业中,员工成功是用“改善购物体验”这个关键的战略性驱动要素来加以测量的。图 1—2 说明了这样一个观点:员工成功集中体现为你的员工战略对经营成功的影响(impact)。虽然经营成功最终会表现为财务成功,但比较直接的利益影响是对执行战略的战略驱动要素的影响,而这在每个企业都是独特的。企业层面的员工成功会表现为所有战略驱动要素的累积绩效,而这主要是由员工创造的。

设计员工记分卡是为了反映先导性和滞后性指标的平衡。员工成功是用于测量员工绩效的主要滞后性指标。但是员工成功又不是员工的唯一属性。例如,在前述的那个零售企业的例子中,影响顾客购物体验的很可能不只员工这一个因素。那么,我们为什么提出要将经营成果作为测量员工成功的一个标准呢?因为,在很多企业中,直线经理和人力资源专业人员将员工问题与经营问题作为互不相干的两类问题分别对待;而成功的战略执行却需要一种更为一体化的方法。我们设计的员工成功测量指标是为了使直线经理的关注点往这个价值链下方移动,使人力资源专业人员的关注点往这个价值链上方移动,这样双方才能接受一个通过员工绩效推动战略执行的共同责任。

员工记分卡的其他要素是员工成功的先导性指标,也是受直线经理强烈影响的员工管理要素。与员工成功相比,这些测量指标更专注于员工队伍自身的属性。这些标准之所以重要是因为它们抓住了员工成功的驱动要素,并且指出了要取得最大化的员工成功,直线经理必须往何处投资。此外,它们也描述了直线经理应当对员工管理的哪些要素承担责任。

领导和员工行为

随着我们从员工成功移回价值链下方，最直接的滞后性指标就是领导团队和员工队伍的行为。如果企业要享有员工成功，这些就是对员工和经理人员实际工作绩效的行为要求。在前述的零售企业例子中，确定了影响顾客购物体验的特殊员工行为，例如，一线员工中被评价为知识丰富、服务及时、能提供帮助、礼貌周全的占多大比例。为抓住这些行为的关键要素，适当的测量要点既包括与顾客互动的一线员工的行为，也包括对那些员工负责的直线经理的领导行为。

员工胜任能力

员工胜任能力是指构成员工行为基础的知识、技能、能力和个性特征。我们将胜任能力视为一种基本的员工成功驱动要素，因为它们只代表潜在的(potential)员工绩效。但是，了解到有90%的员工“已经具备技能”，或在某一特殊胜任能力方面被评价为满意及以上等级，才只是员工成功测量的开端，而不是结束。这些胜任能力的要点不只是说明他们在某些被认为对所有员工都很重要的、一般能力(比如团队协作能力)方面的水平。用战略性绩效驱动要素来区分胜任能力要求也是很重要的。也就是说，不同的经营业务需要不同的胜任能力结构，整个员工测量和管理体系必须敏感地反映这些差异。对某个特定的战略驱动要素(比如R&D中的新产品周期),负责的直线经理需要一种具有特殊胜任能力(比如R&D科学家的知识共享和跨职能团队协作技能)的员工队伍,只有这种胜任能力才能使那个特定战略驱动要素方面的员工成功最大化。

员工心态和文化

员工行为部分地受更大的组织文化的驱动,特别是在工作角色方面更是如此。文化反映了一个企业关于在本组织中什么是适当的行为的基本假设和价值观。对企业来说,拥有一种高绩效和战略性的员工文化是非常重要的。这与我们对差异的强调是一致的。员工文化必须加强这样的观念:某些工作(我们在第二章里定义为“A”职位)和职位,由于对关键性的战略驱动要素具有直接影响,因而更具有战略性、更有价值。差异也意味着员工绩效的差异。高绩效的文化要求识别高绩效员工和低绩效员工,并且有效地管理不同水平的绩效。直线经理在建立和维护高绩效文化方面具有重要作用。

员工管理的战略角色

我们相信,许多企业从错误的观念出发进行员工管理,因此损害了它们的财务绩效。在许多企业中,首先关注的是成本控制而不是如何通过提高员工绩效去执行企业战略。而对成本控制的关注往往始于对人力资源职能的控制。这种倾向在一般人力资源测量指标中表现为每雇佣一名员工的成本、为一个空缺职位补充人员所用的天数，或者每位员工的人力资源费用。[4]有几个问题与这种关注相关。第一，过去十多年来，许多企业通过采用外包、持续改进、六西格玛成果以及基于互联网或电子的人力资源事务处理等，极大地提高了它们的人力资源职能活动的“效率”。简言之，许多企业在提高人力资源职能效率方面取得了累累硕果。第二，由于人力资源工作费用通常只占企业总运营费用的1%，因此人力资源职能效率对增加股东财富的潜在影响是有限的。表1—1说明了这一点。

表1—1　人力资源职能活动和工资费用在总运营费用中的比例

人力资源职能费用占总运营费用的比例	0.90%
工资总额占总运营费用的比例	76.30%

资料来源：BNA/SHRM Survey and analyses of 740 publicly held firms。

与人力资源职能预算相比，一个企业的员工费用总额要大得多，通常占一个企业运营成本的60%～70%。虽然关注点从人力资源职能成本转向员工总成本肯定是一种改进，但对成本的强调还是太局限了。员工队伍的战略价值包含利益与成本两个方面。本书的观点不是说应当忽视员工成本，而是要强调：改进员工绩效所带来的利益，特别是战略利益。这对大多数企业而言，都意味着是一种重大的改进机遇。试想一下，如果能够将执行企业战略所必需的全体员工的技能、积极性以及关注度提高25%以上，这对企业的整体绩效将意味着什么。以我们的经验来看，大多数经理人员会认为这种情况跟中彩票一样，许多经理人员认为这也许是可能的。问题不是直线经理或者人力资源专业人员对员工成功能够转化为企业成功这一点没有正确评价，而是在于如何实现“从这里到那里”以及如何测量这种进步。本书就准备为这种旅行提供一张交通图。

简言之，我们不是在为更大的人力资源职能预算进行争辩，或者强调应当忽视人力资源职能工作成本。我们也不是在论证企业应当为员工乱花钱。我们要讲的是，许多年以来，员工测量主要是由对有关人力资源事务活动的测量以及改进那些要素的绩效构成的。因此，经理人员通常关注于错误的测量指标。即使那些成本测量指标可以降到零，但对成功地执行企业的战略几乎或完全没有作用。例如，一个企业如果测量每雇佣一名员工的成本并且让人力资源领导者对这个结果负责，那么它无疑会看到这个成本降低。但是这个行动的意外结果通常是雇佣质量也下降了，而从长期运营结果来看，这又会极大地提高总人工成本。

相反，我们来看看 IBM 公司员工管理的战略角色。IBM 公司的高层管理团队每个月开两次会，高级人力资源副总裁(SVPHR)兰迪·麦克唐纳(Randy MacDonald)的发言是会议的主要内容。更重要的是，他发言的重点不是报告人力资源活动和成本，而是重点阐述关键的经营问题以及用以解决那些问题的员工创新活动。在 IBM 公司，员工创新活动与关键性战略挑战之间有一条清晰的视线，测量指标在管理这种联系的过程中发挥了重要作用。

人力资本分析

尽管高喊着员工是他们最重要资产的口号，但许多经理人员并没有系统地分析，在他们的组织中人力资本如何以及在哪些方面成功地推动战略执行。然而，对直线经理和人力资源专业人员来说，这是首先要问的一个重要问题。你能辨别在企业成功经营过程中具有某种作用，甚至是基本的经营作用，以及确实能成为企业竞争优势来源的雇员技能和动机吗？这包括所有的雇员和所有的职位，还是大多数职位，还是只包括薪酬最高的职位呢？

人力资本(human capital)这个术语是指大于资产成本的收益流。从企业的观点来看，当那些收益表现为执行战略的员工行为时，人力资本具有最大价值。根据雇员技能对其他公司的价值来判断，雇员技能(和随后的工作绩效行为)具有市场价值，但是它们的战略价值是基于它们在你企业的战略执行中所发挥的作用。对这种作用进行评价首先需要了解执行你企业战略所必需的工作绩效驱动要素。其次需要了解那些绩效驱动要素的人力资本强化因素(intensity)。

在本书后面的内容中，我们将讨论如何区分战略性人力资本。在这里我们只举一个例子来说明这一点。现在我们回到前述的那个零售企业的例子。该企业的战略目标是提高销售增长率。该企业的预先分析引导其断定，销售额增长部分地受顾客满意度的驱动，而顾客满意度的提高部分地受改善购物体验的驱动。那么，在这个企业中，人力资本的战略作用是什么呢(如果有战略作用的话)? 分析可能表明,顾客服务,尤其是一线销售人员的行为(礼貌周到、及时和知识丰富)对顾客的购物体验具有关键影响。然后,分析继续鉴别影响顾客购物体验(一个战略驱动要素)的一系列职位和特殊的员工。在这个企业中,我们断定,至少有一个战略驱动要素是人力资本强化因素,那就是:提高顾客满意度。

在其他零售企业,这种战略分析可能会导致对人力资本价值完全不同的判断。例如,在诺德斯托姆公司(Nordstrom)的商店和像Costco或Price Club这样的折扣店,顾客的购物体验是有差异的。在Price Club,分析可能表明,顾客只想要一个清洁的、可买到广告上刊登的商品的店铺。在这些组织中,一线销售人员对顾客的购物体验实际上没有影响(除了确定货架上是否有足够的商品和适当变换商品货架之外),因此他们的战略重要性很小。或者,也许在这个零售店购物体验本身对于顾客来说并不重要,因为他们更看重的是价格。要点是,顾客满意度是每个商店成功的关键驱动要素,但在每个企业中,提高顾客满意度的员工胜任能力和行为却有很大的差异。因此,员工测量指标以及人力资本管理方式也必须有所不同。

有效的员工测量与管理的三大挑战

无形资产越来越高的重要性和组织资本的关联价值,描绘了一种竞争状况。在这种竞争环境中,一个公司员工队伍的某些部分具有成为重大的战略资产的潜力。在此,我们再次强调了"潜力"(potential)这个词。因为在所有的无形资产中,我们认为与员工队伍有关的潜在机遇是最重要的。这是为什么呢?因为员工和管理体系的新角色要求其实现其战略潜力。这种战略潜力表现为一种对以往实践活动的重大突破。它要求CEO和高级经理人员从不同的角度思考它对有效管理员工队伍的意义。最重要的是,他们思考如何从组织层面上进行员工绩效测量。为了了解员工的战略贡献,CEO应当提出哪些问题,并对高级管理人员和人力资源专业人员提出什么绩效测量指标呢?这区分了传统的员工管理方法与这种以三大挑战为代表的新方法的未实现的潜力。我们将这三大挑战称作观念的挑战、测量指标的挑战和执行的挑战(表1—2)。了解和克服这些挑战就是本书的焦点。

表1—2 成功的员工测量与管理

观念的挑战	我们所有的经理人员都了解员工能力和行为是如何驱动战略执行的吗?
测量指标的挑战	我们确定(并收集)了测量员工成功、领导和员工行为、员工胜任能力、员工文化和心态的恰当指标吗?
执行的挑战	我们的经理人员有途径、能力和动机去利用这些数据传达战略意图,并监控我们在战略执行方面的进展吗?

观念的挑战——强调差异

有效的员工测量和管理的第一个挑战是,要采用一种新的观念来看待员工如何能成为你组织的战略价值来源这个问题。由于以下两个原因,这个新观念对于CEO和高级管理人员来说特别重要。第一,直线经理以及他们的直接上级在员工绩效方面扮演着非常重要的角色。高级管理团队界定了企业的战略重点，并且就什么是重要的、有价值的东西确定了标准。在此，我们不是在呼喊新一轮有关“人的价值”或“快乐的工人就是富有生产力的工人”的口号。相反，高级管理团队必须针对员工绩效及其在成功执行企业战略过程中的作用提出一系列不同的问题。这就需要具有一种不同于只关注劳动成本的观念。这两种观念的基本区别是：一种是努力了解员工贡献(contribution)，而另一种却是专注了解员工成本。同样，这种新观念也一定会促进直线经理与人力资源专业人员之间的关系。也就是说，直线经理和人力资源专业人员将共同承担对员工成功的责任。

这种共同责任是新观念对于高级管理团队之所以特别重要的第二个原因。人力资源职能部门通过影响员工成功，从而发挥了一种战略作用。关于这种作用的特性以及如何测量人力资源部门的战略性绩效，我们在《人力资源记分卡》一书中已有阐述。[5]但是，如果没有与整个企业的高级管理人员及直线经理密切合作，并与他们建立真诚、紧密的伙伴关系，人力资源职能部门就不能实现其战略作用。从人力资源职能部门的战略价值角度来看，这种价值来源于其在战略执行过程中的作用。而只有在CEO和高级管理团队充分认识对人力资源专业人员的本质需求，确认并支持人力资源专业人员价值创造过程的情况下，那种价值才能得以实现。如果高层管理团队基于管理效率确认对人力资源职能部门的需求，就会使人力资源专业人员将关注点放在非战略性活动上。成本是最早要测量的员工特征，但它不应当被作为唯一的员工绩效测量指标。企业需要人力资源职能部门证实其对成功的战略执行的贡献，这会反过来鼓励人们专注能为企业创造持续性竞争优势的员工绩效。理当作为关注重点的员工问题显然应当得到尽可能有效的解决。无论如何，这个新观念从操作的角度承认了确定和区分员工管理的战略性、价值创造性要素的原理。

这个新观念还要求采用一种新的员工管理方法。这种新方法表现的主题思想就是区别对待，这也是本书第二章讨论的重点。对员工差异的强调打破了公司战略层面的差异逻辑与员工管理同质化趋向之间相脱节的传统。任何成功战略都是基于企业提供给顾客的价值与其竞争对手提供给顾客的价值之间的某种差异。基于全面削减和无焦点裁员的短期成本结构改善，可能会使财务问题在短期内得到某种程度的缓解，但不能指望其成为一种持续竞争优势的来源。[6]原因就在于，这种做法太容易被竞争对手复制了。简言之，我们提倡从“简单的”员工战略（在这种战略下，所有雇员得到相同的“待遇”）过渡到根据经营需求精心定制的员工战略。

迈克尔·波特（Michael Porter）提出了一个有关战略的、重要的、但往往被忽视的论点。他提醒我们，市场定位（例如，决定专门开发某个特定的局部市场，还是决定做本行业产品和服务的低成本生产者）不是战略。战略是为顾客带来价值的一系列独特的组织活动的结果。例如，在沃尔玛公司，一种将配送、物流、准确及时执行定单、充分关注满足各地区顾客需求的差异化库存以及非常紧密的供应商关系整合起来的系统，帮助其创建了竞争对手难以模仿的组织资源。其关键点在于，战略对企业内部和外部的关注程度一样；并且它利用企业特殊的、独特的方法创造本企业的价值。正如我们在本书第二章要讨论的那样，员工管理的含义是，某些职位和某些员工在企业战略执行方面比其他职位和员工更具有核心作用。这不仅是说必须鉴别这些职位和员工，而且，支持、开发以及激励他们的员工管理制度可能要有别于针对非战略性员工的同类制度。简言之，并非所有的员工贡献所创造的价值都是相等的，某些类型的员工绩效比其他类型的更有价值。这种不同的价值创造机会也必须得到不同的管理。

总之，正因为差异是成功的企业战略的核心，因此它也是成功的员工管理的核心。必须根据职位和作出战略贡献的人来区分人力资源职能和员工管理系统。员工绩效必须区分“A”绩效员工和“C”绩效员工。如果某企业的一部分员工真的具有成为战略资产的潜力，那么测量这种资产价值的标准就只有一个，那就是员工成功。如同对其他任何战略机遇或资产一样，必须将与战略相关的员工成功诊断和开发出来。

测量指标的挑战——与战略执行的关系

过去 20 年，经济环境变化的特点之一是，无形资产作为企业绩效驱动器的作用变得越来越重要。毫无疑问，广大读者很了解这方面的一般事实。但是，说明这些发展在哪些方面直接影响了员工成功，如何带动了企业成功，以及为什么需要一种不同的员工管理方法，也是很重要的。公认的无形资产估价研究领域的领袖人物，纽约大学的巴鲁克·列夫(Baruch Lev)教授将无形资产定义为“对没有物质或财务(股票或债券)体现的未来利益的所有权”。[7]一些形式比较明显的无形资产包括商标、员工技能(人力资本)以及专利等。形式比较微妙但可被证实为最有价值的无形资产是使企业能独特地落实其战略的管理流程和体系。这种无形资产最著名的案例也许就是沃尔玛公司的配送系统。该系统使沃尔玛能够实施一种包括为大部分边远辽阔的农村地区提供服务的配送和营销战略。

这种大画面讲述了一个更引人注目的事实。我们大多数人都熟悉与企业有形资产的账面价值有关的、近乎转瞬即逝的企业市场价值增长。过去 20 年，S&P500 企业的账面价值的市价比率增长了将近 6 倍。[8]但即使为了有形资产市值的潜在增长而对这个增长率进行调整之后，仍然有强有力的证据表明，企业的无形资产的绝对价值和相对价值都在增长。

组织资本

无形资产有多种形式。它们可以是一种商标(例如 BMW)的价值，或是顾客关系的价值(例如四季旅店)，或是一个企业员工队伍的独特技能(例如 Merck 公司重组细胞 DNA 领域的 R&D 科学家)。也许，无形资产最明显的形式就是通过研究与开发所创造出的，并形成专利的知识资本。药品商标名称是一种典型的例子（例如 Lipitor，Prilosec 和 Viagra）。这种无形资产不仅由于为顾客提供了价值而具有了价值；而且同样重要的是，由于法律禁止竞争对手复制和销售同样的产品，因此企业可以占有那种价值的份额。但是，对专利的法律保护是一种例外。大多数无形资产没有受到法律的保护而难免被竞争对手所仿制；但是，只要它们具有某种不可仿制性就可以保持唯一价值。正如事实所表明的那样，就大部分无形资产而言，由于它们是无形的，因此很难被仿制。

近年来，一种越来越受到重视的无形资产就是组织资本。组织资本表现为将知识和物资资本转化为企业价值的系统和技术。这个定义的重点不在于某些企业拥有它而某些企业没有它，而在于它体现了多大价值。组织永远是将知识和物质资本结合起来去满足顾客需求。现在，重要的是，组织实现这一点的方式正在变得越来越独特和具有本企业特色；因此，它开始成为一个企业竞争优势的来源。这就是为什么这些系统具有资产价值并且可以被合理地视为一种资本形式的原因之所在。多年来，富有经验的经理人员已经从他们自己企业的实践中认识到了这个趋势。1998 年，可口可乐公司的 CFO 就曾说过，该企业的整个市场价值与该企业的商标和管理系统的功能大致相等。[9]最近，克莱顿·克里斯腾森（Clayton Christensen）和迈克尔·雷纳（Michael Raynor）指出，一个企业的组织资本是“创新者两难”问题解决方案中的一个要素。[10]此外,巴鲁克·利弗及其同事断定,根据他们从1989年到2000年的研究,组织资本对企业销售额增长的影响占43%。[11]这就是说,通过销售额增长实现的新财富创造源中,有将近50%不能用传统的财务会计测量指标去衡量。

巴鲁克·利弗发现,“无形资产的最佳利用……需要有关这些资产准确、及时的信息。”[12]毫无疑问,对有形资产也可以做同样的观察。区别在于,在测量有形资产时更容易取得准确、及时的信息。例如,跟踪了解盘店库存和资本装备购置是非常容易的。问题是我们倾向于在无形资产中找寻与有形资产相同的特征。我们有多少无形资产?它们的价值是多少?我们要花多少成本去维护它们?但是,有形资产的特征并没有真正体现出无形资产,尤其是员工队伍的价值创造维度。有效的员工绩效管理能力之类的无形资产,能使战略得到更加成功的执行。无形资产通过这种方式间接地创造价值。而用测量有形资产特征的指标无法抓住员工系统的“长期影响”。俗话说,如果你不能测量它,你就不能控制它,并且你也肯定不能改进它。

但是,测量无形资产的“长期影响”真的很重要吗?克里斯托夫·伊特纳(Christopher Ittner)和戴维·拉克(David Larker)的研究表明这很重要。[13]他们对157家企业进行了调查,发现只有23%的企业仔细诊断和评估过其非财务绩效测量指标与战略成果之间的因果关系。但这些企业获得了比其他企业将近高3%的资本收益率以及5%以上的资本权益报酬率。来自伊特纳和拉克研究的信息,与卡普兰和诺顿在平衡记分卡测量指标中强调战略图所反映的思想相同，也与我们在《人力资源记分卡》中所提出的观点相同。测量内容很重要，但测量内容不仅仅是一些测量指标。从根本上讲，就是要对战略执行过程中的驱动要素进行测量。这并不是说每个企业都必须在这些战略驱动要素之间建立一种定量化的关系；而是说，企业在挑选测量指标的时候最起码要依据那些关系去进行思考。引用伊特纳和拉克的话说就是："比较成功的公司……根据因果模型，也叫作价值驱动要素图［选择］其绩效测量指标，这样能展示出在被选定的战略成功驱动要素与成果之间可能存在的、似乎有理的因果关系。"[14]

制定具有战略价值的员工测量指标是相当复杂的。经理人员在考虑战略价值或对企业绩效的贡献时，他们的自然倾向是寻找一种利润等价物，比如劳动成本与销售额的比率，或培训成本在整体管理成本中的比例。但是这些种测量指标几乎没有触及员工队伍的资产价值。即使是总生产率测量指标（比如每名员工收益）也不能让你了解任何有关员工正在如何作贡献的情况。事实上，一般的员工测量指标完全忽视了员工队伍是企业绩效最重要的指标这个事实。对员工绩效或员工对企业绩效之贡献的测量指标必须反映出员工队伍与企业财务成功之间的间接联系。这就是本章前面所介绍的《员工记分卡》一书的焦点。

在第五章，我们将阐述指导读者制定这种测量指标的某些基本规则。要记住的最简单的规则是：*测量指标就是对问题的解答*。在某些企业中，CEO 能提出适当的问题，但却并非总能询问到适当的人。通常而言,有关员工绩效的问题首先要提给高级人力资源专业人员。人力资源部被要求证实其对企业成功的贡献。但是对活动及效率的传统测量指标并没有回答CEO的问题。另一方面,CEO也应当向高级管理人员询问同样的问题。因为员工绩效,如我们在前面所阐述的那样,应当是直线经理与人力资源专业人员的共同责任。在另一些企业,这个问题对人力资源专业人员来说是一个鸡和蛋的问题。以传统观念看待员工绩效的高级管理人员期望看到针对效率和成本控制的绩效测量指标,而这几乎使人力资源专业人员没有机会去提供更为适当的测量指标。

适当的员工绩效测量指标直接来自于员工在执行企业战略中的战略作用。但遗憾的是,员工绩效测量指标最常见的来源却恰好相反。虽然许多组织对人员测量指标已给予越来越多的关注,但这类测量指标最常见的来源仍然是标杆基准调查。本书将阐述误导人们依靠标杆基准来制定这类测量指标的各种原因。在此,我们只回顾一下本绪论中提出的一些核心观点。员工绩效及其测量方法,应当强调差异和战略影响。就其本质特征而言,标杆基准集中关注的是共同性,也就是说以行业标准作为测量成功的适当标准。而且,它必须专注于业务测量指标,除非我们认为所有被调查的企业都在执行相同的战略。简言之,标杆基准将员工绩效作为一种通用指标而不是一种差异化的竞争优势来源。很常见的是,标杆基准只给错误的问题提供正确的解答。

在我们看来,组织资本的作用及其根本的价值来源是非常明确的。适当形态的组织资本为企业战略执行提供了一种比较优势。作为一种特殊形态的无形资产，执行战略的能力(与战略的内容相反)是一种越来越重要的财富创造来源。拉里·博西迪(Larry Bossidy)和拉姆·查兰将它描述为“完成事情的纪律”(the discipline of getting things done)和 CEO 所面临的最重大挑战。[15] 我们的研究成果也支持这个观点。几年前，我们曾对 500 多家公司进行了调查。我们的调查问卷中有一个问题是：请评估你们公司战略的适当程度，以及这些战略得到有效执行的程度。我们将对这两个问题的回答与相关企业当时及后来的财务绩效联系起来。[16] 结果很引人注目。没有多少企业的评估结果显示，它们的战略执行全都大大高于或低于其战略选择的适当程度。值得注意的是，这两个回答的差异如何关系到企业财务绩效。成功执行战略的影响是选择适当战略的影响的 6 倍。我们并不想通过这些分析来断言选择适当的战略与你组织的财务成功无关。一个粗制滥造的战略执行得再顺利也没有效用。相反，我们认为这只是企业能力差异的一种反映。如前所述，选择正确的战略不是真正的挑战。真正的挑战是如何执行所选定的战略！[17]

员工成功管理的含义

越来越多的证据(间接和直接的)表明：无形资产，特别是组织资本，作为企业财务成功的一种基础，具有显著的作用。虽然这些研究结果表明 CEO 面临战略前景的一个重大变化，但高级管理团队并没有直接管理组织资本。

员工管理是组织资本最重要的要素，因为它代表最大的绩效改进机会，是一种战略性杠杆。通过建立适当的员工管理系统和流程能取得多大的潜在财务收益？我们已经看到，最近的研究表明，仅组织资本这一个指标的测量结果是，组织资本能带来43%的销售额增长。如果拥有适当的技能、人事相宜并且专注于执行企业战略，员工队伍就可能对销售额增长具有一半的影响，这个假设不切合实际吗？我们并不这样认为。

十多年来，本书的另两位作者，布赖恩·E. 贝克尔和马克·A. 休斯理德，研究了这些员工系统的一个方面如何影响企业绩效。他们的研究针对可以将企业员工管理系统的最基本要素——人力资源管理系统——看作什么。一个可能具有战略价值的人力资源管理系统有许多方面。直线经理常常极力要求人力资源专业人员证明那些系统的功效。比如，相对于行业标杆基准而言，每雇用一人或每培训一人的成本是多少？人员招募周期是什么？我们的观点不同，我们没有将主要注意力放在效率上。我们的假设是，如果员工正好是一种竞争优势来源而不只是一种需要最小化的成本，那么，有关人力资源管理系统的真正要点就是，它是不是以一种使员工绩效最优化的方式构成的。由于我们不能直接测量员工绩效，因此，我们用10年时间对3000多家企业的人力资源管理系统进行了调查，并随后对这些企业的财务绩效进行了了解。

一个人力资源管理系统通常包括几个方面，比如人员招募和雇佣、开发、奖励和报酬。虽然在我们的研究中，有些提问是针对“多少”(how much)的，比如为员工提供多少小时的培训，但许多提问也探究了每个企业对绩效的强调程度。例如，回答者被问到有关他们利用专业效度高的人员选拔方法的频率，或有关员工绩效与报酬分配之间关系的问题。我们的假设是，越充分使用这些“高绩效”的方法，企业就越成功。我们每次调查和以不同版本询问这些问题的结果都支持了我们的假设。我们的核心研究结果是，高绩效人力资源管理系统的重大改进(平均每个企业大约 1/3 的增长)将使股东价值得到 10%～15%的增长。[18]

一个高绩效的人力资源管理系统是战略性组织能力的基础之一。我们还研究了那些能力是如何影响企业成功的。引用我们的同事迪夫·乌里奇的研究成果，在 1999 年对 240 家企业的调查中，我们要求回答者对其企业在各方面的战略能力作出评估。[19]这些能力包括：

- 市场速度
- 人才获得
- 学习能力
- 创新
- 共同心态
- 履行责任

图 1—3 说明的是，在这些战略能力评估中得分较高的企业，在企业绩效的几个维度上也得到较高的评分。首先，

图 1—3　战略能力推动企业成功

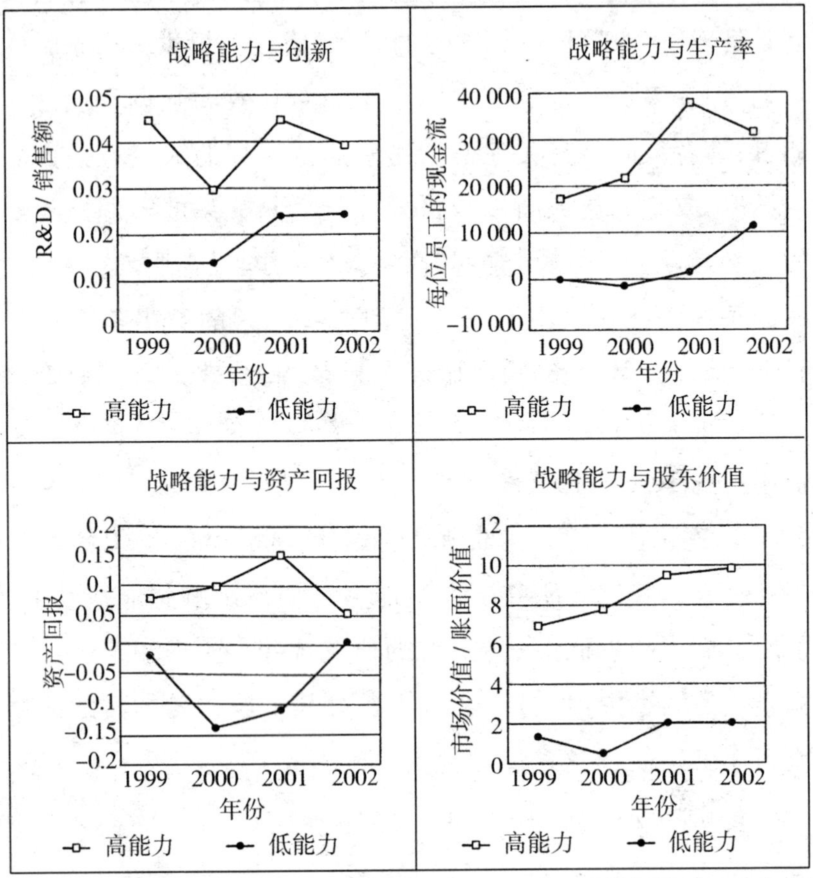

它们系统地对更多的 R&D 活动进行投资。我们认为，这至少是企业创新能力更强的间接证据。第二，我们发现在战略能力上得分较高的企业生产率（按每名员工现金流衡量）和赢利率（按资产回报衡量）都更高。第三，我们发现，这些在战略能力上得分高的企业，市场与账面价值的比率比其他企业将近大四倍。而且，这些差异在后来四年、非常困难的经济环境中一直保持。

简言之，战略能力水平较高的企业一贯表现得比战略能力水平低的企业好很多。无论是从创新、生产率、赢利率，还是从股东价值来衡量，高能力的企业都胜过低能力企业一大截。基于十多年的实验研究、实地调查和企业内部咨询，我们相信，高能力企业能调控其内在资产，这些资产大部分是特殊的战略能力，比如速度、人才、学习、创新、共同心态以及履行责任；同时它们为股东创造了这些收益。

但是，与这些战略能力看起来同样引人注目的是，对这些能力无法直接控制。与波特有关市场定位的观点很相似，战略能力是联合起来共同产生我们所看到的财务结果的其他管理系统的结果。这又需要一种新的观念。这些战略能力的一个关键驱动因素，或许也是最重要的驱动因素，就是有效的员工管理。在我们的实验性工作中，我们调查了战略能力水平高的企业与战略能力水平低的企业在几个员工能力要素上如何不同。员工管理活动的这些要素包括对高绩效员工和低绩效员工实行有差别的奖酬和工资，以及根据本企业的战略，区别员工管理系统的各种要素。这方面的差异也是很大的。正如我们将在第四章更详细论述的那样，在这些员工管理实践活动方面得分比较低的企业，在战略能力方面的得分也比较低。我们的结论是，适当的人力资源管理系统可以强化战略能力，进而推动企业成功。

执行的挑战——让高级管理人员和直线经理对员工成功负责

有效的员工管理需要一种新的员工成功观念和一种不同的测量员工成功的方法。杰夫里·佩夫(Jeffrey Pfeffer)和鲍伯·萨顿(Bob Sutton)确定了一般管理活动中所谓的“知行”(knowing-doing)差距。他们认为问题不是经理人员不知道要做什么。实际上,对于大多数经理人员来说,问题是要贯彻和执行有效的管理实践活动,也就是说,完成这些活动。[20]在执行世界级测量方法的过程中也有类似的挑战。新的观念要求对员工如何以及为什么能作为一种战略资产有不同的认识和理解。而新的测量体系则将上述观念转化为组织层面的员工绩效测量体系。第三个挑战——执行的挑战,要求直线经理以一种不熟悉的、有时甚至是不合意的方式利用测量指标去进行管理。但是,如果没有人理解其含义,或其如何能被用于帮助作出更好的有关员工的决策,那么劳神费力地去建立一种有效的员工测量体系也没有多大用处。

有效的执行意味着将员工成功测量指标纳入日常管理决策,从而将战略性员工绩效作为管理决策关键组成部分的新方式。这也要求高级管理团队、直线经理以及人力资源领导团队制定一种明确的经营战略、一种相关的员工战略、一种人力资源战略和人力资源职能部门工作计划,以帮助执行已制定的经营战略。同时,它们也需要用记分卡去监控其执行进展。

要将这种责任履行能力作为一种战略能力来开发，CEO和高级管理团队必须非常明确他们对员工在实现经营成功方面的期望。不同的战略需要不同的员工胜任能力和行为去有效地执行；不同的员工胜任能力和行为需要独特的人力资源管理系统；不同的人力资源管理系统需要有特殊的文化和员工心态才能取得最大成效。因此，高级管理团队的一个关键作用是，不仅明确其对企业文化的期望，而且还要帮助阐明这种期望。有效的战略执行需要经过设计的、而非偶然形成的文化和心态。

在这个过程中，有时需要与人力资源专业人员发生不同的联系。与这些专业人员谈话的性质也必须有所不同。人力资源专业人员将被要求承担促进员工成功的责任，而不仅仅只承担有效管理人力资源管理系统的责任。同样，高级管理人员和直线经理将被要求承担有效管理员工成功的责任。这也意味着员工记分卡的测量指标将被包括在对直线经理的绩效评价和薪酬决策中，因为直线经理对企业战略的成功执行具有直接影响。

最后，保证对员工记分卡有适当的沟通和学习计划也是战略被成功执行的一个关键因素。确认员工知道并且理解本企业的战略，信奉这个战略，并且有技能和能力去执行这个战略，这是战略成功的一个必要但非充分条件。员工还必须有途径得到适当的员工数据，并且准备使用这种数据。因此，应对执行的挑战需要有一种沟通和学习员工测量方法的策略。

本书结构

本书内容是围绕本章前面所述的三大挑战来组织撰写的。第二章论述了观念的挑战。它相当详细地阐述了我们将焦点放在员工、职位以及人力资源系统差异的用意何在，直线经理需要什么新的员工管理方法来帮助创建一个差异化的员工队伍。这个方法的关键要素是:从将人员和人员管理系统看作是一种要最小化的成本转变为将他们看作是竞争优势的一种主要来源的必要性。在此，我们提出了不成比例的投资(disproportionate investments)的概念，并且说明了"A"职位上的"A"绩效员工对于员工战略的有效执行是何等重要。

接下来的三章论述了应对测量指标挑战的解决方案。第三章详细地介绍了员工记分卡的概念，并且阐述了四个范畴(员工文化与心态、员工胜任能力、领导与员工行为、员工成功)的测量指标的基本原理。这些要素中的每个要素都有助于确定保证战略成功所必需的人力资源管理系统和测量指标。我们相信，只有在明确了战略目标和员工能力之后，才能有效地建立一种员工记分卡。因此，这个过程始于对企业战略的清晰说明，以及对为企业成功作出不成比例的贡献的关键或"A"角色以及这些角色中的"A"级绩效的鉴别。

图 1—1 突出了员工记分卡的重要作用，但也强调了人力资源职能部门以及人力资源专业人员在人力资源记分卡

中的关键作用。第四章深入阐述了人力资源记分卡，并且根据人力资源职能部门对员工成功的贡献，重新定义了其战略绩效，再次强调了直线经理与人力资源专业人员之间的战略关系。第五章集中论述了经理人员在考虑制定什么测量指标以及如何将这些指标体现在自己的决策中的时候应当谨记的一套原则，完成了有关测量指标挑战的讨论。

由于员工信息提供了一种竞争优势的来源，并且有助于推动企业成功，因此，有效地处理有关人力资本的"信息疏忽"也是非常重要的。也就是说，适当的人在适当的时间必须掌握适当的员工测量指标；并且他们也必须知道如何使用这些工具。第六、七、八章集中论述了执行的挑战，提出了我们应对三大挑战的方法。第六章集中论述了CEO和高级管理领导团队在战略性员工成功方面的作用。我们阐述了高级管理人员如何能用员工测量指标去帮助达成绩效协议，并保证让经理人员对员工素质负责。我们还阐述了将薪酬及激励制度与员工测量指标紧密结合以形成战略优势。第七章论述了有关直线经理和人力资源职能部门在战略性员工成功方面的作用。

第八章集中讨论了数据分析、决策以及有关员工测量指标沟通问题。在这一章里，我们提出这样一个观点：建立一种世界级的员工测量体系还不足以保证战略成功；这些测量指标还必须得到预期听众的理解，并被运用到有关员工问题的决策中，以制定出更明智的决策。通过运用各种工具，我们说明如何帮助经理人员将员工测量指标当作一种提高战略决策水平的实用工具。

在第九章里，我们总结了创造、管理和测量人力资本方面的重要教训，为希望在自己的企业中建立更有效的员工测量体系的经理人员提供了路线图。第九章还可以被用作一个诊断工具。运用这个工具，读者很快可以评价出他们组织所采用的员工成功管理和测量方法与本书所讨论的观点的差异。有些读者可能想从第九章开始去了解，如果这些观点完全得到贯彻的话，组织的前景看起来应当是怎样的。

第一部分 观念的挑战

[illegible]

第二章　差异化员工管理战略的制定

在第一章，我们概括地论述了公司在试图将员工当作一种战略资产来管理的时候所面对的三大挑战。其中第一个挑战是观念的挑战，也就是本章将要讨论的核心问题。观念挑战主要来源于差异的重要性越来越明显。这种差异包括员工的差异、职位的差异以及绩效的差异。对于大多数企业来说，这样一种变化可能集中表现为一种新的员工管理方法。事实上，我们发现，虽然大多数经理人员非常认可差异化作为产品和服务的一种特征的价值，但是，他们在员工战略执行过程中却没有同样强调差异化的作用。例如，经理人员在日常工作中，会频繁地评估其顾客价值要求或营销战略，并且在必要时进行调整。但是，他们很少用同样的规则去管理和测量战略执行的基本驱动要素：员工绩效以及促进员工绩效的人力资源管理程序和系统。

员工战略的目标是推动有效的战略执行。根据员工战略的内容和战略执行的要求，如果企业的员工战略要实现上述目标的话，就必须更多地强调差异。

正如可以根据公司战略内容的质量以及公司战略执行的全面性来分析公司战略的效力一样，也可以用这种方法去评价一个企业的员工战略。员工战略的基础是选拔、开发和激励员工的人力资源管理系统。这种系统通常是很复杂的，包括人员招募策略和渠道、薪酬以及高级管理人员开发系统等等。员工战略的第二个方面即员工战略执行质量，主要取决于直线经理如何利用这种系统去贯彻本企业的战略。如果他们不能有效地执行员工战略，没有体现出员工的潜在战略作用，那么员工战略本身就是不成功的，而且最终还会危及公司更高层次的战略。

据我们的经验来看，很多企业在建立驱动员工绩效的组织体系时，非常强调同质性和共通性。特别是，如果一种创新活动被确定为“战略性的”，它通常就会专注于全公司的战略主题或目标，并且试图用一种相同的方式去影响所有员工的行为。的确，在某些企业中，衡量这种创新活动战略特征的指标是：有多少员工参与其中，它的基本原理与公司高层次的目标的联系有多紧密。但是，无论重点是要取得对创新活动的支持，还是表明人们相信这些变革活动与战略成功之间具有直接的关系，这些创新活动的价值都常常是有限的，因为它们并没有直接针对战略执行的驱动因素。这就像一个外科医生用钝刀而非手术刀做手术一样。焦点不集中的创新活动通常会失败，因为它们的设计宗旨是试图直接影响战略目标，而不是针对驱动整个企业战略执行过程的每一个绩效驱动要素。

例如，某个企业将某种“以顾客为中心”的说法当作一个战略主题。将这样一种放之四海皆准的经营战略转化为一种员工战略是很不合适的，因为在不同的企业中，比如在研发型企业与在销售型企业，员工成功的含义是很不相同的。在同一企业的不同人员中，比如对零售企业的物流配送人员和一线销售人员而言，员工成功的含义也非常不同。虽然可以认为建立以顾客为导向的多元化员工队伍结构是具有战略重要性的，但是，同样重要的是，要有一种能反映这种多元化结构的员工战略。在这种战略中，每一部分员工都在身体力行地贯彻“以顾客为中心”的战略主题。

本书想要改进直线经理进行员工绩效管理的一般方式，但特别关注他们管理战略性员工或曰执行战略的那部分员工绩效的方式。部分答案是：设计一种能优化员工绩效的组织体系。此外，改变直线经理对那些体系的实际管理方式同样也很重要。我们再一次看到，差异非常重要。下面，我们来看看关于常见的“上选雇主”(employer-of-choice)战略的两种观点。

> **A企业**：作为上选雇主战略的一个关键内容，我们希望让具有潜力的员工知道，这里是一个理想的工作单位。为了实现这个目标，我们为所有人提供大量的福利、工作保障以及高工资。让我们感到自豪的是，我们已经赢得了许多一揽子福利计划创新奖并且成为了上选雇主。因此，求职者的数量大大增加，整个企业的人员流动率下降。员工一旦加入我们企业，就很少想离开。我们为我们在员工队伍

建设方面的成就感到非常自豪。

B企业：我们最不想做的一件事就是成为上选雇主。成为上选雇主的结果无非是使不合格或似是而非的求职者数量增加，而这又会增加人员选拔和安置不当的可能性，增加我们人员选拔系统的事务处理成本，因为我们得处理许多不适合我们组织的求职者。这是非常昂贵的。如果我们能有效地与潜在的员工进行适当的信息沟通，就没有必要这样做。我们的战略是，通过努力做一个独特的上选雇主和区分市场上的最佳候选人（甚至让求职者在求职前进行自我选拔），建立一个独特的雇佣品牌。我们希望所有的求职者都了解这是一个要求严格、高绩效的组织，然后再确定这里是不是他们能适应的地方，他们的技能和动机是否能适应我们的文化。为了实现这个目标，我们在所有可能的互动活动中都极力表明：这是一个重视卓越才能和卓越努力的地方。对那样的员工，我们会提供特殊的工资和特殊的发展机会。我们不可能是适合于所有人的企业，我们也不想做那样的企业。

差异不仅是你执行员工战略的方式，而且也是组织文化基因（DNA）的一部分。上选雇主战略强调的也许是：差异化的战略是将合适的求职者吸引到本企业并且让不合适的求职者去选择其他企业。这些努力是赢得人才大战的一种方法，但它们必须使企业最终能雇用到超常规比例的、大量的高绩效员工，并且能留住他们。否则，这种战略就只是又一种得不到预期结果的好主意。

在报酬和绩效管理方面，无差别员工战略的案例比较常见。在大部分企业里，高绩效员工与低绩效员工（或者用我们的术语说“A”绩效员工与“C”绩效员工）之间只有很小很小的差别。结果是：高绩效员工失去了积极性并且很可能离职；低绩效员工得到过多报酬而比较不可能离职。长此以往，这会导致整个员工队伍的绩效下降和战略执行的效率下降。最后，这种低绩效状况会促使企业解雇绩效不合格的员工。但如果这些绩效差异原先得到了适当处理的话，这种情形是可以避免的。这真是一种“是现在付账还是以后付账”的情形。在这个产品市场竞争不能容忍组织松懈的世界里，基于绩效的差异化管理是不可避免的。

我们强调，在员工战略执行过程中要重视差异，这不是什么新的观点。这种观点在美国联信（AlliedSignal）公司、GE公司、微软公司以及百事可乐公司已经实践了多年，并且也已体现在布雷德福·斯马特（Bradford Smart）所提出的极点评分（Topgrading）概念中。[1] 同样，拉里·博西迪（Larry Bossidy）和拉姆·查兰（Ram Charan）也将差异描述为“建立绩效文化的母乳”。[2] 事实上，虽然战略执行的重要性已经得到广泛地承认，但是，关于区分员工差别的重要性，还有两个关键要素没有得到充分强调。第一，经理人员必须将更多的注意力和资源集中在“A”或曰战略上极为重要的职位上，确认企业让“A”绩效员工担任“A”职务。第二，经理人员需要一套员工测量指标，不仅作为说明什么重要和什么不重要的信号，而且提供一种保证经理人员对他们如何进行员工队伍管理负责的方法。这些观点集中在我们所论述的对“A”职务的

"A"绩效员工的偏大比例投资中。经理人员必须加大比例地将他们的精力放在企业最重要职位上的最佳员工身上。经理人员必须有适当的绩效测量指标去实现这种转变。而制定和实施这样一种测量体系正是本书的一个核心内容。

形成差异化的员工战略内容

我们已经论述过，员工战略由员工战略和系统的内容，以及员工战略执行质量两个方面构成。在本部分中，我们要阐释实现员工系统差异化的实际含义，以及为什么实现这种差异化能创建一种可能代表某种竞争优势来源的组织资本。图2—1描绘了这种差异化战略的演进过程。

图 2—1　员工队伍差异化推动战略执行

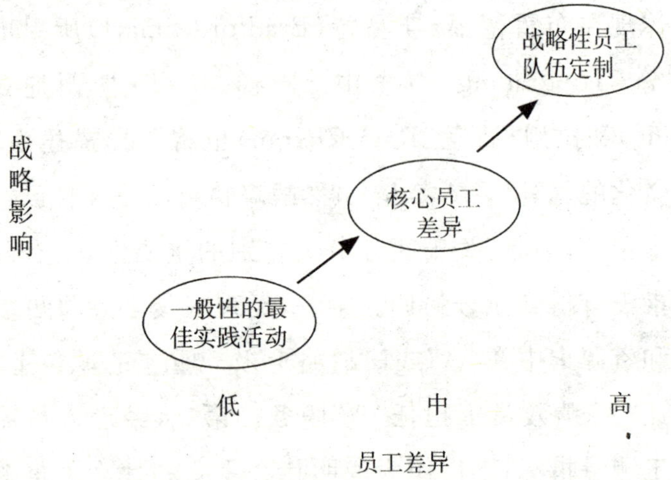

一般性的最佳实践活动——基础

将员工队伍转化为一种可以推动战略执行的战略性资产的基础是人力资源管理系统，或者说是构成员工管理方法的一整套人力资源政策和实践活动。对那些将员工绩效作为成功战略执行的重要驱动因素的企业来说，人力资源管理系统就是其全部起点。这种人力资源管理系统决定了雇用什么人，并且通常还决定了留住什么人。也许更重要的是，一旦员工加入了这种企业，人力资源管理系统就不断地向其发送信号，表明什么是受重视的以及什么是适当的，尤其是在绩效方面。建立一种高绩效文化也是非常关键的。因为，如果员工得到了不一致的信号，人力资源管理系统表现和鼓励了与高层领导意图不一致的东西，那就有问题了。这种误差的典型例子就是希望得到 B 却奖励 A。[3]更系统地讲，这个问题就是雇用 A、奖励 B、培训 C，却指望得到 D。

从传统上看，在建立人力资源系统的时候，人力资源专业人员一直面临着多种目标。管理效率、法律规定、员工拥护以及员工绩效，所有这些对人力资源系统的建立都有不同程度的影响。但是，为推动战略执行而建立的人力资源管理系统必须有明确的专注点。这个专注点必须放在员工绩效方面。虽然我们在图2—1中将它叫做最佳实践活动，但实际上它更多地还只是一种哲学而不是一种实践。在如何选拔、开发、奖酬和激励员工方面，每个企业都有许多选择。换言之，有许多可行的实践活动能支撑战略性员工绩效。但人力资源专业人员必须了解，只有员工绩效才是战略成功的基础。这个观点和哲学必须成为他们在构建人力资源活动系统时首先要考虑的。而且，在构建这个系统的过程中，他们会不断地强化或破坏这个观点。[4]

在薪资方面，有关最佳实践观点的一个范例就是，在绩效水平与薪资之间存在一种紧密的联系。薪资给付方式可能包括利润分享、收益分享、优先购股权，或按能力增资，或者综合各种方式。关键是，无论选择哪种方式作为支持决策的“最佳实践”要素，在薪资将如何驱动员工绩效方面都存在一种清晰的企业逻辑。实际上，当我们将图 2—1 中的差异曲线向上移动的时候，绩效逻辑就会变得越来越清晰，越来越容易界定。

含有“最佳实践”的人力资源管理系统是初级水平的差异化，但其价值不应被低估。因为许多企业甚至还没有达到这个水平。但是，即使是采纳了最佳实践人力资源系统的企业，也往往不重视这些系统在改进整体战略执行质量方面的重大作用。情况可能是这样：经理人员往往怀着非常好的出发点，去采用囊括工作设计、人员招募、人员选拔等等的各种“最优等级的”人力资源政策和实践活动。这样做的根本问题在于，虽然某个特殊的做法在其“原创”企业中可能很好，但我们没有理由期待，来自不同企业和行业的“最佳实践”会以协作的方式一起发挥作用，更不要说很好地帮助落实企业的战略了。从员工队伍的角度来看，这种错位显然是很痛苦的。

对一个企业来说，为了将其员工绩效管理系统转化为战略资产，就必须让该系统更直接地为战略执行作贡献。这就要求所制定的员工战略能够越来越鲜明地体现企业之间以及企业内部的差异，而不是依赖什么最佳实践。这种日益清晰的差异正是我们下面将要阐述的员工系统的特点。

核心员工差异——支持高水平经营战略的高水平人力资源管理系统

图 2—1 将实现差异化的第一步描述为*核心员工差异*。我们之所以使用这个说法是因为，根据一个企业的核心战略去形成差异是一种最常见的、制定差异化员工战略的方法。关于核心战略，我们的意思是，大多数战略理论框架都只确定了企业可利用的少数战略选择。例如，迈克尔·波特确定了三种市场定位战略：成本导向、差异化以及聚焦。而迈尔斯(Miles)和斯诺的著名理论框架则采用了像探索者(创新)和防卫者战略这样的范畴。[5]无论企业使用这些范畴还是它们的某些变种，要点都在于有一种决定企业未来的宏观市场战略。因此，核心员工战略的确切特征就是其在某个特定企业内部具有同质性或一贯性。将员工系统集中在这种层次上就意味着有一套核心技能、胜任能力和行为，将它们集中在一起就能实现这个目标。

核心员工差异的一个范例是由迪夫·乌里奇和迪克·贝蒂(Dick Beatty)提出的那个框架。[6]根据特里西(Treacy)和威尔斯曼(Wierseman)的理论，区分员工战略的差异是基于企业选择的“提供给顾客的价值”这个命题的。[7]这个框架同样也被卡普兰和诺顿用来阐明平衡记分卡顾客方面的内容。[8]在这个框架中,有三个核心战略选择:价格、创新、定制。主要靠产品和(或)服务创新去竞争的产品领导型企业提供某种顾客“必须拥有的”产品或服务创新。这些企业能使顾客可能获得被称作“新方式”的产品[例如,像拉尔夫·劳伦(Ralph Lauren)这样的时装设计,像 PT Cruiser 这样的汽车,或者其他的设计产品];而那些靠成本和价格去竞争的企业则需要极端的标准化。低价市场的商家不断地努力,企图从他们的系统中剔出差异以便使成本最小化,从而能为顾客提供最低的价格。他们所提供的是市场上能看到的“他们自己的方式”[例如麦当劳、沃尔玛、西南航空、Best Buy、宜家、家得宝(Home Depot)]。而定制则是“你可以实现你自己的方式”。企业能通过创造“你可以实现你自己的方式”的感觉而形成差异。虽然实际上,在如何生产方面形成差异可能是不必要的(例如 Burger King),但顾客觉得这种产品是为满足他们的需要而特别制作的。

这个理论框架中的员工差异化类似于核心能力的概念。它为这个核心价值命题提出了一种全面员工能力的论点。其焦点在于,从整个公司的角度对特定的核心战略所需要的员工能力作出全面的描述。例如,在一个基于成本竞争的企业中,这个工作体系的主要焦点会放在降低成本上。图 2—2 说明了员工成功的一个维度——核心心态——在三个不同的核心战略下的差异。

图 2—2　战略性选择与人的“适应性”

运营成本优势	领导产品创新	密切联系顾客的解决方案
核心员工心态		
☐ 认同工作流程 ☐ 可训练性/学习能力 ☐ 遵从作战计划 ☐ 献身于组织 ☐ 关注短期 ☐ 避免浪费和节约 ☐ 受不断改进的推动 ☐ 重视产量 ☐ 重视流程 ☐ 喜欢稳定 ☐ 风险承受力较差 ☐ 没有:随便/浮夸	☐ 认同、重视、服从发明过程 ☐ 挑战可能发生的情况/现状 ☐ 反对官僚主义 ☐ 关注长期 ☐ 多面手 ☐ 受学习的驱动 ☐ 比较关心结果 ☐ 比较能容忍含糊不清的东西 ☐ 风险承受度较高 ☐ 没有:结构化/合理化	☐ 认同顾客 ☐ 乐意、容易分享“秘密” ☐ 征询顾客意见 ☐ 适应性强/灵活 ☐ 促成顾客需要的结果发生 ☐ 快速学习 ☐ 受顾客成就驱动 ☐ 预见顾客需求 ☐ 没有:克隆
典型行为		
☐ 团队协作 ☐ 努力适应/找到角色 ☐ 相对可重复的、可预见的行为 ☐ 主要是作为流程的组成部分的个人活动	☐ 解决问题 ☐ 互相挑战 ☐ 跨职能协作 ☐ 行为的创造性强	☐ 分享思想和解决方案 ☐ 跨边界思考/工作 ☐ 开发广泛的技能 ☐ 有效的网络联系 ☐ 顾客管理
范　例		
联邦快递,戴尔,纽柯公司(Nucor),沃尔玛,UPS,家得宝,Lowe's,Best Buy,宜家,麦当劳,家乐福	索尼,Glaxo,默克(Merck),3M,英特尔,耐克,微软,Burberry	Four Seasons,Airborne Cott,Roadway,Cable & Wireless,Circuit City

资料来源:摘自 Dave Ulrich and Dick Beatty,“From Partners to Players: Extending the HR Playing Field”, *Human Resource Management* 40, no. 4(2001): 293-307。

核心员工差异法是有其优势的。它对于刚开始努力将员工战略与更大的公司战略结合起来的组织来说,比较容易实现。只有一个结合点是有效的,那就是核心价值命题。这种方法不要求企业充分说明表现成功战略执行特征的绩效驱动因素,而是为尝试推动员工成功的人力资源专业人员和直线经理提供大体战略指导。作为一种选择,它只是一个最初步骤。员工能力描述仍然是在整体战略执行中各司其责的直线经理要独立面对的一个高水平的直接挑战。它提出,正如只有三种核心战略一样,也只有三种可供企业采用的员工战略。员工战略的这种比较少的选择以及比较透明的特征,可能限制了将它转化为重大竞争优势来源的潜力。实际上,致力于测量这种核心战略联盟价值的学术研究发现,员工战略除了对建立一种高绩效的人力资源管理系统有贡献之外,几乎没有什么证据能证明它还有其他增加价值的创造作用。[9]

战略性员工定制——支持战略价值驱动因素的差异化人力资源管理系统

战略性员工定制的概念将差异化向纵深推进了一步。它不同于以几种重要方式表现的核心员工差异。[10]首先,在核心员工差异理论中,放在战略执行上的焦点是比较含蓄的。从总体上看,员工战略是根据广泛的公司战略而非驱动公司战略执行的那些要素绘制出来的。而战略性员工定制则包括了员工战略与战略性绩效驱动因素之间比较明显的联系。这就是说，不仅有一个与特殊公司战略相似的员工战略，而且这个员工战略会根据该企业的战略性绩效驱动因素而形成差异。有时候，这可能意味着，出于不同的绩效驱动因素的特殊人力资本需求，在同一个组织中会有许多不同的员工战略。例如，一个主要关注降低成本的企业，出于其战略的要求，也可能要保留部分需要高投资的员工。

关于这种层面的差异化有什么企业案例呢？本书的前提是，在大多数组织中，员工绩效还是一种没有实现的战略性资产。为了实现那些尚未实现的价值，企业，尤其是直线经理，必须更有效地改进真正驱动战略执行的那部分员工的绩效。但是，直线经理并没有对整个战略施加管理，他们只管理部分战略，也就是我们称之为战略或绩效驱动因素的那部分战略。因此，如果要使员工绩效更有效地驱动战略执行，就必须在绩效驱动因素的层面上去设计和管理员工绩效。

战略性员工定制的基本原理是直接根据迈克尔·波特的战略活动系统概念而得出的。[11]波特强调说，驱动市场成功的基础性战略活动本身就是战略的本质。在这一点上，沃尔玛公司再一次提供了有力的例证。该公司整合配送、物流以及准确及时的定单执行系统，非常关注差别进货以满足每个店铺顾客的需求，与供应商保持密切的关系。这帮助它创造了一种组织资源和原创优势，令竞争对手难以效仿。重点不仅在于此。在任何组织中，组织内部活动系统可能都具有操作价值,而且这种活动系统还具有很大的战略价值,因为它会不同于所有竞争对手。换言之,仅仅选择一个核心战略(像亲近顾客),还不能说是一个特殊的战略活动系统,或者我们的案例中所说的特殊的员工战略。正如波特所说:“战略定位意味着开展与竞争对手不同的活动或者以不同的方式开展相同的活动。”[12]其含义是:执行一种特殊的竞争战略有多种方式或活动系统。

这个差别很重要,因为员工绩效的战略价值表明了其为企业创造价值的含义。但是,一个战略的目的不仅是为了给顾客创造价值,而且也要使企业及其股东分享这种价值成果。容易被竞争对手仿效的、随机的成功价值建议,几乎没有或完全没有战略价值。那么,问题就变成了:企业如何设计一套能为顾客创造价值又不易被竞争对手轻易仿效的战略“活动”?从适当的员工战略的观点来看,这是一个包括两个阶段的过程。第一个阶段是,这个组织必须清晰地说明那些战略活动的系统,描述和界定成功的战略执行的要素。这个说明过程类似于卡普兰和诺顿所描述的战略图的绘制过程。[13]这个过程基本上界定了战略执行过程中的关键绩效驱动因素以及它们的相互关系。这个过程的第二阶段是要形成差异化的核心员工战略,以充分满足每个绩效驱动因素的特殊人力资本需求。与核心员工差异(其仅仅根据两三个核心战略去区分员工战略)不同,那些核心战略中的绩效驱动因素也是潜在的差异点。关键在于,这种员工战略不仅会不同于其他企业所实行的,而且在本企业内部也有不同的体现。[14]

战略性员工定制类似于制造业大规模定制的概念。你要准确地满足顾客的需要。这个顾客就是对一个或多个战略性绩效因素负责的直线经理。对于人力资源专业人员来说,这个顾客与传统的内部顾客焦点的区别在于价值前提。传统的内部顾客价值前提集中在人力资源职能服务的时间、效率和成本上。而直线经理的这个战略性价值前提必须集中在战略的执行上。因此,人力资源职能部门所提供的服务和分担的责任是战略性绩效驱动因素,而对这种战略性绩效驱动因素负责的是直线经理。这对直线经理和人力资源专业人员来说都是一种新的观念。

战略性员工定制的举例

要做到组织的员工战略进一步差异化,但又不仅仅是采用一般性的最佳实践,就引出了某种程度的战略性员工定制需求。那么,这什么时候应当成为一个需要考虑的问题呢?回答是,当战略执行系统中的不同要素越来越需要不同的员工行为、心态以及胜任能力的时候,就应当考虑战略性员工定制的问题了。组织应当对那些人力资本维度的差异给予同等的或更多的注意,而不是只寻找将这些战略要素(驱动因素)的人力资本维度连接在一起的最小公分母。在员工和职位主要是由战略执行过程的一两个要素联系起来的企业中,这种情况尤其真实。而在那种所有职位都对整个战略执行过程同等重要的企业中则不然。例如,在四季旅店(Four Seasons Hotel),主要的经营战略就是与顾客保持密切联系,为客人提供世界级体验。但是,在这个豪华的旅店,记账和采购功能增加了基于效率与成本缩减战略的价值。差异化的员工战略将承认和支持每一种战略需求。

战略性员工定制的范本会是什么样的呢?前面我们说过,迈克尔·波特的战略活动系统的要素就是员工定制的基础。另一个范例是罗伯特·卡普兰的战略主题概念。[15]图 2—3 举例说明了 Wells Fargo Online Financial Services Unit 的战略主题概念,并展示了可以如何通过执行战略所需要的重要主题或能力来形成差异化的战略。在这个案例中,组织主题的关键目标是增加和留住高价值的顾客,提高从每个顾客身上获得的收入,降低为每个顾客付出的成本。在实际情况中,在这个战略图的学习和成长部分所描述的员工战略有广泛的关注点,而且这个员工测量指标没有传统财务指标那样的战略重要性。

这种目标相对分散的员工战略导致难以将员工作为一种战略资产,也难以建立产生预期效果的绩效测量指标。另一种战略是研究几种定制化程度较高的、基于战略主题的员工战略。例如,如果一个组织的工作结构体现了其战略主题,该组织就能从上述的三个主题定制化程度日益提高的过程中受益。换言之,主要负责增加和留住高价值顾客的职位与那些专注于降低每个顾客成本的职位相比,二者需要的员工心态、领导行为、员工能力以及员工成功的概念,应当都有很大的差异。同样，支持该种员工战略的人力资源管理系统也应当被定制化，使我们在所有的员工战略中都能看到不同的人员选拔、开发以及薪酬制度。

IBM 公司提供了一个范例。在这个范例中，人力资源职能部门主持制定和验证了一种为各种员工创新活动提供业务逻辑的战略图。这个开发过程与业务单位的经理有很多协作，还包括了每个业务单位独特的战略图和一张公司战略图。这反过来又使 IBM 公司能根据每个业务单位的独特需求定制其员工战略。IBM 公司的几个业务单位（比如全球服务部和 BCS）掌握了这样一种独特的方法。他们认为他们的战略图及其最终的人力资源管理系统，是他们专有的。这种方法标志着一般性战略图或整个企业战略图的一个重大进步。

我们再回到图 2—1。员工战略的差异化是一个连续统一的选择。大多数组织对其员工战略都是有一个强大的核心要素的，并且这个要素用于强化整个企业的共同品牌。强生公司的“信条文化”就是一例。信条文化是指导整个强生公司许多不同业务的管理决策的一种伦理框架。然而，如果将一种定制要素引入到员工战略，可能会极大地改进企业战略。

战略性员工定制不仅需要以不同的观念看待本企业员工战略的价值创造潜力，而且需要以不同的观念看待为实现这种价值所必需的投资。最近几年来，有许多关于人力资本战略价值以及在许多企业中员工成为最重要资产的讨论，我

图 2—3　作为定制化员工战略基础的战略主题

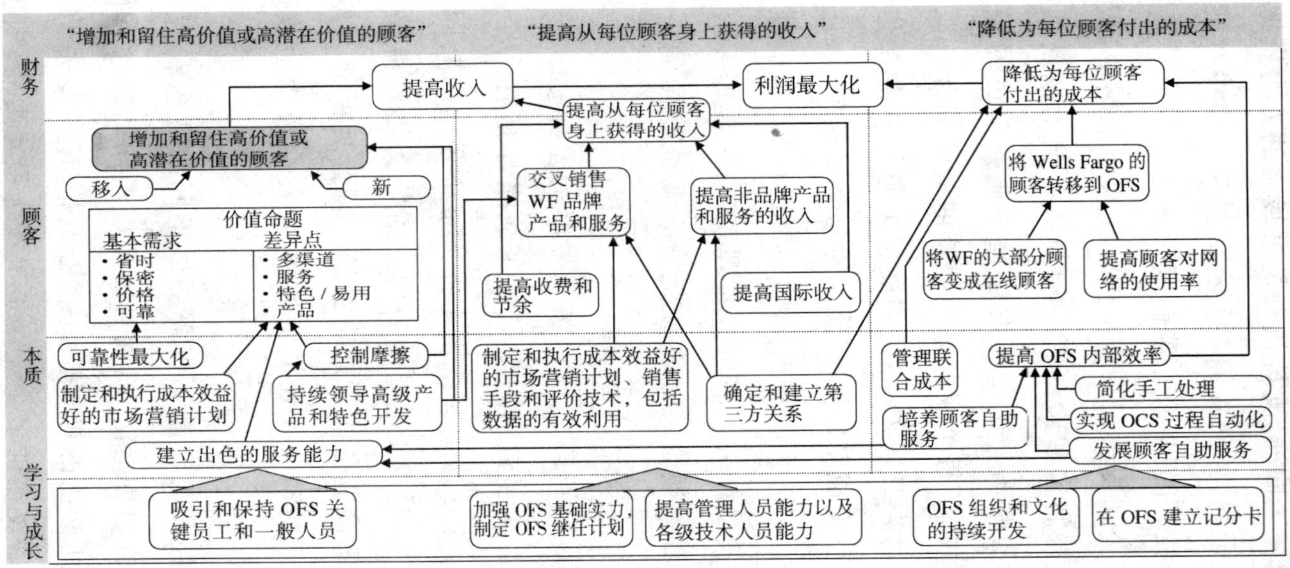

资料来源：Adapted from Robert S. Kaplan and Nicole Tempest, “Wells Fargo online Financial Services (B)”, Case 199–019 (Boston, MA:Harvard Business School Press, 1998)。

们觉得这很有意思。但是,在很多时候,人们只是一味地进行这种讨论,好像这种特殊的无形资产不受与创造其他资产价值相同的影响。通过员工战略创造一种持久的竞争优势来源,不能简单地遵循五条简单的规则或复制行业中的最佳实践。不可模仿性,不仅是无形资产进入障碍,还应该是人力资源管理系统设计过程中需要考虑的一个主要问题。令我们感到很惊讶的是,有些公司随意地分享有关其员工系统的信息,但同时又要求它们具有这种战略价值。战略性员工定制不容易实现。但具有讽刺意味的是,这也正是其价值来源之一。它要求直线经理和人力资源专业人员对员工战略有一种全新的观念。它不是你能从行业领袖那里复制来的一种战略。它要求企业给予独特的投资;作为回报,它会使员工绩效的战略价值最大化并创造一种持久的竞争优势来源。更为重要的是,由于它在很大程度上是一个企业独特的战略,因此,即使另一个企业企图去复制它,也不会产生相同的价值,除非那个企业也用同样的战略活动系统作为其战略执行的基础。这样,它就将员工战略提升到本书第一章所描述的那个组织资产的水平上了。

总之,我们认为,企业应当加大其员工战略的差异。我们描述了差异化体系三个要点。应当将它们看作是一个不能互相替换的层次体系。在最基础的层次上,是一个高绩效人力资源管理系统,聚焦于将员工绩效作为引导性开发原则(一般性最佳实践)。第二层是我们称之为核心员工差异的战略,在这个层次上员工战略被纳入企业的整体核心战略。

这是一个聚焦于员工成功要素(心态、胜任能力以及行为)的战略,这些要素是员工成功地执行核心战略必不可少的。在第三层,我们引入了战略性员工定制的概念。这个层次的差异化强调了定制员工战略以满足推动核心战略执行的绩效驱动因素的独特需求。

员工战略执行过程的差异化

执行是员工战略的第二个维度。正如员工战略的内容需要差异化一样,员工战略的执行也需要差异化。因为,增大员工战略内容的差异化,就意味着提高该战略执行过程的差异化。这两方面是互相关联的。并非所有的职位都具有同样的战略重要性。在企业制定了一种详细、具体的经营战略的情况下,鉴别和影响"A"职位中的不同绩效就变得更为重要了。虽然员工战略是直线经理和人力资源专业人员的共同责任,但它主要是直线经理的责任。因此,要想员工战略以及核心战略最终得到成功执行,直线经理就必须采取差异化的执行原则。

问题

不强调员工战略执行过程差异化的企业会出现不良绩效,但是这个问题的来源不会很明显。如果没有正确的观念,往往就不能直接看清员工战略执行与企业绩效之间的关系。从我们的经验来看,存在问题的最简单迹象是,人力资源专业人员是如何分配其时间的。在"差异化程度低"的企业中，人力资源专业人员将过多的时间用于处理员工绩效问题，更糟糕的情况是，他们将太多的时间用在那些不应再留在本企业工作的员工以及那些原本就不应当被录用的员工身上。这表明人力资源职能人员在雇佣的时候就没有实施区分标准；但也许更重要的是，这表明在绩效问题明显化的时候直线经理没有实行区别对待。

人力资源职能资源配置不当直接是由直线经理的员工决策所导致的。人力资源经理要回应基层主管以及经理人员所提出的解决特殊员工的绩效问题，尤其是表现不佳的员工绩效问题的要求。这些问题应当是在个别员工与有关直线经理之间解决的问题。但事实上，许多类似的问题员工却成了人力资源部的问题。关键是要解决根本原因：首先，绝不要雇用低绩效员工；其次，要有鼓励和能使直线经理快速解决或排除员工问题的测量指标和信息系统。

建立一种新的员工战略观念的责任当然又落在了直线经理肩上。但是，正如我们提倡员工绩效是一种新的共同责任一样，相信无差别战略在很大程度上也是大多数人力资源专业人员以及人力资源管理系统的看法。人力资源专业人员对遵守法律问题和管理效率的合理重视鼓励了对同质性（即无论角色或绩效水平如何，对所有员工一视同仁）的强调，这往往就将差异从人力资源管理系统驱赶出去了。即使是直线经理可能愿意采用一个差异化的系统，各种工具、各种形式以及企业文化也经常令人几乎不可能不将员工战略的执行当作管理事务来对待。

而且，这种新观念的成本和利益在表面上也不是等同的。问题在于，从财务投资和增加的工作量两方面来看，即时成本是明显的，并且通常是有形的。实现差异化需要付出努力。至少它要求清楚地说明什么是企业在员工绩效方面期待的东西。相比之下，由于员工成功是企业绩效的一个最主要指标，因此，这种利益必然“滞后于”比较明显的成本。但是，如果不犯错误，这种利益是很大的。我们的观点是，在员工绩效对战略成功至关重要的企业中，这种现状导致了绩效低下。由于几乎对所有的职位都一视同仁，因而组织对高回报的（“A”）职位投资不足，而对低回报的（“C”）职位投资过多。这些损失是由对高回报员工（“A”绩效员工）投资不足和对低回报员工投资过多造成的。结果，高绩效员工离去，而低绩效员工留下。随着时间的推移，这就给企业绩效造成了障碍，必然会导致大规模的、往往是没有目标的裁员。

角色差异化——确定“A”职位

给经理人员支付的工资也应该是有差别的。在员工战略方面，表现差异的方式叫做对高回报的职位和高回报的个人给予非平均比例的投资。在这里，挑战就是，要认为这些投资是战略性决定，并且要将同样的规则和做法用于无形资产投资决策和有形资产投资决策。

实现员工战略执行方式差异化的第一个步骤是，承认组织中某些职位和角色对战略执行的影响比其他职位和角色更为重要。我们用“A”职位这个术语来形容那些对企业战略执行具有重大影响的职位。关于可以用这个称谓的员工的比例没有什么成文的规则。本章上半部分讲的是企业实施其战略的方式各不相同，且这种差异将被转化为不同的员工战略。我们可以说的是，必须要对职位的重要性作出选择，而且这种选择应当由企业已经选定的战略执行方式来决定。

应当明确的是，关于哪些职位将被定为"A"职位的决定将直接取决于员工战略中的差异性。例如，如果企业采用了核心员工差异战略（图2—1），那么这些职位将直接根据为顾客提供价值的方法来确定。如果企业将员工战略的差异延伸到战略性员工定制，那么"A"职位的选择将直接与在企业战略图中占有一席之地的绩效驱动因素系统相关。无论是在哪种情况下，确定"A"职位都应当被看作是组织战略不可或缺的一个组成部分。这是公司战略与员工战略之间的一个关键交叉点，并且应当是直线经理的一个关键战略责任。正如我们在第三章将要讨论的那样，它也是制定员工记分卡的一个基本要素。

"A"职位（例如，R&D科学家）是对企业执行其战略所必需的一项或多项战略能力（例如，新产品开发）的形成具有重大影响的职位。因此，"A"职位对于企业的竞争优势来说非常重要。要注意，这些职位与企业的层级体系无关。经验告诉我们，"A"职位评估标准往往是由高级管理团队提出的。要抵制住这种诱惑！在组织的各个层级都可以找到"A"职位。在R&D部，它可能是生物化学家；在合资经营部，它可能是新业务开发经理；在市场部，它可能是驻现场销售代表；

在政府关系部，它可能是公关活动总监；在零售部门，它可能是出纳员等等。

IBM 公司是一个范例，它已经制定了明确的员工战略并确定了"A"职位。该公司的整体战略是：作为"一个 IBM"走进市场。这也就是说，调动其在硬件、软件以及咨询方面的资源，提供专门为每个客户的业务需求定制的系统解决方案。这个战略的关键要素是保证 IBM 公司能够成长为一个"需求响应型"的企业。IBM 公司董事会主席兼 CEO 萨姆·帕尔米萨诺(Sam Palmisano)将"需求响应型"的企业定义为：其业务流程，即公司与关键合作伙伴、供应商以及客户端到端全面整合，能快速响应任何客户需求、市场机遇或外部威胁的企业。[16]

IBM 公司相信，一个需求响应型企业需要一支需求响应型的员工队伍，这个员工队伍能对市场需求作出反应，能及时带着适当的技能和专长去满足客户需求，对市场压力富有弹性，并具有强大的领导力。帮助创建这样一支需求响应型员工队伍的关键要素包括：承认成就，将人的开发作为一种投资，区别绩效和实行差异化报酬，培养领导能力，驱动责任意识，平衡其人力资产的利用。换言之，IBM 公司想要用其人力资源管理系统去帮助其顾客实现价值。

IBM 公司的新经营战略比以往任何时候都更仰仗整个 IBM 公司的全面协作。这转而要求有更多、更好的员工管理系统。IBM 公司必须能够将员工能力集合起来去满足客户需求。无论客户在世界的哪个角落，公司都必须能够快速地满足他们的需求。在做到这一点的过程中所遇到的挑战是，49%的员工在该公司工作还不足5年，1/3以上的员工没在传统的IBM大厦以外的地方工作过，但是必须将他们作为机动工作人员。作为其战略执行的一个关键要素，IBM公司在服务业领域制定了一个叫做适应型员工队伍(ADWF)的计划。从本质上看，ADWF是供应链管理原则在员工队伍的应用。在IBM的案例中，关键问题是，“我们如何才能通过IBM公司内部以及遍及全世界的各个单位，实现资源与客户需求的最佳匹配”？包括合同工在内，IBM公司在全世界有47.5万名员工。问题是，历史地看，这些资源分散在多种供应库中，难以集中起来实现对客户需求作出局部最优化的响应。为了解决这个问题，IBM公司把将近65%的员工(主要是技术员工和面对客户的员工)纳入到ADWF计划，这是一个数百万美元的改革项目。它整合战略/政策、流程、组织以及技术，以保证整个企业能得到资源供求信息，以便实现关键技能与客户需求匹配。

作为这种分析的一个结果，IBM公司确定战略领导团队(SLT)成员为“A”职位。SLT由大约300人，也即公司1%的全日制员工组成。对SLT成员的选拔体现出这些员工所担任的职位以及他们本人所具备技能的重要性。SLT成员被期望作为角色模型并将这个战略推向整个组织。

IBM公司“A”职位的另一个例子是有关“大客户业务”的。IBM公司实行的、以“一个IBM”走进市场的战略要求开发和销售企业转换系统解决方案。这需要调动该公司在硬件、软件、服务以及咨询方面的能力。这也是该公司相对于像埃森哲(Accenture)(其主要业务在咨询和软件)或HP(硬件和软件)这样的企业来说,是具有比较优势的一个重要部分。一个成功的"系统销售"可以产生非常重大的经济影响。例如,一台"穿了衣服的"服务器(即安装了应用软件的服务器),在其服务生涯中将比一台"裸"服务器(没有装软件的服务器)平均多产生几百万美元的收入。开发具有丰富经验、精通大客户销售的领导者和提升有助于为客户提供企业转换解决方案的IBM整体品牌是IBM公司的关键目标。这是该企业致力于开展能驱动成长和创新的、跨单位创新活动的一个重要动因。

让直线经理和高级管理团队意识到,确定一个职位的战略"价值"之类的事情不应当按照外部的职位评估方法去做,是很重要的。确定"A"职位的有效方法不包括科学的职位评估方法(其通过与另一个组织中的职位价值做比较来确定一个组织中职位的合理价值)。一个职位的战略价值没有市场等价物,因为"A"职位是以独特的方式在为你企业的战略成功作贡献。设计和执行员工战略需要投入一种混合型的无形资产(战略性人力资本)。这种无形资产对你企业的战略成功具有独特贡献。这与用于建立一套具有内部一致性的、最终独立于本企业战略之外的职位价值体系的职位评价形成强烈对比。换言之,如果在企业薪酬标准的确定过程中,资历和职位层级具有90%的影响的话,你可能就必须从另一个视角去看看在你企业中该如何对职位进行评价了。

员工绩效差异化——确定"A"绩效员工的报酬

职位差异化只是实施员工战略的第一步。同样重要的是，区分实际的和潜在的员工绩效差异。这至少意味着对取得高绩效的"A"绩效员工给予有差别的和越来越多的投资，并且同时控制你的损失和让"C"绩效员工退出。"A"绩效员工对企业战略的成功执行作出了较大的贡献。因此，组织在鉴别、开发和激励他们方面给予更大的投资是完全必要的。毕竟目标是为了让组织中所有的"A"职位都由"A"绩效员工来担当。同样重要的是，将"C"绩效员工从"A"职位上撤下去。理想地说，人力资源管理系统首先会避免录用"C"绩效员工，后来的发展机会也将尽早地确定录用中的失误。当然，这并不是说组织中不可能有适合于"C"绩效员工的角色，但你不希望让他们担当因为其不良绩效可能对战略执行造成重大损害的职位。

这种比例不同的投资的一个简单例子是，建立一种薪金结构，将"A"职位定位在第 75 个或第 80 个百分位，而将"C"职位定位在第 40 个百分位。例如，某大型制造企业确定其工程职组为"A"职组，并投资为这些职位建立素质发展模型。由于进一步强调素质发展，R&D 提高了生产率，同时还减少了工程人员的数量。这与某大型化学公司形成鲜明对比。该公司没有这样给予区别对待，导致最后不得不面对数千名科学家缺乏才能，不能完成计划中的战略项目的情形。

关键职位上的杰出人才是企业竞争优势的一个来源。

如果缺乏人才，战略执行就会受到阻碍。在“杰克·韦尔奇论‘A’绩效员工的特征”中，阐明了鉴别“A”绩效员工的重要性以及如何描述“A”绩效员工。以下是韦尔奇对财务、工程、制造、销售职位上的“A”绩效员工的一些描述。但是，高级管理团队可能希望开发更为具体的标准来描述“A”、“B”、“C”绩效员工，如图2—4所示。[17]这是一个一般性的例子，是由一个高级管理团队在第一次做重大的员工差异化决策时设计的，它被用作进行管理和高级管理人才评价的标准。后来，该企业进一步使用更具体的“A”、“B”、“C”标准，从个别的管理和技术评价坐标开始，逐渐发展为评价技术职位的“A”、“B”、“C”评价坐标。显然，目标是要建立评价每一个“A”职位的坐标；但是，往往是在达成这个目标之前，高级管理团队（和人力资源专业人员）就没有耐性了。

这也意味着要认真地对待人才开发，而且，在人才开发过程中，组织可能要承担某些风险。例如，在某个未将员工绩效当作战略资产来管理的公司，领导力开发可能仅仅是每年一次的脱产学习计划，高级管理团队很少关心领导力开发，“A”绩效员工在“B”职位上度过太多时光。相比之下，像强生公司这样的企业，在领导力开发方面表现优异，“A”绩效员工有规律地在不同职位上轮岗，出于领导力开发的目的，公司常常为其创造承担P&L职责的机会。每一次轮岗都是一次测试，即使不可能立即受益于这个测试“位置”，但该公司已在长期运营中受益于为“A”职位而开发的标准人才。

杰克·韦尔奇论"A"绩效员工的特征

在财务方面,"A"绩效员工就是那些具有并超过传统的财务人员才能的人。其更大的角色是作为功能全面的参与者之一去推动企业在市场上取胜。这个角色远远大于以往对这个职位所定义和限定的会计功能。

在工程方面,"A"绩效员工就是那些掌握六西格玛设计方法论的人。"A"工程师不能容忍在实验室里"泰然处之"的想法,而是非常欣赏技术变化的飞快速度,并且让自己不断地获得再教育以保持站在技术领先地位。

在制造方面,"A"绩效员工是沉浸于六西格玛技术的人。他们认为存货是令人窘迫的事情,尤其是在临近通货膨胀的情况下更是如此。他们知道如何推动资产周转和减少存货,并同时不断加强为顾客服务的准备。

在销售方面,"A"绩效员工会利用六西格玛方法所创造的巨大的顾客价值,去形成 GE 公司在竞争中的独特差异,去发现新的客户,去更新和扩大老的客户。他们与"C"绩效员工形成鲜明对比。"C"绩效员工的日子都花在定期接打客户电话、拜访"朋友"上了。

这就是你公司现在的业务:由全球的"A"绩效员工提供"A"产品和"A"服务。

——1995 年通用电气公司年度报告

图 2—4　人员选拔决策中使用的"A"、"B"、"C"绩效员工标准

"A"、"B"、"C"绩效员工标准样本
职位:经营单位领导

	"A"绩效员工	"B"绩效员工	"C"绩效员工
总体人才水平	薪资水平最高的10%的人	薪资水平在第65至第89个百分位的人	薪资水平低于第65个百分位的人
愿景	容易创建和交流一种竞争型的、具有战略合理性的愿景	愿景缺乏可信度,有点不现实或者战略上的缺陷	信奉传统胜过信奉面向未来的思想
智力	智商在130分以上;"快速学习",能迅速进行复杂分析	智商在120—129分;聪明,但不如"A"绩效员工那样思想敏锐	智商在110—119分;难以应付新的复杂环境
领导力	发起必要的变革;具有很好的适应性,能说服组织接受变革	支持谦和、渐进式的变革,因此有冷淡的"追随者"	更喜欢保持现状;缺乏可信性,因此人员不愿追随之
驱动力	充满热情;精力极其充沛,速度很快;一周工作55小时以上	有积极性;有时精力充沛;一周工作50—54小时	专注;步调不一致;一周工作40—49个小时
足智多谋程度	具有令人瞩目的发现、越过、躲过、绕过和通过障碍的途径的能力	思想开明,有时能找到新的解决方案	需要明确的指导
顾客关注力	对顾客显在和潜在的需求都极其敏感	知道"顾客是上帝",但是不像"A"绩效员工那样去行动	过于关注内部事物;错误地认为对企业产品和服务的需求是刚性的
人才鉴别力	雇用"A"绩效员工和具有"A"潜力的员工;具有下达强硬命令和淘汰效率低下的"C"绩效员工的"锐气"	雇用的大多人为"B"绩效员工,偶尔还会雇"C"绩效员工;能接受低于最佳等级的绩效	雇用的大多为"C"绩效员工;由于人才水平低而发生危机;能容忍庸才
指导力	能十分有效地建议、指导和教会每个团队成员提高绩效和获得个人/职业发展	进行年度绩效评价以及给予某些其他的反馈;指导过程断断续续、不一致	难以接近,吹毛求疵,吝啬表扬赞美之词,反馈不及时或肤浅;回避职业发展讨论
团队建设力	创建有凝聚力的、协作的、成果导向的团队;能调动他人积极性	可能希望团队协作,但没实现	消耗他人积极性;行为阻止协同
追踪记录	超出员工、顾客和股东的期望	满足关键支持者的期望	偶尔满足期望
正直性	"坚贞"	总体上是诚实的	屈服于规则
沟通能力	优秀的口头/书面沟通技能	一般水平的口头/书面沟通技能	技能平平

资料来源:Adapted form Bradford D. Smart and Geoffrey H Smart. "Topgrading the Organization", *Directors and Boards* 21, no. 3(1997):28。

最近以来，IBM公司成为了采取比较强劲的手段去区别对待绩效差异的企业之一。传统的做法是，绩效评价得分等级低的员工也能获得涨薪和奖金的机会。这种情况已经改变。现在，只有50%～60%的员工能得到涨薪，而且，绩效最优者得到较大的涨薪比例，“A”绩效员工的涨薪总额相当于“B”绩效员工的三倍。同样，“A”绩效员工所得到的奖金达到平均绩效员工的两倍。绩效评价等级最低的5%～15%的员工（“C”绩效员工）则完全没有奖金。而且，又进一步强调对“C”绩效员工的绩效管理。人力资源职能部门鼓励经理人员尽快淘汰绩效严重低下者，同时在补充人员方面还找到了一些减轻雇佣压力的限制。

增加直线经理对员工绩效的责任

员工记分卡（下一章将阐述）的前提是直线经理在员工绩效管理方面角色的两大变化。我们已经提到过这两大变化，但还必须加以详细、清晰地说明。第一，企业的员工战略是企业战略执行的一个关键驱动因素。这个观点意味着，直线经理将对员工成功承担责任。员工记分卡提供了一个根据，高级管理团队和CEO可以据此对每个直线经理在战略执行方面的绩效作出评价；同时，员工记分卡也是一种管理工具，直线经理可用它来管理其所负责的那部分员工战略。第二，更大的责任意味着，直线经理做员工决策的方式会变得与以往不同。过去，那些决策有时留给人力资源专业人员去做。图2—5对差异化的和非差异化的员工战略的执行进行了比较。

绩效管理与薪酬

实行差异化薪酬政策的最重要因素是绩效反馈和薪资依据战略绩效变化，而不是受层级和任职期限的驱使。例如，在许多企业中，许多经理人员根据员工绩效实际差异得出的绩效评价等级只有非常小的差别。基于这种绩效评价结果，在薪酬分配方面的差距也就很小。

例如，如果一个企业有4%薪资增长（或绩效薪资）预算，这意味着涨薪范围可能是0～12%。但是，在实践中，这个范围常常会窄得多，一般是在2.5%～6.5%或更少一些。因此，“A”绩效员工，尤其是“A”职位的“A”绩效员工可能会得不到与其贡献相称的报酬。这种情况在资历浅的高绩效员工中通常最为严重。他们通常只有比较低的基本薪资，因此会得到跟“B”绩效员工或“C”绩效员工一样多（或更少）的绩效薪资（这要看“B”绩效员工或“C”绩效员工在企业中工作了多长时间）。执行差异化战略的企业，在绩效等级以及与此相关的薪酬方面会采取差异比较大的标准。例如，我们越来越多地看到：如果高薪者的工作绩效长期不佳，企业可能真的会降低他们的薪金，力图以此表明要适当地按绩效付酬，以便恢复企业内部的绩效报酬公平。但还没有听说过，在执行无差异战略的什么地方也采用这样的标准。我们可以在通用电气公司、微软公司以及 Siebel System 公司看到同样的例子。[18] SiebelSystem公司模仿通用电气公司的方

图 2—5　员工差异

直线经理的责任	常见的做法	差异化员工战略方法
绩效管理与薪酬	□ 很小幅度的奖励薪金 □ 没听说减薪 □ 绩效差者拿到大约与平均绩效水平者同样的报酬 □ 整个企业奖金额固定为某个百分比范围内 □ 基本薪金战略相同/各职位一致(例如市场中点) □ 最佳绩效员工得到的报酬不够 □ 绩效等级差别很小 □ 很宽的等级/低等级很少 □ 年复一年,绩效期望仍然一样 □ 诚实的反馈很少,甚至没有 □ 根据努力/能力做评价 □ 经理人员不对员工绩效负责 □ 考虑强制分布	□ 很大幅度的奖励薪金 □ 减薪不足为奇 □ 绩效差者什么报酬也没有 □ 奖金数额根据职位的战略角色变化 □ 战略型和非战略型职位之间的基本薪金策略不同(例如 Q1:Q3) □ “A”职位的“A”绩效员工得到高报酬 □ 绩效等级差别很大 □ 比较低的平均等级 □ 绩效期望每年提高 □ 比较准确和诚实的反馈 □ 根据战略贡献/成果来做评价 □ 经理人员对员工绩效负责
员工选拔	□ 用于员工选拔决策的绩效期望很不具体 □ 很不注意“A”绩效员工 □ 很不注意“C”绩效员工 □ 由于纯粹将人员流动看作是管理成本,因此很少花精力去挽留员工;但是离职的员工很少,而且离职的通常都是绩效最优秀的员工 □ 经理人员的绩效评价与战略性人员流动无关。这种人才流失算是人力资源职能人员的问题 □ 使用总体企业人员流动测量指标	□ 用于员工选拔决策的绩效期望很详细 □ 非常注意“A”绩效员工 □ 系统考虑“C”绩效员工的退出机制 □ 极力挽留“A”绩效员工,离职的占少数;最大化地保持战略性人才 □ 经理人员因留住“A”绩效员工和淘汰“C”绩效员工而得到奖酬 □ 根据职位的战略价值测量人员流动
员工培训与发展	□ “花生黄油法”——无论工作绩效或工作潜力,每个人都得到很少的培训和发展机会 □ 随意或特别的发展型工作任务 □ 员工自己负责职业生涯管理 □ 不可能有胜任能力成长模型 □ 不对经理人员在员工发展方面的工作绩效进行评价/奖酬	□ 对“A”绩效员工和具有“A”潜力的“B”绩效员工给予投资 □ 有针对性地发展新工作任务,尤其是针对“A”职位 □ 由高层管理人员负责“A”职位员工的职业生涯管理 □ 经常使用胜任能力成长模型,尤其是用于“A”职位 □ 经理人员因战略性人才开发工作绩效而得到奖酬

法，制定了一个所谓“员工改进创新”的政策。这个政策不仅将绩效管理、员工指导、反馈以及报酬紧紧地联系在一起，而且每隔6个月就会解雇绩效最差的5%的员工。

员工选拔

在差异化战略下，员工选拔不会在录用的那一刻结束，而是一种持续进行的过程。在这个过程中，经理人员不断地决定：应当给谁提供更多的发展机会，应当重新选择安排谁去担任较次要一些的角色，或者甚至可能让其离开本企业。员工选拔首先是对个人未来绩效做预测。其次是根据预测的结果采取行动。执行无差异员工战略的企业通常用含糊不清的、几乎没有例外的绩效期望作为选拔标准。其经理人员花很少的时间和精力去淘汰“C”绩效员工或为“A”绩效员工提供不同的晋升机会。任期是晋升的主要标准。在这种企业中，人员流动纯粹被认为是一种管理成本，经理人员不对“A”绩效员工的流失承担责任。在实行差异化战略的企业中，经理人员要负责确立绩效期望，淘汰“C”绩效员工，减少战略性人才流失。在这些企业中，人员流动的测量指标不是总体的（即全企业的）测量指标，而是根据战略性职位、战略驱动因素以及绩效来区分测量指标。部分是出于“员工加入组织，但是交由主管人员管理”的共识，经理人员要对人员流动承担责任。这些企业期望“A”职位“A”绩效员工的流失率为零，而同时任何职位（但特别是“A”职位）“C”绩效员工的淘汰率为100%。总之，差异化战略要求改变对直线经理的绩效期望，同时还要求采取不同的测量指标去争取绩效。

员工培训与发展

设计和实行有效的培训与发展系统是一个特殊的挑战，因为所有的成本都发生在眼前，而所有的利益都将在未来实现。遵循无差异战略的企业不愿意花费那些成本，因为它们没有认识到未来利益。它们通常会让员工自己去管理自己的职业生涯，给所有员工以均等的职业发展预算，并且主要是靠提供特定的发展型工作任务去为员工提供培训和发展机会。最重要的是，标准是由最高管理层确定的。经理人员在其员工发展方面不承担责任，也得不到支持或奖酬。这些公司内部成功的故事通常都会是这样讲开的："在我职业生涯初期，我很幸运……"其实不应当靠什么幸运。在采取差异化战略的企业中，员工发展投资是针对"A"绩效员工和具有"A"潜质的"B"绩效员工的。核心是运用胜任能力成长模型以及为当前和未来的"A"职位"A"绩效员工提供发展机会。而"C"绩效员工则只能得到很少甚至得不到发展机会。

有时这令人难以选择。如果我们可能将所有的"B"绩效员工和"C"绩效员工都开发成"A"绩效员工的话，采取这样的资源限制就不是明智的做法。在大多数组织的现实环境中，直线经理（或人力资源职能人员）通常难以实现这样的转变，无论他们可能多么希望这样转变。如果用投资的观念来看待员工，更为适当的做法是，从战略成功的角度考虑本企业将其稀有的资源投向什么地方才能获得最大的回报。要记住，不向“B”绩效员工或“C”绩效员工投资并非必然意味着他们在组织中没有未来。但是，这意味着他们在本企业的战略执行过程中应当不起关键作用。

“B”职位和“B”绩效员工的测量和管理

读者应当将“战略型”这个重要的限定概念当作本书提出的主要思想牢记在心。本书不准备全面阐述员工或人力资源管理的各个方面，而只会论及战略执行过程中的人力资本问题。有很多人力资源方面的问题和挑战是所有组织通常认为很重要的问题，而且它们的确也很重要。但它们不是本书的重点。例如，读者会注意到，我们将注意力主要放在“A”职位和“A”绩效员工（大约是每个职类中最好的10％～15％员工）以及“C”职位和“C”绩效员工（大约是最差的10％～15％员工）身上。下一章里的员工记分卡就是主要基于突出“A”和“C”职位以及“A”和“C”绩效员工的测量指标的。那么，组织中的其他职位和员工怎样了呢？其他职位和员工就不重要了吗？回答是否定的。“B”职位和“B”绩效员工不是不重要，他们只不过不是战略性的。这是一个重要的区别。

大多数组织都有许多重要的“B”职位和“B”绩效员工。他们在决定企业成功方面一般扮演重要的辅助角色。但是，不是所有的职位都是战略性的，因为并非所有的职位都直接与战略执行相连。由于我们这部书(以及员工记分卡)的焦点放在职位以及员工绩效的战略管理上,因此,我们要突出那些关键角色。如前所述,大多数企业有高度差异化的产品市场战略,而没有差异化的员工战略。对于我们来说,关键问题就是要启动这个内部差异化过程,并且这个过程应当从保证企业拥有"A"职位的"A"绩效员工开始。差异化的第二个重点是,开始有效地处理"C"绩效员工,特别是那些处在"A"职位上的"C"绩效员工。从本质上讲,设计和测量异常的、非平均的工作绩效是很重要的。这意味着,就员工队伍整体而言,我们通常会聚焦于分布状态的两端。因此,我们将焦点放在"A"和"C"职位以及"A"和"C"绩效员工上。

处理员工差异化的阻力

如果我们能生活在一个不必要做有关员工的强硬抉择的世界上该多好。遗憾的是,我们没有生活在那样一个世界上。我们承认,高度差异化的工作系统不可能适合每一个人。但是,市场竞争如此激烈,以至于只有拥有更好的工作系统和人才的企业才总能取胜,并将没有差异的企业击败。像AT&T公司和朗讯技术公司这样显赫一时的企业就是明显的例子,它们说明市场统治地位不是铁定的。就这些企业的情况而言,没有形成差异化是导致其绩效不佳的一个重要因素。事实上,破产法院里充斥着以低绩效员工队伍为主导的企业。

因为我们都没住在Lake Wobegon(在那里所有的儿童和员工都高于平均水平),因此,发现在实现员工队伍差异化过程中有阻力，应当不足为奇，因为并不会是所有员工都赞成强调差异化。绩效优秀者一般会拥护差异化，而绩效低劣者则一般会反对之。布雷德福·斯马特(Bradford Smart)说得很好："C绩效员工不会录用A绩效员工……如果我是一个C绩效员工，那么，我为什么要雇用一个可能会抢走我饭碗的人呢?"[19]

实际上，我们与许多人力资源专业人员一起工作过，他们跟我们说过："告诉某些员工，他们的工作比其他人的工作更具有战略性，这是反传统文化的。我们希望所有员工都感到自己具有战略价值。"虽然我们赞成这个想法，但是我们也觉得这个观点表明了与无差异员工战略有关的更广泛的问题。战略决定你做什么，同样也决定你不做什么。不接受有关员工问题的强硬决策的文化同样也不可能作出有关战略执行问题的强硬决策。但因此而发生的绩效不佳则可能会威胁到所有员工而不仅只是绩效低下者的谋生和发展机会。如果没有顾客保障，就不可能有工作保障。而顾客保障主要是由绩效优秀的员工有效地创造出来的。

对我们来说，这个问题的本质就是公平与平等标准之间的区别。人力资源专业发展的历史遗产之一就是，人力资源专业人员很大的精力常常被用于去保证让所有的员工得到同样的待遇，让他们有相似或均等途径去得到报酬、发展机会、职务晋升等等。正如我们已经阐述过的那样，当前的经济环境正在改变这个标准：从人人得到同样"待遇"的平等标准，转变为公平标准，即"待遇"取决于特定个人在企业中扮演的角色以及在扮演那个角色的过程中所取得的绩效。因此，我们认为，这个启示应当是："我们对所有员工进行投资，但是我们对在关系到实现我们使命的关键职位上工作的最优员工要给予比超大比例的投资"。

人力资源专业人员的一种新战略角色

差异化的员工战略对人力资源专业人员的传统角色有三个重大影响。首先也是最重要的是，它包含对战略伙伴这个术语的一个新定义。长期以来，人们鼓励人力资源专业人员在其传统职责上增加战略伙伴角色，但常常发现这是一个艰难的挑战。许多挫折来自于对战略规划和战略内容的关注。换言之，在制定战略的过程中为高级人力资源专业人员找到了一个角色。本书的建议是，虽然参与制定战略有某种价值，但更重要的是，人力资源专业人员（和直线经理）要将自己看作是战略经理。人力资源专业人员的战略合作伙伴角色应当首先专注于企业战略执行的共同责任，因为这才是发现人力资源专业人员实际战略贡献之处。这就意味着，人力资源专业人员必须接受和履行一系列提供超出常规人力资源职能的工作成果的责任。其次，差异化的员工战略意味着，人力资源专业人员的工作目的和处理人力资源管理系统的方式，将会更加关注从直线经理的角度看人力资源系统如何驱动员工绩效。战略性不再只意味着整个企业范围以及总体的战略目标。它意味着，员工绩效取决于那些对战略目标具有清晰的、直接影响的战略因素。最后，高级人力资源专业人员和高级管理团队必须以不同的方式思考如何测量人力资源专业人员的绩效。除了传统的效率测量指标之外，新的绩效测量指标如人力资源记分卡，都必须抓住人力资源专业人员在提供战略性员工绩效方面的表现如何。[20]

图 2—6 说明了人力资源专业人员的某些新角色。最重要的区别将是高级人力资源领导人与 CEO 之间的谈话。实行无差异员工战略的企业通常表现出这样的特征：其 CEO 对人力资源专业人员的角色感到失望，不理解这个角色，也不能满意地测量人力资源专业人员的工作绩效。公司将很多时间和精力都放在根据标杆基准数据和最佳做法测量工

图 2—6　差异化工作实践的影响

	一般做法	差异化员工管理做法
CEO 与人力资源领导人的谈话	◇CEO 越来越不能理解和测量人力资源部门的贡献，感到很失望	◇ 人力资源部门负责追踪和开发构成企业战略能力的“A”绩效员工和“A”职位
人力资源专业人员的胜任能力	◇ 员工胜任能力的测量指标缺乏或者是没有差异 ◇ 人力资源部门保证执行薪资预算并允许在基本薪资增长过程中将“薪资储蓄”分配给其他员工 ◇ 很少注意战略性人力资源测量指标 ◇ 很多时候使用外部最佳人力资源做法，不必是战略性做法	◇ 人力资源部门为每位经理提供数据，说明“A”职位和“A”绩效员工的范围，为每个人制定发展计划 ◇ 人力资源部为每位经理的上司提供数据，说明“A”绩效员工的绩效奖励薪金的人才保持效力、发展计划以及奖励薪金 ◇ 在人力资源方法设计中，非常注意战略性人力资源测量指标 ◇ 战略差异化的基础是人力资源管理方法而非最佳做法
人力资源专业人员的主要时间投入	◇ 挽救“C”绩效员工	◇ 奖酬、扶助和挽留“A”绩效员工
人力资源选拔战略	◇ 上选雇主	◇ 上选员工
员工文化	◇ 员工起草文化或价值观说明——偶然的文化	◇ 文化与战略及品牌一致——有设计的文化

作绩效上，而很少深入分析人力资源专业人员是如何对企业战略的成功执行作贡献的。在实行差异化员工战略的企业，人力资源专业人员承担追踪和开发“A”职位的“A”绩效员工的责任，并且负责为每个人制定发展计划。人力资源专业人员为每个经理的上司提供数据，说明“A”绩效员工激励薪金公平范围以及分配的范围，对“C”绩效员工给予什么样的薪酬等等。

同样的战略观念也必须被应用到人力资源管理系统。这意味着要更多地关注人力资源管理系统对员工绩效的系统影响，以及对与该系统有关的所有战略驱动因素的影响。这将在一定程度上要求人力资源职能专家也具备一种不同的观念和新的胜任能力。如果人力资源部门要扮演一种战略角色，职能专家就必须更注意了解如何区别他们在组织内部的做法。设计一种有助于实现这种战略性差异化的员工记分卡正是本书下一章的主题。

第二部分 测量指标的挑战

[illegible]

第三章　建立员工记分卡

在任何组织中，有很多可能被测量的员工要素，其数量之大，令人难以应付。一个企业可以收集到数百个字面意义不同的测量指标，其中有些有用，有些不切题，有些则实际上是与有效的战略执行背道而驰的。更为复杂的是，在许多企业中，由于缺乏总体员工战略，而且高级管理人员经常是出于非常实际的需求来测量“某些东西”的，往往就会出现各种对企业各部门不一致的测量指标。除了明显的重复工作之外，这些测量指标还往往不能以有意义的方式达成一致。这可能导致组织的各部门非常努力地去各行其是，为不一致的目的而工作，去实现缺乏内部一致性的目标和目的。

在这种企业中，高级管理团队错过了一个重要的机会，没能通过制定一种说明如何执行战略的全面、一致的测量指标体系，让员工了解其战略意图。为了确定这种真正“至关重要的少数”测量指标，经理人员需要两个框架。第一个框架帮助他们了解在战略执行过程中实际产生影响的员工测量指标的种类;第二个框架帮助他们了解制定和在整个企业中执行这些测量指标的过程。这两个框架很重要,因为如果没真正了解我们正在测量的是什么,如果没有建立说明在整个企业中“什么导致什么”的模型,我们最终就会得到一系列互不相干的测量指标,而不是一个有助于战略执行的、全面的测量指标体系。

在第二章中,我们概略地阐述了观念挑战的关键要素,描述了差异化在员工管理系统设计中的重要性。本章是专门阐述应对测量指标挑战的解决方案或设计,以及收集用于帮助执行战略的员工测量指标的三章之首。在本章里,我们要阐述员工记分卡的要素,并说明在一个我们取名为“Big Pharma”的公司中建立员工记分卡的过程。我们的基本模型强调的是,经营战略决定了必要的文化和心态。这有助于引出必要的员工胜任能力和行为。而这又有助于创造员工成功。所有这些要素都有助于确定保证战略成功所必需的测量指标。正如我们在第一章和第二章所论述的那样,这个过程开始于清晰地说明企业战略和鉴别对企业成功贡献比较大的关键或“A”职位,以及在那些职位上取得“A”绩效的人。为了更充分地理解这些思想,在本章开始的时候,我们要对员工记分卡的关键要素做更深入的阐述。

员工记分卡的关键要素

必须做的一个重要决策是:在员工记分卡上,要表现哪些种类的测量指标。为了保证指标的有效性,员工测量指标体系必须是实际的(也就是说,是可以实际收集到数据的),对于整个企业上下来说是容易理解的(也就是说,所有员工都可以领会的),并且是切实可行的(也就是说,经理人员可以利用它们去改进关键业务流程)。员工测量指标体系应当以相关研究为基础,并且还应当按照从低层次的成功到较高层次的成功的顺序,层叠展现整个价值链。

关于决定企业成功各种要素的理论和实践的著述文献十分丰富。许多著述集中讨论了比较宽泛的企业层面的要素,比如竞争战略。例如,迈克尔·波特的著作集中论述了他认为决定行业层面的竞争,进而决定企业赢利能力的"五大要素"。[1]普拉哈拉德和哈梅尔集中论述了特殊企业的"核心竞争力",认为要取得成功,企业必须确定和调动自己在市场上的特殊企业能力。[2]我们也认为,某些行业比其他行业更有利可图;而且,就是在一个特定的行业中,某些战略也会比其他战略更为有效。但在本书中,我们集中讨论的是经理人员对其具有某种直接和即时控制权的基础组织结构,即员工和战略执行的质量控制。我们假设:对于绝大多数企业来说,如果改进了战略的执行,就会改进企业的绩效。因此,我们很想更好地了解驱动战略执行的员工要素,并开发用于测量这些要素的测量指标。

正如我们在第一章所论述的那样,卡普兰与诺顿平衡记分卡的框架由财务、顾客、内部运营、学习和成长等范畴构成。[3]在被用于一个完整的企业的时候,这些范畴很有效。但是，在被用于员工队伍要素的时候，这些范畴就不合适了。我们看到，许多人力资源专业人员努力将这四个范畴应用于人力资源职能和/或员工队伍，但他们对使用的结果一直感到失望。问题是，这些范畴原本是为了用于描述企业成功的各个要素是如何影响企业利润的，当我们想要说明某个单一的要素（比如说员工队伍）的贡献的时候，它们就不适用了。这并不是说这些范畴天生有什么缺陷；而是这些要素与员工创造价值的过程并不完全一致。

员工队伍的要素不是整个企业的一个微观世界。因此，我们有理由相信，必须用不同的范畴去描述员工队伍对企业成功的贡献。显然，正如我们在第一章中所说的那样，必须为员工记分卡确定特殊的要素。虽然企业公开宣布的主要目标是使利润和股东价值最大化，但承认利润产生于与企业战略和经营目标一致的、富有生产性的员工行为，也是很重要的。思考这个问题的一种方式是：财务成果需要非常特殊的运营成果（我们将这种运营成果叫做*员工成功*）来保证。员工成功是非常特殊的领导和员工行为的产品。领导和员工行为又是员工胜任能力作用的一个结果。最后，胜任能力、行为和成果是企业文化和心态作用的结果。换言之，心态和文化使员工具备胜任能力；胜任能力使员工有适当的行为；适当的行为带来员工队伍成功。图3—1说明了这些要素为我们提示的问题，其用图形表现了这些关系。下面，我们还要更详尽地阐述这些要素。

图 3—1　员工记分卡的要素

员工成功
员工是否已经完成了企业的关键战略目标？

领导和员工行为
领导团队和员工是否一贯采取能够导致实现我们战略目标的行为方式？我们是否已经鉴别和培养了“A”职位的“A”绩效员工？

员工胜任能力
员工，特别是关键或“A”职位上的员工，是否具备执行我们战略所必需的技能？

员工心态和文化
员工是否了解我们的战略并且信奉之？我们是否拥有支持战略执行所必需的文化？

员工成功

我们必须从末端开始思考，用非常具体的术语来界定，为了完美地执行企业的战略，员工必须完成什么？在这里，必须回答的关键问题是，员工是否已经完成了企业的关键战略目标？员工测量的焦点，通常不是放在人力资源职能部门的特征上就是放在员工的特征上。虽然这些要素无疑也很重要，但是，我们最终关注的是，我们在实现战略目标方面是否取得了具体的进步。或者就像我们的一个同事所说的那样："我不仅想要你推那块石头，而且我想让你推动那块石头。"

我们将这个范畴叫做员工成功，因为这些测量指标是：(1)直接关系到企业战略执行的；(2)间接地由员工胜任能力和员工自由决定的努力程度所驱动的。正如我们在后面将会看到的那样，员工成功是由你最有利可图的或"A"顾客来定义的。例如，在一个半导体企业里，员工成功可能是指引进重大新产品的时间周期(对 R&D 职能而言)，以及这些新芯片的收益率(在制造方面)。对一家希望扩大顾客股份的银行来说，来自交叉销售(cross-selling)的收入会是测量员工成功的一个关键指标。在注重顾客忠诚度的零售企业，顾客资金投入份额、再次购买的愿望、每位顾客利润以及将本店推荐给其他人的愿望，都会成为关键测量指标。比较笼统地说，在制造企业，生产线正常运行时间、废品率以及产品质量通常是关键指标。在 R&D 企业，一般会测量专利的数量以及重大新产品引进时间周期。从表 3—1 中可以看到测量员工成功的一些指标范例。[4]读者很快就会注意到，这个表以及后面的许多表中介绍了很多测量指标，比任何企业的员工记分卡中应当提出的指标都要多。这是设计出的范例。我们努力说明的观点是，不会缺少可能的测量指标。关键的挑战在于如何选择有效的测量指标。这应当取决于你企业的战略。

表 3—1 员工成功测量指标

关键问题： 员工是否已经完成了企业的关键战略目标？	
与竞争对手相比的平均价格贴水 顾客投诉占销售额的比例 顾客再次购买的意向 顾客再次购买量 匿名购物者给顾客服务代表评定的等级 顾客投诉的次数和性质 顾客表扬的次数和性质 圆满解决顾客投诉的次数 收到顾客建议和按顾客建议行事的次数 新经销商的数量 销售不同于竞争对手的新产品的数量 从订货到送货的时间 顾客保持率 顾客满意率 赠品回报率(在零售店) 挽留住"A"顾客的比例 将"C"顾客转给竞争对手的比例 对服务感到非常满意的客户的比例 现有股东每年清算资产的比例 顾客订单达到"完美订单"状态的比例 将我们作为上选供应商的顾客的比例 相信我们的员工能解决产品/服务问题的顾客的比例 相信他们的问题/所关心的事情能得到听取，并得到解决的顾客的比例 报告说他们对产品/服务的期望已经得到满足的顾客的比例 每年新股东的比例 订货在24小时后装运的比例	售出产品退货率 无缺点交付产品率 由组织成长(相对于购并而言)而产生的利润或现金流的比例 带来产品订单提案的比例 顾客再次投诉的比例 来自失去的销售账户的收入的比例 由组织成长(相对于购并而言)而产生的收入的比例 来自新顾客的收入所占的比例 来自新产品的收入所占的比例 来自新经销商的销售额所占的比例 在某特定年份 COGS 减少的比例 每年 SGA 减少的比例 由于产品缺陷造成退货的比例 "A"顾客对产品价值的看法 "C"顾客对产品价值的看法 公众对本公司作为市场领袖的看法 品牌知名度的质量 顾客品牌知名度的质量 新产品引进的质量 新产品引进率 产品设计到首次装运订货的周期缩短 顾客质询的响应时间 新顾客账户(相对于现有顾客账户)的销售收入 由顾客推荐所产生的销售额 所有顾客投资的份额(市场份额) "A"顾客的投资份额(市场份额) "C"顾客的投资份额(市场份额) 股东对企业管制质量的评价

领导和员工行为

员工心态和胜任能力是导致成果的必要但非充分条件，因为人们必须切实被激发起来去执行战略任务。在这个范畴里，必须阐明的关键问题是，领导团队和员工是否一贯采取能够导致实现我们战略目标的行为方式？我们都知道，有些完全具备胜任能力的人并没有发挥其能力，因为他们未被激发起来，或者（比较常见）因为环境或文化中有某种限制因素使他们无法实现自己的角色。也许更为危险的是那些被充分激发起来但不胜任工作的员工，因为他们可以轻易地制造出很多麻烦。由于员工行为是经理人员所管理的对象，因此，就测量过程而言，充分明确什么是我们希望员工实际去做的事情是非常重要的。正如我们将要看到的那样，有效地做到这一点可以对企业的绩效产生重大的影响。

例如，BMS（Bristol-Myers Squibb）公司的领导力开发与组织效率副总裁彼得·法所罗（Peter Fasolo）说，在 BMS 公司，对明确界定这些要素的迫切要求直接来自高级管理团队。[5]其 CEO 彼得·多兰（Peter Dolan）最近要求该公司提出一系列支持 BMS 战略执行并且能够形成一种非常完整的高绩效文化的领导和员工行为。人力资源领导人，作为合作伙伴与直线经理一起设计、验证和执行了基于这些行为的测量指标。然后，这些就成为了 BMS 领导能力模型的核心要素。

现在称作 BMS 核心行为的内容不仅包括对员工期望的清晰说明，而且还包括对不同层次员工行为要点的清晰说明。这些行为将与部分实际领导行为绩效变量一起成为年底绩效管理过程的一部分。关键点在于：BMS 公司的经理人员不仅因其完成了什么而得到奖酬，而且还因他们是怎样完成的而得到奖酬。而且，因为这些行为被认为对 BMS 的战略成功非常重要，经理人员认为它们属于本企业所有而不想将它们公之于一般公众。BMS 的做法与许多依靠一般能力和标杆基准来定义其绩效期望的企业的惯常做法形成鲜明的对比。沿袭以往可能被其他企业采用过的方法不可能产生长期竞争优势。战略性成功需要一种独特的差异化战略，以及一支独特的差异化员工队伍去执行该战略。在表 3—2 可以看到一些领导和员工行为的测量指标范例。

表 3—2　领导和员工行为测量指标

关键问题： 领导团队和员工是否一贯采取能够导致实现我们战略目标的行为方式？	
长时间以来绩效评价等级的平均变化 来自最高管理层与来自人力资源部信息的一致性和明确性 各部门之间分享信息的效力 在处理不良绩效方面的效力 不同绩效等级的员工流动率以及不同可控性的员工流动率 领导团队和员工坚持核心价值观(如成本意识)的程度 跨职能协作的程度 组织的学习性 在确实必须完成某项工作的情况下，员工为此工作付出额外或自愿努力的程度 有关最佳实践的知识分享度 在领导能力 180 度反馈中，下级经理人员得分≥4.3 的人数 让顾客认可员工行为/成就计划的数量 接受关键人才建议的比例 女性以及少数民族员工晋升的比例 实习转为正式员工的比例 参加证书考试合格的员工比例 参加自我评价的员工比例 提交提案的员工比例 因绩效杰出而得到顾客认可的员工的比例 对所得到的工作指导反馈水平感到满意的员工的比例 感到自己被授权代表顾客工作的员工比例 达到顾客满意度目标的员工的比例 明确说明是因薪酬方面的原因而离职的员工的比例 明确说明对现行信息分享活动感到满意的员工的比例	明确说明对薪酬决定方式感到满意的员工的比例 明确说明相信通过正式渠道提供信息的员工的比例 明确说明培训改进了工作效率的员工的比例 具有其现任工作职责或职能要求之外的经验的员工的比例 说明文化有助于本公司对付竞争挑战的高级管理人员的比例 在某一特殊时期获得的新技能的比例 在预定日期达到最高级别经理人员的比例 得到落实的原创主意的比例 按时或在商定日期之前配备了人员的职位的比例 在服务拓展销售培训中，合格的技术服务人员的比例 一次性合格通过系列 7 和系列 9 考试的员工的比例 参加顾客服务培训并一次性通过技术考核的员工的比例 可提升的员工的比例 外派员工回来一年后继续留任的比例 具有核心胜任能力的员工留任比例 高绩效关键员工留任比例 顾客满意度关键指标改进比例 对所有员工一致、公平待遇的理解 新入职员工的绩效 完成的预定开发活动 基层主管人员的调动要求 关键人力资本保持率 外部雇用的成功率

员工

员工胜任能力

在形成所需要的员工行为和要求员工具备必要的胜任能力这个范畴中，必须阐明的关键问题是：员工，特别是关键或"A"职位上的员工，是否具备执行企业战略所必需的技能？所有的经理人员都知道，其下属工作人员在胜任能力上有很大差异。但是，没有动机的胜任能力不能使你达到目的。同时，无论你的员工工作得多么努力，如果他们没有必需的胜任能力的话，也不能完成工作任务。简而言之，经理人员必须问：这些员工必须具有什么样的具体技能和胜任能力？这些是有助于我们执行战略的适当的技能吗？你需要利用两方面因素——适当的胜任能力和适当的动机——去争取成功。表3—3列举了员工胜任能力测量指标范例。

表3—3　员工胜任能力测量指标

关键问题：员工，特别是关键或"A"职位上的员工，是否具备执行我们战略所必需的技能？	
为所有高级管理空缺职位准备的完全合格的"人选"的基本人数（至少3:1） 关键人力资本的Compra比率状态（例如，__%>Q3） 员工掌握财务基础知识的程度 参加目前并购项目的高级管理人员和人力资源专业人员所具备的"额外能力"的程度 负责形成必要的经营环境的变革代理人的基本实力水平 员工对激励性测量指标与经营测量指标之间关系的理解程度 各职类员工种族和性别多元化的程度 部门之间信息分享效力 员工意见调查得分	企业广泛、自由地与员工分享大量相关业务信息的程度 员工认为高级管理团队传达使命和愿景的有效程度 员工认为高级管理团队作为组织中其他人员的调动和激发者的有效程度 最高管理层在全企业知识共享活动方面表明承诺和领导力的程度 "A"职位现有的与必需的人才能力之间的差距 "A"、"B"、"C"三类职位上，人力资本的增长率 基本的内部人才实力；每个职位空缺可得到的人才的比率 下属人员管理开发方面的能力

表 3—3　员工胜任能力测量指标(续)

员工胜任能力成长 员工发展/进步机会 员工工作参与调查得分 员工对进步机会的满意度 不同绩效等级的员工的流动率以及不同可控员工的流动率 “A”职位“C”绩效员工的淘汰率 “B”职位或“C”职位的“C”绩效员工的淘汰率 跨职能工作经验的表现 一般人力资源工作流程的自动化程度 跨职能工作团队的范围 组织的学习性程度 对本企业的竞争战略和经营目标的理解程度 员工准备获取其所需要的信息和资源动机的强度 人员雇佣、评价和薪酬实践活动开展以及奖励知识创造和分享的程度 人力资源部进行购并前，软资产清理工作的彻底程度 人力资源部帮助开发必需的领导能力的程度 人力资源部领导在购并初期参与潜在的购并候选人选拔工作的程度 在人员招募、配置和绩效管理中对必需的员工胜任能力的说明程度 企业将其战略转化为可以指导员工行动的短期、中期和长期目标的程度 企业在实施责任制度(即你能够界定和把握对结果负责的人)方面的知名度 企业在创新活动(即能够创造和生产新产品和服务)方面的知名度 企业在拥有杰出人才(即能够吸引和留住最佳人才)方面的知名度 企业在拥有共享心态(即能够证明员工与顾客之间有一种共同的或共享的文化)方面的知名度 企业在速度(即能够比较快速地将思想或产品带进市场，能迅速地引发变化)方面的知名度 企业在学习能力(即能够产生和落实具有影响力的思想)方面的知名度	在领导能力 180°反馈中得到≥4.3 分的下级经理人员数量 同意“迅速变革是我们企业成功的根本保证”观点的人的比例 淘汰“C”级技术人员的比例 “A”职位“C”绩效员工的比例 “A”绩效员工与“B”绩效员工及“C”绩效员工的比例 被评价为“很有能力”员工的比例 被评价为“很有积极性”员工的比例 承认我们的成本比竞争对手高 2%的员工的比例 理解对顾客的所有承诺都必须兑现或超值兑现的员工的比例 理解胜任能力提高是工作保障的根本保证要素的员工的比例 理解提供新产品是我们生存基础的员工的比例 对人员配置工作给予高度评价的内部顾客的比例 入职 6 个月内取得令人满意的工作绩效的新员工的比例 在升职 6 个月后取得令人满意的工作绩效的在职员工的比例 在服务拓展销售额培训中取得合格成绩的技术服务员的比例 “A”职位技能有效性的比例 “A”职位每年缩短技能差距的比例 第一次考试失败再次参加系列 7 和系列 9 考试的人的比例 留住核心能力员工的比例 不符合基本技能要求的员工的比例 在最近的绩效评价中得分下降的员工的比例 在最近的绩效评价中得分提高的员工的比例 当地员工与国际外派员工的比例 用内部候选人填补非入门级职位空缺的比例 准备接受有关国际工作任务的候选人的比例 员工发展和进步机会的质量 关键职位上的“A”绩效员工的保持率 非核心职位上的“A”绩效员工的保持率 在组织转型/变革期间关键人力资本保持率 在战略转型期间关键人力资本(y-o-y)的保持率 为促进变革而引进外部人才的成功率

员工心态与文化

所有的组织都有文化。所有的组织都有心态。企业文化是管理科学中研究得最多的领域之一。有很多关于这个主题的研究论文和著作。人们使用许多不同的定义。丹尼斯·鲁索(Denise Rousseau)认为组织文化由五个层次构成:基本假定,价值观,行为准则,行为模式以及人为活动。[6]文化和心态很重要,因为它们帮助形成战略执行所必需的行为和胜任能力。[7]例如,卢·格斯特讷(Lou Gerstner)强调指出,企业文化对于企业形成成功执行其战略的能力非常重要。

> 我在IBM公司工作的时候感悟到,文化不仅是一种竞赛的形式,还是竞赛本身……我有一个关于在大型机构中文化是如何形成和进化的理论:成功的机构几乎总是拥有一种强大的文化,这种文化强化了那些使本机构变得强大的因素。文化反射出形成于其中的那个环境。但在那个环境发生变化的时候,文化却非常难以改变。实际上,它会成为一个巨大的障碍,使机构难以具备适应能力。[8]

如果不了解企业将走向何方,不了解怎样才能测量企业的进步,不了解文化对企业成员的意义,那么,战略执行就会成效甚微。要执行其战略,企业的每个成员都应当理解本企业的经营模式和员工的角色,理解各级领导将要对财务成功、顾客成功、经营过程以及员工成功承担的责任。拉里·博西迪(Larry Bossidy)在他的著作《执行力》(*Execution*)中谈到了企业文化。他强调指出,高绩效企业文化的一个重要内容就是责任:

> 努力实施文化变革能创造和强化一种执行的纪律。这种方法很实用,并且能与可测量的经营成果完全结合起来。
>
> 这个基本前提很简单:当你的目标是执行的时候,文化变革就变得很实际了。在使用这个框架的时候,你不需要许多复杂的理论或员工调查。你必须改变人们的行为使之能产生结果。首先你清楚地告诉人们你想要什么结果。接着,作为训练过程的一个关键要素,你们讨论如何去取得那些结果。然后,你对取得了成果的人给予奖酬。如果他们表现出不足,你会再给他们提供指导,取消奖酬,给他们安排其他工作,或者让他们走人。当你做这些事情的时候,你便创建了一种圆满完成工作的文化。[9]

要执行战略,员工必须理解战略,且具备执行战略的能力,必须去做落实企业战略所必须完成的事情。关于心态和文化的测量,首要的问题是,员工是否了解我们的战略并且信奉之?我们是否拥有支持战略执行所必需的文化?这就意味着这个测量问题不仅是要测量文化,还要测量这种文化是否支持本企业的战略。表 3—4 列举了心态和文化方面的测量指标范例。

表 3—4　员工心态和文化方面的测量指标

<table>
<tr><th colspan="2">关键问题：员工是否了解我们的战略并且信奉之？我们是否拥有支持战略执行所必需的文化？</th></tr>
<tr><td>来自最高管理层和来自人力资源部的信息的一致性和明确性
拥有“共有心态”的程度
员工对业务战略的理解程度
员工对激励指标与经营测量指标之间联系的理解程度
思想的多元化程度
员工意见调查得分
员工工作努力程度调查得分
员工工作参与调查得分
根据测量指标（例如心态、经营、财务）
测量员工对变革活动的了解程度
员工对战略转型的准备心态
适应战略方向（或战略变革）的员工心态/心态变化
员工对进步机会、薪酬等的满意程度
价值观的清晰程度以及得到广泛理解的程度
获取有利于决策的业务信息的程度
对企业的竞争战略和经营目标的理解程度
全体员工对企业绩效管理和评价过程运行方式的了解程度
文化使企业能吸引、开发和留住不同职位的大批“A”绩效员工的程度
员工对企业目标和目的的明了程度
员工对其自己的目标的明了程度
高级经理人员将员工看作是一种需要最小化的成本而非价值创造源的程度
员工在拥有适当的信息和经验的情况下，可以不经批准自主决策和采取行动的程度
员工认为经理人员在帮助解决工作中的问题方面的有效程度
员工觉得他们的贡献得到承认的程度
员工认为他们在其项目工作负荷和时间安排方面具有某种发言权的程度
员工觉得经理人员固执的程度，或曰员工觉得经理人员接受新工作方式的程度
员工因在本公司工作而感到自豪的程度
员工愿意为适应某种组织目标而承担额外工作的程度
战略明确并得到广泛理解的程度</td><td>一般员工能够对企业人力资源战略作出描述的程度
一般员工能够对企业的战略意图作出描述的程度
一般员工对其本职工作对企业成功的贡献的了解程度
企业文化对员工之间顺畅沟通的促进程度
企业文化对“A”与“C”绩效员工以及“A”与“C”职位的不同成果的影响程度
企业战略执行的有效程度
企业将其战略转化为指导员工行动的短期、中期和长期具体目标和目的的程度
企业与员工广泛、自由地分享大量有关业务信息的程度
企业的竞争战略在整个企业范围得到广泛理解的程度
组织文化对承担一定程度的风险的支持程度（例如，对结果不佳的好决策不予处罚）
高级管理团队说明竞争战略的清晰程度
员工对绩效优者比绩效差者更可能得到晋升和提级机会的相信程度
员工对其所担任工作的挑战性和重要性的认识程度
员工认为经理人员会愿意提供有关个人绩效信息的程度
员工认为企业处理绩效不佳者的有效程度
员工认为高级管理团队对未来规划的有效程度
员工认为在群体中存在一种强势的积极文化或“团队精神”的程度
员工对来自多方面反馈的接纳程度
员工判断竞争战略的合适程度
企业上下对战略执行的广泛投入程度
就战略执行过程中的障碍展开广泛讨论和进行分散化决策的程度
最高管理层在全企业知识共享活动方面表明承诺和领导力的程度
愿景的清晰程度和得到广泛理解的程度
员工心态的水平和变化
明确说明公司文化创造了一种积极的决策环境的经理人员的比例
雇佣“品牌”的优势</td></tr>
</table>

组织的文化是一种宽泛的、高屋建瓴的思想架构，它描述了“什么重要，这里的工作环境是什么样的”；心态则是一种比较窄的思想架构，它描述了员工自己的绩效导向以及他们对自己在企业成功中的角色的理解。文化具有组织层面的属性，而心态具有个人层面的属性。心态是一种非常具体的管理结果表现，它阐明了“员工对企业必须了解和理解什么”这个基本问题。例如，在西尔斯公司(Sears)，针对关于本企业的主要战略及其操作细节的某种错误心态，公司管理团队建立了详细而精确的文化和心态测量指标，并进行了持续跟踪。西尔斯的高级管理人员发现，在这些方面得分比较高，对西尔斯公司的财务绩效有一种经济学和统计学上的重大影响。[10]还应当注意到，西尔斯公司定期从员工那里收集到的150多条附加信息被认为与企业绩效无关。这个案例的重要性在于：西尔斯团队有可用于测试其有关员工假设的测试手段。并且，他们还根据经验确认了其记分卡中所使用的测量指标。我们将在第五章里更详细地阐述进行这些分析所必需的数据收集和验证方法。

同样，在我们的实验成果中，我们已经说明，拥有一种战略性员工心态，即员工了解本企业的战略，信奉它并且有能力和愿望去执行它的企业，在战略执行方面做得更有效。我们发现战略性员工心态的改善对战略执行的质量具有重大影响。随着心态的改善，战略执行的质量也在改进。[11]

总之，有计划地在市场上取胜的企业不是在一两个领域中实现卓越，而是在作为其战略成功核心的各个领域都做得极好。这些企业拥有合适的文化和心态，开发并保持了适当的员工胜任能力，从“A”职位员工中提炼出正确的行为，并取得了适当的经营成果，都直接与企业的战略相联系。这些企业也承认在这个过程中存在着一种固有的因果顺序。你不能直接得出结果。你必须要确定和培育企业成功的驱动因素。以下我们举例说明这个过程可以如何进行。

Big Pharma 公司建立员工记分卡

我们已经强调过，员工文化和心态、员工胜任能力、员工领导力和行为以及员工成功，都是战略执行的驱动因素。现在，我们就通过讲述“Big Pharma”这个案例，来阐明员工记分卡的要素是如何共同发挥作用的。Big Pharma 公司是一个跨国制药企业，其总体战略是：发现、生产和销售提高人类生命质量和寿命的药品（鉴于保密的原因，Big Pharma 是一个假名，其作为最近 10 年来，我们对许多企业研究成果的综合表现）。与该行业中许多其他企业一样，Big Pharma 公司在全球范围开展经营活动，业务涉及 140 个国家。从历史上看，该公司有很好的赢利能力。但是，虽然从全球情况来看，销售额一直在增长，但该行业（以及 Big Pharma 公司）面临着来自政府管制、许多药品专利终止、全球竞争，以及新产品渠道减少的重大挑战。

行业合并以及 R&D 和制造流程的全球化也改变了制药业的竞争前景。该行业中的大规模兼并造就了强有力的市场竞争对手。例如辉瑞制药有限公司恶意收购美国华纳兰伯特药厂(Warner-Lambert)、葛兰素威康(Glaxo Wellcome)与史克美占(SmithKline Beecham)合并为GSK公司，以及最近AstraZeneca公司的形成，都促使这个行业更加全球化且竞争更加激烈。由于未来一些年可能会出现更多的企业兼并，到20世纪90年代许多已经职位消失了。更具体地说，销售渠道的非居间化——由于越来越多的医生期望通过网络获得更多的医学信息——使得Big Pharma公司不得不非常认真地思考如何(以及谁将)在市场上买卖它们的产品。Big Pharma公司的高级管理人员相信，在Big Pharma公司面前仍然还有非常大的机遇，但市场环境继续会是很有挑战性和竞争性的。顾客会比过去任何时候都更有知识，政府机构和世界范围的投资团体会将这整个行业置于更严密的审查之下。

Big Pharma公司的挑战是从一个相当可观的财富和成功的战略——在该战略下，所有员工，无论其职位或绩效等级如何，都有机会得到相当多的薪酬和发展资源——转向一种比较有针对性和战略性的员工战略，特别是在人员选拔和员工发展方面。从历史上看，他们曾经花钱如"醉酒的水手"(用一位高级经理的话说)。随着时间的推移，这已经导致员工在薪资、福利，甚至绩效期望方面形成了一种很重的"权利心理"。除了在员工发展方面花钱更有针对性之外，Big Pharma公司还必须在收购前进行彻底的软资产清理工作，在兼并后进行世界级文化以及战略的整合工作，并且同时保留其所收购的某些小型生物技术企业的适当的文化。

Big Pharma公司在四个地理区域经营，设有三大部门：

R&D、制造以及市场营销，体现了它的主要价值创造过程。由于它们的规模大且在地理上分散，因此，它们在R&D方面常常重复劳动，而同时可能错过了其他领域中的重大机遇。同样，在销售方面，这可能意味着，有些医生可能会接到Big Pharma公司几个销售人员销售不同药品的电话，而同时别的医生又可能一个电话也接不到，对这些药品一无所知。在制造方面，这意味着它们在某一特定地区缺乏具备胜任能力的员工，而同时在企业的其他部门却又常常冗员为患。就某些高端技术人才而言，也存在着劳动力市场供应紧缺的问题（例如，现在Big Pharma公司在争夺来自大学的人才方面正面临着比较激烈的竞争，其将大学教师视为一种潜在的收入来源），并且人才流动率比较高（人才被竞争对手暗地猎走）。Big Pharma公司58%的经营预算用于工资、培训或其他人力资源辅助活动，但对作为这些资源的受托人的经理人员却几乎没有责任要求或测量。

为了开始应对这些挑战，Big Pharma公司为其业务部门建立了员工记分卡。首先，它对其业务战略以及执行这些战略所必需的战略能力做了一个清晰的说明。

清晰地说明 Big Pharma 公司的业务战略和组织能力

与许多其他公众持股的企业一样，Big Pharma公司也专注于收益、收入、资产回报以及最终的股东价值。尽管Big Pharma公司规模很大，但它的战略也必须是焦点集中的。由于一种药品从化合物鉴定到获得FDA批准、进入第一阶段临床试验的过程大约要用 7～10 年才能完成，因此该企业不能容忍这个过程中的任何步骤出错。因此，它必须专注于其在几个关键领域的 R&D 活动；必须尽早鉴别出有希望的分子和化合物；同时必须鼓励"尽快舍弃"希望比较小的项目。

当然，光是开发新药是不够的。Big Pharma 公司还必须能够完美地制造这些药并且有效地将它们配送给世界各地的医生、药房和医院。为了实现这个战略，Big Pharma 公司的高级管理团队确定了以下关键经营目标：

- 通过缩短 R&D 时间和有效地从外部引进化合物，增加生产管道
- 提高销售队伍的市场营销和交叉销售能力
- 加速完成药品审批程序，调动各种经济可行的特许机会
- 提高生产效率——零缺点制

确定 Big Pharma 公司的"A"职位

在 Big Pharma 公司，关键或"A"职位的确定是比较直截了当的，而且是直接根据 Big Pharma 公司所必需的战略能力来确定的（例如，R&D、特许/引进、销售/市场营销、政府关系、质量以及领导）。Big Pharma 公司的高级领导团队要求每个业务地区的关键经理人员周密细致地考虑其业务，并确定"造就或破坏"经营成功的关键角色；还要求这些经理人员

提供具体数据；在可能的情况下，还要求他们提供所有这些关键职位的员工绩效等级范围。实际上是要求经理人员用非常详尽具体的术语界定其“A”职位的“A”绩效。Big Pharma公司的高级领导团队非常明确地说，这个任务是该公司的一个战略重点。同时，公司也为经理人员提供内部顾问来帮助其完成这个任务。经理人员完成了这个任务后，Big Pharma公司高级领导团队便召集开会，让每位经理报告自己的成果。

刚开始，有几位经理提供的成果不符合所要求的清晰度或具体程度，因而被要求再回他们的业务单位去收集更多信息。其中有些经理认为，在企业某个层次以上的员工都是“A”职位承担者；还有一些经理则是不想对职位加以区别，因为他们觉得所有的职位都重要。Big Pharma公司高级领导团队认为，虽然所有职位都重要（否则本企业就不会继续出资维持它们），但有些角色对Big Pharma公司的成功具有直接“使命重要性”。而且，不能简单地根据在企业中的层次来确定这些具有使命重要性的职位。有些中层职位对于本企业来说至关重要，而有些高层职位却还没有那么重要。

在讨论和分析的基础上，Big Pharma公司管理团队断定，要有效地实现其业务模式，就必须保证以下职类的员工作出世界级的绩效：

- R&D科学家
- 制造经理和主管

➤ 销售代表

Big Pharma 公司管理团队还注意到，法务处理是一种重要的组织能力。因为 Big Pharma 公司受 FDA 的严格管制。FDA 规定了非常严格的准则，如果药品要得到它的批准的话，就必须严格遵守这些准则。那么，对于 Big Pharma 公司的成功来说，确保这个适当的基础是非常重要的。但是，虽然所有人都承认法务处理职能的重要性，但有几位经理指出，一直以来本企业已经具备选拔或者培养出素质极高的法务部门经理的能力；并且，目前在这个角色方面的基本实力是很牢固的。因此，尽管法务角色重要，但 Big Pharma 公司管理团队不认为它对本企业成功的重要性与 R&D、销售或制造一样。

"A"职位的"A"绩效——R&D 方面的员工成功测量指标

Big Pharma 公司在 R&D 方面的愿景是：开发具有领先优势的药物以帮助改善和延长患者生命。在这个目标实现的那一天，Big Pharma 公司的员工成功就意味着通过 R&D 提供"一鸣惊人的"新药，并且进一步减少许可、制造和配送竞争对手所开发的药物。虽然 Big Pharma 公司的每个人都理解开发这种新药的重要性，但是，人们不太了解通过什么方法才能做到这一点。仅仅是确定哪些角色对企业成功具有更大贡献还是不够的，Big Pharma 公司还必须了解在这些角色中区别高绩效员工与低绩效员工的因素。有效的战略执行要求经理人员始终如一地提供帮助,使"A"职位任职者能作出"A"绩效——为"A"或最重要的客户提供服务。

为了更好地理解这些方法,Big Pharma 公司发起了对其企业中成功与失败的药物开发方法的研究。作为这些分析的结果,它在员工记分卡上设置了以下测量指标:

新产品。进入第一阶段临床试验的新产品数量是 Big Pharma 公司在新产品引进方面成功的一个关键指标。

治疗领域的知识。R&D 科学家掌握治疗领域知识的深度和广度也是新产品开发成功的一个关键驱动因素。

新技术。新发现和开发技术的引进有助于提高员工知识和能力。它也有助于间接地为本企业提供支持,因为它能提高高绩效科学家的保持率。Big Pharma 公司已经认识到,优秀的科学家非常看重接近最好、最新的实验设备的机会。

进入市场的速度。从发现到第一阶段临床实验的周期时间也是 Big Pharma 公司成功的一个关键驱动因素。

"A"职位的"A"绩效——制造方面的员工成功测量指标

Big Pharma 公司在制造方面的愿景是:在一种六西格玛环境中进行卓越操作,制造零缺陷产品。在 Big Pharma 公司,不仅是"很想拥有"卓越制造,而是卓越制造对该企业来说绝对重要。不仅有一个清晰的道德义务要保证不生产无效或甚至有害的药物，而且质量瑕疵所带来的负面经济后果在制药行业也是非常严重的。即便可能是由生产杂质或贴错标签而导致的质量失误，也几乎总是会造成产品的召回。这种召回可能导致成百万美元的直接损失和名誉损害。

Big Pharma 公司的分析也表明，卓越制造所必需的能力和行为与 R&D 创新所需要的能力和行为很不相同。因此，他们开始执行以下测量指标：

全面质量指标。质量是至关重要的。质量也是一个多维度和多方面的构成体。Big Pharma 公司开发了一种包括化合物纯度、产量比率与耗损的全面制造质量指标。在第五章我们会更详细地讨论这个指标体系的构成和解释。在本章提到这个指标的基本目的是，提供一个说明 Big Pharma 公司某个特殊领域绩效的变量——在这里是指产品质量。所有的变量都是标准化的并且被赋予了相同的权重。

订单执行率。这是指订货在对客户承诺的 24 小时时间内完全装运的程度。

标准成本执行。Big Pharma 公司根据内部基准标杆测量其总体制造成本。

流动资金比率。Big Pharma 公司管理团队承担控制每个制造场所的流动资本和现金流的责任。

耗时工伤。Big Pharma 公司密切监控工伤的次数和持续时间，特别强调企业所有区域的员工安全。

工作中断。工厂停工（不论什么原因）的数量和持续时间要按月报告。

总生产率。Big Pharma 公司的每个制造厂都要报告总生产率指标情况。

"A"职位的"A"绩效——销售方面的员工成功测量指标

Big Pharma 公司在销售方面的目标是:建立信任,加强销售人员教育和产品知识培训,创造每一类关键顾客(患者、医生、机构)的市场份额。在所有这些因素中,成功的关键驱动因素是销售员能够用于与有处方权的医生直接接触的时间总量。高绩效的销售员("A"绩效员工)能够有效地依据轻重缓急选择他们的销售方向,将更多的时间用于很有潜力的销售对象。而相比之下,"C"绩效员工通常会将时间平均分配于各个销售对象。结果是,销售业绩处于第 90 个百分位的销售员的销售额比一般销售员高将近 10 倍。这是一个非常实在的差异。

因此,对销售人员确实有一种要求,要求他们突破抓订单的人的角色,去为医生以及机构(医院、HMO 以及保险公司)提供信息,与他们形成合作关系。这要求销售员掌握世界级的沟通和销售技巧,而且还要求他们充分了解医生如何以及为什么作处方决定。这种销售人员必须擅长提供帮助医生决策的必要信息。Big Pharma 公司确定以下测量指标是销售人员成功的关键驱动因素:

治疗领域或药种类的市场份额。与其他企业很相像,Big Pharma 公司赢利能力的一个关键驱动因素是夺取市场份额的能力。

新处方、总处方与定额。Big Pharma 公司的销售人员不直接向医生销售药物。他们只为医生和医院提供信息和样品，并鼓励医生为其病人开处方。Big Pharma 公司跟踪每位医生售出的新处方量和处方总量，然后将这些数量与每位销售员的定额进行比较。市场份额增加意味着当前得到销售服务的医生开出更多的处方，同时也鼓励新医生开更多的处方。

产品和竞争对手知识。Big Pharma 公司的分析表明，其最成功的销售员不仅对本公司的产品线有深入的了解，而且对其竞争对手的产品也有深入的了解。这将使他们在适当的时候能够更好地描绘本公司的产品。

与医生打 5 分钟以上的推销电话。销售人员成功的一个关键驱动因素是增进与医生的接触，这是该行业中的一个重大挑战。Big Pharma 公司的分析表明，当销售人员与一位医生接触 5 分钟以上时间的时候，其销售额会大大增长。

样品生产率。Big Pharma 公司还跟踪研究销售人员分发药物样品的数量与后来医生开出的处方量的关系。因为样品可能是相当昂贵的，所以，这有助于该企业最有效地利用其营销预算。

测量领导和员工行为

Big Pharma 公司的分析表明，员工成功通常会与四个主要结果相关：领导的素质，自动和有效分享知识的程度，团队成员以执着而有效的方式一起工作的程度，保留住高绩效员工和将低绩效员工淘汰出企业的程度。虽然他们发现这些流程在各个“A”职位上的操作方式有些不同，但研究结果所表现出的高度一致性使他们决定对每个关键职位采用相同的测量指标，但分别报告结果。Big Pharma 公司采用了一种项目指数来反映每个方面的绩效。

领导能力指数。这表现为在一次有效的 360 度领导力调查中的加权平均得分。

知识分享指数。这表现为在一次有效的知识分享测量中的加权平均得分。这种测量量表有两个版本，一个被用于完整的团队，另一个是比较通用的量表，被用于所有员工的测量。

团队绩效指数。这表现为在一次有效的 360 度绩效评价中的加权平均得分。这种评价只用于完整的团队。

“A”绩效员工保留比例和“C”绩效员工淘汰比例。Big Pharma 公司知道，总体人员流动率可能是一个非常具有误导性的数字。它希望控制人员流动，使低绩效员工离职率高，高绩效员工离职率低。

员工胜任能力测量指标

Big Pharma 公司的分析还表明，员工胜任能力对新产品的开发、销售以及制造都有重大影响。该企业对每个关键职位采用以下测量指标，其中每个指标都特别设计用来反映一个不同的员工差异维度：

“A”绩效员工的总体比例。Big Pharma公司跟踪研究每个战略职位类别中被评为“A”绩效员工的员工比例。Big Pharma公司的目的是首先确保“A”职位的“A”绩效员工。

具有“A”潜质的“B”绩效员工的比例。Big Pharma公司也跟踪研究了经理觉得能够被培养成“A”绩效员工的“B”级员工的比例。这些员工被作为特殊开发计划的对象。

用于“A”绩效员工培训与开发预算的比例。在过去，Big Pharma公司往往对“C”或低绩效员工投入过多。现在，Big Pharma公司的战略是重点保证将较大比例的开发经费用在最有前途的员工身上。

“A”绩效员工风险薪资的比例，给予“A”绩效员工购股权和有限制股份的比例，以及“A”绩效员工红利奖金的比例。Big Pharma公司的战略是大幅度提高最优秀员工的风险薪资(潜在收入)。以上这三个测量指标就是用来跟踪这个战略目标实现进程的。

技能考核等级，电话销售角色扮演练习得分(针对销售方面的员工)，以及新产品测试得分(针对销售方面的员工)。Big Pharma公司开发出了针对许多关键职位的技能和能力测试。以上这些指标测量的是在这些测试中成绩“合格”或“非常合格”的员工的比例。

在360度潜力评价中的基本实力得分。Big Pharma公司也非常关注许多关键角色的基本实力。这个测量指标表现的是每个关键职位拥有一个或多个准备置换者(也就是目前已具备提升资格的员工)的程度。

员工心态和文化测量指标

还必须将员工心态和支持型的文化作为保证战略成功执行的前提条件。Big Pharma公司建立了以下测量指标来帮助了解这方面的进展情况:

对Big Pharma公司整体战略、自己的本职工作与Big Pharma公司战略的关系有清晰了解的员工的比例。

对Big Pharma公司的战略明确作出承诺的员工的比例。

具备执行Big Pharma公司战略所必需的技能的员工的比例。

认为Big Pharma公司的文化能支撑战略执行的员工的比例。

每个测量指标的测量结果都通过电子调查手段来收集。每月有1/20的员工接受随机调查,这样,领导团队就能不断地了解目前的员工心态。

Big Pharma公司员工记分卡的整合

图3—2展示了Big Pharma公司的整个员工记分卡。除

了与心态、胜任能力、行为、结果有关的关键战略驱动因素之外，Big Pharma 公司还跟踪了解一系列与员工有关的财务结果，比如总雇佣人数、薪酬总额、培训与发展(T&D)总预算、分红奖金总额和授予购股权总额。按每个关键或“A”职位分别报告这些测量指标，以帮助领导团队了解其对每个关键角色的投资水平。

员工记分卡的通用要素和独特要素

在建立员工记分卡的过程中，要阐明的一个重要问题是：所有这些要素同样适用于所有“A”职位的程度，或者就每个不同的“A”职位来说，测量指标是不是会有很大差异的。答案是：你对具体员工成功测量指标了解得越深入，这些测量指标就会变得越有差异。正如在 Big Pharma 公司员工记分卡中所看到的那样，关于员工心态、胜任能力以及行为的指标大部分相同，但关于员工成功的测量指标在 R&D、制造和市场营销及销售职位之间有相当大的差异。不同的关键角色的行为和成就可能会非常不同。此外，不论是在内容上还是在管理方式上，R&D 职位的文化和心态与制造职位的文化和心态也可能有很大差异。但是，我们很可能会用同类型的测量指标去解释每一种情况的特征，即使它们的解释可能会不同。这个发现提醒我们注意一个重要的问题：要就每一个员工要素分别报告这些测量指标，但要保证让经理人员对其所管辖的每个业务领域中的员工心态素质、胜任能力以及领导能力负责。

图 3—2 Big Pharma 公司的员工记分卡

	R&D	制造	营销与销售	
"A"职位	R&D 科学家	制造主管	销售代表	其他
员工成功	进入第一阶段临床试验的新化合物的生产数量 治疗领域知识的深度和广度 新发现和开发技术的引进 从发现到进入第一阶段临床试验的时间周期	质量指数 订单完成率 标准成本执行 流动资金比率 耗时工伤 工作中断 生产率	治疗领域或药品种类市场份额 新处方与总处方与定额的比例 产品和竞争对手知识 与医生打 5 分钟以上的推销电话 样品生产率	
员工行为	知识分享指数 团队绩效指数 领导能力指数 "A"绩效员工保持率 "C"绩效员工淘汰率	知识分享指数 团队绩效指数 领导能力指数 "A"绩效员工保持率 "C"绩效员工淘汰率	知识分享指数 团队绩效指数 领导能力指数 "A"绩效员工保持率 "C"绩效员工淘汰率	知识分享指数 团队绩效指数 领导能力指数 "A"绩效员工保持率 "C"绩效员工淘汰率
员工胜任能力	"A"绩效员工的总体比例 具有"A"潜质的"B"绩效员工的比例 用于"A"绩效员工的培训与开发预算的比例 "A"绩效员工风险薪资的比例 给予"A"绩效员工购股权的比例 "A"绩效员工红利奖金的比例 技能考核等级 在 360 度潜力评价中的基本实力得分	"A"绩效员工质量指数的总体比例 具有"A"潜质的"B"绩效员工的比例 用于"A"绩效员工的培训与开发预算的比例 "A"绩效员工风险薪资的比例 给予"A"绩效员工购股权的比例 "A"绩效员工红利奖金的比例 技能考核等级 在 360 度潜力评价中的基本实力得分	治疗领域或药种类市场份额 "A"绩效员工的总体比例 具有"A"潜质的"B"绩效员工的比例 用于"A"绩效员工的培训与开发预算的比例 "A"绩效员工风险薪资的比例 给予"A"绩效员工购股权的比例 "A"绩效员工红利奖金的比例 技能考核等级 销售角色扮演得分 新产品测试得分	"A"绩效员工的总体比例 具有"A"潜质的"B"绩效员工的比例 用于"A"绩效员工的培训与开发预算的比例 "A"绩效员工风险薪资的比例 给予"A"绩效员工购股权的比例 "A"绩效员工红利奖金的比例 技能考核等级 在 360 度潜力评价中的基本实力得分
员工心态/文化	了解企业战略的员工的比例 对战略作出承诺的员工的比例 具备执行战略技能的员工的比例 认为文化能支撑战略执行的员工的比例	了解企业战略的员工的比例 对战略作出承诺的员工的比例 具备执行战略技能的员工的比例 认为文化能支撑战略执行的员工的比例	了解企业战略的员工的比例 对战略作出承诺的员工的比例 具备执行战略技能的员工的比例 认为文化能支撑战略执行的员工的比例	了解企业战略的员工的比例 对战略作出承诺的员工的比例 具备执行战略技能的员工的比例 认为文化能支撑战略执行的员工的比例
员工队伍财务状况	雇员总数 薪酬总额 培训与开发预算 分红奖金总额 授予购股权总额	雇员总数 薪酬总额 培训与开发预算 分红奖金总额 授予购股权总额	雇员总数 薪酬总额 培训与开发预算 分红奖金总额 授予购股权总额	雇员总数 薪酬总额 培训与开发预算 分红奖金总额 授予购股权总额

通过员工记分卡可以了解什么

如前所述，在任何组织中都有几乎无限多的员工要素可以被测量。在Big Pharma公司，关键的挑战是要专注于极为重要的少数几个真正驱动战略执行的测量指标，即针对那些极为重要的少数"A"职位的测量指标。Big Pharma公司的管理团队惊讶地认识到，在其实际测量的许多有关员工的要素中，有很多是多余的、专注于事务的(例如，为每一个空缺职位补充人员的雇佣成本或时间)，还有一些是"遗留型测量指标"，即管理团队多年来一直跟踪了解但没有用处的因素。遗憾的是，这些测量指标很少真正能告诉管理团队有关战略执行进展的情况。因此，直到建立员工记分卡之前，员工测量在Big Pharma公司的名声都很不好。除了专注于极为重要的少数要素之外，有效的员工记分卡还具有以下一些其他特点(见"有效的员工记分卡的特征")。

有效的员工记分卡的特征

有效的员工记分卡应当描绘战略执行的过程。有效的员工测量指标基于一个全面的员工成功模型。这些指标互相独立，只有最低程度的冗余。组织有这样一种令人遗憾的倾向：多次重复测量一些容易的东西，而很少测量比较难的东西。例如，许多企业测量销售利润率(ROS)、资产回报率(ROA)、净资产回报率(RONA)、投资资本回报率(ROIC),并且在进行企业绩效评价的时候给这些指标以完全等同的权重。这些测量指标的问题是,它们相互关联,以至于它们所提供的信息在本质上是相同的。例如,ROS、ROA和RONA都有同样的分子——净收入,因此解释这些比率间的差别主要是在测量销售额(每年可能都有很大变化)与资产(每年通常没有很大变化)之间的差别。同样,ROIC(也用净收入作为分子)由投资资本作为分母,也与总资产高度关联(与ROA很相像)。这些测量结果告诉我们的是,虽然在同一个企业的任何特定年份中,这些变量的水平会有差别(例如4.2%与6.8%与7.0%与7.6%),但这些测量指标相互非常关联,以至于所包含的信息大致相同。经理人员可以只选用其中一个指标就能得出同样的绩效结论。那么,使用所有这四个指标有什么坏处呢?当然,你也可以同时选用这四个指标,只要多余项目的存在不会把听众搞糊涂和把其他指标排挤出去就行。

员工记分卡应当帮助经理人员改进有关员工的决策质量,更迅速地执行战略。员工测量的主要目标应当是提供改进员工管理所必需的数据和观察。这种测量指标应当基于一个描绘"什么导致什么"的战略图,或曰依靠员工的战略执行过程所固有的因果逻辑。这种测量指标还应当配以一种清晰的、引人注目的流程,以帮助经理人员了解如何使用它们。大多数组织实际上拥有比其需求多很多的测量指标。问题是,如果没有一个整体、全面的框架,经理人员就会失去焦点,从而创造出特异的测量指标和报告框架。由于这些框架很少能得到广泛认可,因此它们一般都不可行，也得不到推广。因此，如果建立一整套测量指标能帮助排除那种遗留型测量指标的话，可以节省很多费用。

员工记分卡应当有一个坚实的实验研究基础。经理人员应当承认，在测量指标的可理解性与效用之间存在一种负相关关系——如果其容易理解，这些指标（和人力资源职能）就可能不是竞争优势来源。为了帮助选择真正重要的测量指标，经理人员应当承认，有大量的实验研究已经探究了企业成功的决定因素。毫不奇怪，这些文献发现，有些测量指标比其他指标更为重要。如果没有一个明确的研究基础，那么容易的事就会变成糟糕的事。

员工记分卡应当包含有关企业成功的先导性和滞后性指标。为了有效地驱动行为，测量指标必须有助于形成这样一种清晰的“视线”：(1)员工知道他们在组织中的角色以及这种角色如何为企业成功作出贡献；(2)企业中每一较低层次的成功都有助于创建较高一个层次的成功。

员工记分卡应当聚焦于那些真正驱动成功的极为重要的少数几个要素。经理人员应当确定能够传达和有助于评价企业战略意图的关键测量指标，并将指标数量控制在最少范围，专注于那些指标，不要增加指标，但肯定也不要减少指标。

员工记分卡应当体现顾客、职位和员工的差别。正如我们在第二章里阐述的那样，成功的员工管理的一个关键特征就是差异化。因此，有效的员工测量指标也应当突出组织中的关键或“A”职位，并且还要提供关于这些职位上的“A”绩效员工的清晰描述。平均水平的文化、胜任能力或人员流动率对经理人员来说不是特别有用，因为有关战略的测量指标专注于最重要的职位中的那些特征，并且是针对高绩效员工的，而不是对极低绩效员工的。

员工记分卡应当充当一种教学工具。你不能假设员工已经了解其在企业成功中的角色以及企业的关键使命和愿景。例如，在西尔斯公司，高级管理人员沮丧地得知，员工对本企业的经营方式以及对他们的期望持一种非常扭曲的看法。[a]高级管理人员询问了数百名员工："你认为你在这里每天做的并为之领薪的主要事情是什么？"员工的回答不但没有强调"取悦顾客"的重要性，相反，一半以上的员工回答说："我因保护本公司资产而获得薪金（也就是说，不让顾客偷走商品）！"在他们询问这些员工，"你猜想西尔斯公司每得到一美元收入中，有多少利润"时，一般的答案是 54 美分！而实际情况是 2 美分。测量指标和测量工具可以帮助员工确实了解企业的目标和目的，以及他们自己在为企业成功作贡献过程中的角色。作为教员工了解战略的一个工具，员工测量指标应当帮助员工确定重点，推动战略与行为之间的结合。

员工记分卡应当说明切实可行的、明确的改进目标。世界级的员工记分卡突出与战略相连结的、切实可行的员工要素，并且使经理人员清晰地了解，如果测量得分不符合目标，下一步要做什么。在所有社会科学文献中最引人注目的发现之一是：确立了具体的、具有挑战性目标的员工和群体的工作绩效比那些没有确立目标或目标不现实的员工和群体要好。[b]员工测量过程的重要组成部分是促进目标确立、在整个员工队伍形成层叠有序的目标系列、提供有关工作结果(目标达成情况)的反馈并且最终使之与薪酬联系起来。

员工记分卡应当确定将推动改进的创新活动。员工记分卡的要素必须是切实可行的,而不只是情报性的。测量指标不仅必须包括具体的、具有挑战性的改进目标,而且还应当与推动员工改进的具体创新活动相配合。我们将在以下各章里论证如何将目标和目的与改进创新活动匹配起来。

员工记分卡应当鼓励持续学习和实验。测量指标反映了管理层关于员工在组织中如何创造价值的最佳假设。与所有的假设一样,目的是要用实际数据去验证这些预测。有些经理人员可能非常不习惯不确定的情况。这使我们想起了一个老故事:有个中年人抵制返回学校去攻读学位,理由是再过4年,她该50岁了。显然,要回答的关键问题必须是:如果你不返回学校念书,4年以后你会是多少岁?员工测量有点类似这个困境,无论你选择测量它们还是不测量它们,驱动你战略的关键要素已在存在于你的经营过程中。本着持续改进的精神,我们相信,最佳的开始时间就是现在。

[a]参见 Rucci, Kirn, and Quinn, "The Employee-Customer-Profit Chain at Sears", *Harvard Business Review* (January-February) 1997:83-97。

[b]Mark E. Tubbs, "Goal setting: A Meta-analytic Examination of the Empirical Evidence", *Journal of Applied Psychology* 71, no. 3(1986):474-483.

员工记分卡帮助 Big Pharma 公司领导团队解决了许多与战略执行有关的关键挑战。这个过程的第一个关键成果是，Big Pharma 公司管理层现在能够有效地与员工进行有关企业中的关键或“A”职位的讨论。通过突出 R&D、制造以及销售的重要性，领导团队能够比较全面地描述企业中每个人的价值创造过程。通过将 Big Pharma 公司所有其他角色确定为辅助支持那些关键职位的角色，该团队能够描述这些角色在价值创造过程中的重要性，同时还清楚地说明，除非在 R&D、制造以及销售方面取得成功，否则本企业绝不可能取胜。简单地讲，员工记分卡为管理团队提供了一种描述战略执行过程的工具。

作为一种必然结果，Big Pharma 公司领导团队发现没有“全面”员工绩效这么一种东西。一位“高绩效”的销售经理做的事情与顶级 R&D 科学家或制造主管做的很不相同。很重要的一点是，企业所采用的员工测量指标能突出这些差别。

这个过程的第二个关键成果是，经理人员有关员工的决策质量得到了改进。在长期经营过程中，胜出的企业注重顾客、职位和员工的差异，且专注于真正驱动企业绩效的少数几个极为重要的要素。例如在 Big Pharma 公司，有很多方面是反传统文化的。过去，Big Pharma 公司所有员工和职位得到差不多同样水平的投资。结果是，他们在一些非生产性职位上有过多的人才，而在一些重要职位上缺乏人才。作为建立员工记分卡的一个直接结果，Big Pharma 公司能够将其某些稀有的员工开发资源重新分配到最有生产性的用途上。

这个过程的第三个关键成果是，Big Pharma公司确立了明确的改进目标。有效的员工管理需要具体的改进目标和对象，以及有助于推动必需行为的特殊创新活动。既然Big Pharma公司已经明确说明了员工所必需的具体行为和结果，那么这个过程的下一步骤就是要设计一个人力资源管理系统去保证该企业的关键战略目标得以实现。在下一章里，我们将说明如何将员工记分卡的具体要素与可以帮助达成预期结果的人力资源记分卡连结起来。

第四章　将员工记分卡与人力资源记分卡连结起来

——通过人力资源管理系统进行战略执行

在上一章里，我们阐述了员工记分卡的关键要素，并提供了一个具体的范例，说明 Big Pharma 公司是如何设计和执行员工记分卡的。我们还指出，光靠测量是不能改进经营绩效的。没有规划，组织不可能发生重大和持久的变化。要有效地推动战略执行和提高股东价值，员工测量指标必须与具体的改进对象（延展目标）以及为提高绩效而设计的特殊的创新活动结合起来。

在本章里，我们将专注于将员工记分卡的关键要素层层分解成经理人员能够理解、承认和履行的具体行动和责任。在这个过程中，我们的目的是帮助保证企业的人力资源管理系统提炼出必要的员工胜任能力和行为，最终驱动企业成功。在这个过程中我们所使用的工具就是人力资源记分卡（HR Scorecard）。[1]

通过人力资源管理系统实现员工成功

要利用员工记分卡去瞄准结果，这意味着，我们必须将企业的战略目的和目标，比如缩短 R&D 时间周期、改进制造质量和生产率，层层分解到具体的人力资源管理系统和人力资源记分卡中去。这将有助于保证这些目标的达成。但是，正如我们在建立一个有效的员工记分卡之前必须了解和理解企业战略一样，我们在建立一个有效的人力资源记分卡之前也必须理解企业的员工战略。员工记分卡强调了每位高级经理人员必须专注于提供给企业的关键员工成果。相反，人力资源记分卡是要“钻研透”员工记分卡中所包含的要素，以解答这样一个问题：需要什么类型的人力资源管理系统去保证提供一支能够成功执行战略的员工队伍?

人力资源记分卡的关键要素

基于我们过去十年的研究，我们已经确定了一系列测量范畴（表 4—1）。我们认为人力资源领导者必须专注于在这些范畴驱动员工成功和战略执行。

图 4—1 说明了人力资源记分卡的五个要素之间的相互关系。拥有适当的人力资源专业人员和设计一个与企业战略一致的人力资源管理实践系统，主要是人力资源职能部门的责任。确保这些活动得到有效的执行并且控制在适当的成本水平，是人力资源职能部门和直线经理的共同责任。要记住的关键要素是，要用一种层层分解的逻辑去描述设计和执行一个有效的员工管理系统所必需的流程，这很重要。

表 4—1　人力资源记分卡的五个关键要素

员工成功	我们是否实现了员工记分卡中所包含的每个关键要素，即员工成功、领导和员工行为、员工能力以及员工心态和文化？
适当的人力资源职能和员工成本	我们对员工的总投资（不仅是人力资源职能）适当吗（不仅是成本最小化）？
适当的配合形式	我们的人力资源活动与企业战略相适应吗？我们的人力资源活动对不同的职位是否有适当的差异？
适当的人力资源实践	我们在整个企业中是否已经设计和执行了世界级人力资源管理政策和活动？
适当的人力资源专业人员	我们的人力资源专业人员是否具备设计和执行世界级人力资源管理系统所必需的技能？

图 4—1　测量人力资源职能的五个“适当”

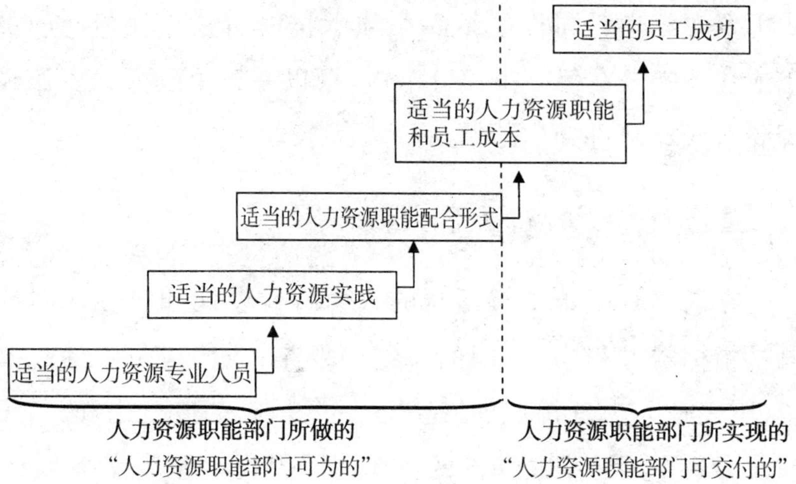

正如我们在第一章里所阐述的那样，人力资源记分卡是为了直接与员工记分卡相连结而设计的。从本质上讲，直线领导者与人力资源领导者分担了对员工记分卡中所包含的

各种要素的责任；同时人力资源经理对人力资源记分卡中的要素负主要责任。接下来，我们将更加详细地阐述人力资源记分卡的各个要素。回到我们从上一章开始用的那个例子，我们来看看 Big Pharma 公司是怎样建立人力资源记分卡的。

员工成功

正如我们在上一章里详细阐述的那样，我们认为，关于员工队伍，必须问几个基本问题：员工已经完成了企业的关键战略目标吗？我们是否拥有了适当类型的员工成功、领导和员工行为、员工胜任能力以及员工心态和文化？员工成功的测量指标直接取自于员工记分卡，并用以说明直线经理和人力资源经理对同样的结果必须承担的责任。将相同的员工成功要素放在每一个记分卡中，可以一直提醒人力资源经理和直线经理：他们对同样的结果负责。

适当的人力资源职能和员工成本

在制定有助于了解适当的人力资源职能和员工成本的测量指标的过程中，要问的关键问题是：我们对员工的总投资（不仅是人力资源职能）适当（不仅是成本最小化）吗？我们认为这个问题是最基础的问题。因为我们常常看到，由于要降低成本，人力资源职能部门会作出一些意图良好而最终无法落实的决策。在所使用的人力资源职能测量指标中，比如为每一个空缺职位补充人员的雇佣成本或天数，可以很清楚地看到这一点。关于员工，相应的成本是总成本或者企业所期望生产率水平员工的 ROI——不仅是与人力资源职能活动有关的成本。正如我们在第一章所述，在 S&P500 企业中，员工总成本一般为营业费用的 70%左右，而人力资源职能部门的成本一般为营业费用的 1%左右。过去几十年来，大多数人力资源职能部门已经变得更加精简、更加有效，且更多地强调外包和卓越的中心等等。结果，再要从人力资源职能方面削减成本变得越来越难；有些企业发现，削减人力资源职能预算实际上可能是无法做到和代价高昂的。例如，在 Verizon 公司，人力资源领导者发现，一种从低成本招募源招募呼叫中心员工的办法对降低平均员工雇佣成本产生了预期效果。但是，它也产生了一种昂贵的意外结果：因为这些从“成本比较低”的人才库录用的员工的工作绩效比较低，并且任期也比较短，因此导致总体员工成本提高。[2]

同样，在追求降低成本的过程中，许多企业解雇员工，然后可能要用相当于其原工资 140%的工资再将他们返聘回来，企业为此承担了重大的负面经济后果。[3]这种问题的发生至少有两个原因：第一，企业在有明确目的地进行工作重构之前，常常采用一刀切的方式去解雇和削减员工。因此，会产生的结果是，员工走了但他们的工作并没有随之消失。这些工作使留用的员工感到不堪重负，于是他们要求给予更多的帮助。由于最近离去的员工非常了解该企业和该工作，因此企业不得不让他们回来解决特殊的业务问题。第二，由于这样的“临时人员”不计入企业总人数，因此解雇可以帮助经理人员实现其职员人数削减的数字目标。但是，雇用临时人员可能增加企业的工资总额并同时降低生产效率。解决这种状况的办法（除少用解雇的方式进行员工管理之外）是让直线经理和人力资源经理对适当生产率水平的员工总成本而非人力资源职能成本负责。表 4—2 列举了适当的员工成本的测量指标范例。[4]正如上一章所列举的测量指标一样，读者很快就会注意到，在这张表以及后面的许多表中有大量的测量指标，这些大大多于任何企业的人力资源记分卡中所应当列出的指标。这是我们特意安排的。我们想要说明的观点是，不存在可能的测量指标短缺。关键的挑战是选择有效的测量指标，而这应当由企业的战略来决定。

适当的人力资源职能一致性形式

为衡量人力资源职能一致性形式，我们必须提问：我们的人力资源活动与企业战略相适应吗？我们的人力资源活动对不同的职位是否有适当的差异？一致性可以采取两种形式。内部一致性表现为我们员工管理实践活动组合为一个紧密的整体并互相补充的程度。外部一致性表现为企业的整个员工管理实践活动有效帮助战略执行的程度。在表 4—3 中能看到对这两种一致性形式的测量指标。

内部和外部这两种一致性的含义是，虽然严格地将一个企业所进行的人力资源管理实践与其战略联系起来是很重要的，但一个企业所进行的人力资源管理实践活动之间保持

表 4—2　适当的人力资源职能和员工成本

关键问题：我们对员工的总投资(不仅是人力资源职能)适当(不仅是成本最小化)吗？	
不同职类和工作绩效的员工的缺勤率	与压力有关的疾病患者数量
事故成本	每年的培训天数和计划数
事故安全等级	职位提供与职位接受率
人力资源信息系统的精确度	OSHA 审计
出勤率	每名员工工资费用
平均员工任期(按绩效水平统计)	人员费用/收入
平均员工福利成本(例如金额、趋势)	人员费用/人员费用发生前的收入
福利成本占工资总额或收入的比例	人员费用/总收入
福利占薪酬总额的比例	参加培训的员工比例和人数
平均员工能力发展费用	人力资源信息系统中正确数据的比例
遵守联邦及州公平就业政策的情况	用于培训的费用占工资总额的比例
遵守反优先雇佣技术要求的情况	每件福利事务的处理成本
关键人力资本的 compra-ratio 职位(例如，____%>Q3)	通过使用人力资源信息系统获得的生产率(金额和反应时间)
安全监控的全面性	EEO 申诉比率
与人力资源管理有关的诉讼成本	员工申诉比率
处理每件申诉的成本	关键人力资本职位提供与接受的比率
每雇用一人的成本(按职位分类和员工绩效统计)	补充“A”绩效员工的招募时间天数
	每名主管的调任要求
每培训一学时成本	对每条福利信息要求的回应时间
企业薪金与竞争对手薪金的比率	每条信息的回应时间
人力资源部各类员工代表的 FTE 总人数	关键人力资本保持率
人力资源部中不同性别的 FTE 总人数	每年每名全日制员工的病假天数
每名“A”员工的人力资源费用	薪金事务处理速度
每名“C”员工的人力资源费用	新计划设计所需时间
人力资源费用/总费用	新员工上岗前培训所需时间
工伤事故发生率	为一个“A”职位补充一名“A”绩效员工所需时间
每名员工诉讼备案/诉讼成本	
由于事故损失的时间	薪酬总额占收入或现金流的比例
损失的工作天数	薪酬总额占总收入的比例
不同顾客满意程度的关键人力资源管理流程周期时间的测量指标	每名员工的总薪酬费用
	总体人力资源投资/收入
每种招募渠道的求职人数(按性质和关键职位分类统计)	各招募来源的人员流动率
	人员流动成本
激励薪酬的差别(低绩效员工与高绩效员工)	各职类和工作绩效水平的人员流动率
	可变劳动成本占可变总收入的比例
由于安全事故损失的天数	工伤赔偿成本
每种招募渠道的录用人数(按性质统计)	工伤赔偿发生率
适当的招聘广告的数量	与行业指数相比的员工成本比例
安全培训和教育活动的数量	每个生产单位的员工成本
	每名员工的员工投资(所有相关成本)

表 4—3 适当的一致性形式的测量指标

关键问题：我们的人力资源活动与企业战略相适应吗？我们的人力资源活动对不同的职位是否有适当的差异？	
通过学习计划阐明顾客期望的程度 员工对他们自己的绩效负责的程度 员工因符合要求的行为而得到奖励的程度 员工认为绩效管理系统主要是用于决定晋升和提级/奖金的程度 员工能对与其自身发展计划有关的挑战程度和内容产生影响的程度 员工觉得绩效评价标准具体、有挑战性和公平的程度 员工拥有现成的获取所需信息和知识的途径的便利程度 员工对绩效评价过程与他们的薪酬之间明确联系的了解程度 员工对绩效管理系统与企业战略之间明确联系的了解程度 员工对整个绩效管理过程对他们期望的了解程度 人员雇佣、评价和薪酬活动想获得、奖励知识创造与分享的程度 在获得软资产之前人力资源部在获得软资产方面所做的努力程度 人力资源部帮助建立必需的领导胜任力指标的程度 人力资源领导在潜在候选人选拔初期参与工作的程度 人力资源测量系统被视为可信的程度 信息得以有效传达给员工的程度 奖励水平与成绩水平相匹配的程度 大多数员工认为绩效评价过程公平的程度 对在人员招募、配置和绩效管理等方面反映员工胜任能力的要求程度 一般员工对其本职工作如何影响企业成功的了解程度 一般员工对其本职工作如何影响顾客对公司产品及服务的满意度的了解程度 一般员工对其本职工作如何影响财务成果(例如赢利率和股东价值)的了解程度 一般员工对其本职工作如何影响关键业务过程(例如周期时间和质量)的了解程度	企业的组织设计(例如构成职位和工作的方式)支持其战略的有效程度 企业的人员培训与开发计划支持其战略执行的有效程度 绩效管理和评价过程促成战略执行所需要的员工行为的有效程度 企业为人员雇佣、开发、管理和奖酬工作而开发一套行为素质标准的程度 外部(与企业战略)一致性指标 关于直线高级管理人员(和直线经理)对人力资源职能一致性看法的调查研究结果 人力资源工作人员对人力资源“工具包”一体化的理解(通过实践来实践) 人力资源实践活动之间一致性指标 人力资源政策和实践的一致性指标 内部人才实力:每个空缺职位可得到的人才比率 直线经理对薪酬结果的满意程度 直线经理对文化变革创新的满意程度 直线经理对高级管理人员开发结果的满意程度 直线经理对绩效管理结果的满意程度 直线经理对人员招募和雇用结果的满意程度 直线经理对人员培训结果的满意程度 直线经理对人力资源战略与业务战略一致性的反馈(调查得分) 直线经理对新员工的满意程度 顾客满意度等级与奖金发放之间的相关程度 管理层对人力资源对组织变革活动所作贡献的满意程度 人力资源领导用于解决人力资源职能一致性问题的时间比例 所提供的人员培训内容的质量 “A”绩效员工对薪酬的满意度 在执行一致性创新活动方面的成就 企业培养与其业务需求相符的领导人才的程度 企业薪酬和奖励政策支持其战略执行的程度

一致并且以一种有意义的方式相互连结起来也是非常重要的。由于人力资源活动通常是由人力资源部内部的各个下属职能部门独立开展和控制的，因此，我们不能指望那些活动会以一种对员工有意义的方式一起发挥作用。例如，最近，一位人力资源领导者告诉我们：他很难让他的福利总监与他的薪酬总监合作共事！在这个企业里，很难想象福利和薪酬计划会共同配合为员工和股东创造实际价值。

人力资源管理活动之间不配合或者目标不一致通常不是经理人员主观上无能的结果。我们确信，目标不一致是组织中自然发生的一种现象。如同社会系统中的熵一样，随着时间的推移，管理系统通常会陷于混乱，虽然它们开始的时候非常一致。因此，建立一种有效的一致性，需要经理人员始终保持监控。

例如，我们来看看图 4—2 中描述的一种情况。一个企业最近采取了一种专注于与顾客建立紧密关系的竞争战略。该企业认为这个战略将要求缩短周期时间和有更快的顾客响应速度，尤其是在 R&D、采购、开单、销售以及服务等业务领域。基于彼得·圣吉(Peter Senge)的著作中提出的工作流程系统分析，该企业认为，广泛的团队运动对于其新战略的成功至关重要。[5]

基于该企业以往的工作内容，其工作说明书的内容范围很窄。例如，一个会计只做会计结算工作。因此，员工的录用和晋升也是基于个人的技能，也就是说，员工是个人贡献者。与这种情况一致，绩效管理和薪酬系统也是与个人的而非团队绩效目标连在一起的。

毫不奇怪，该企业的许多员工经历了一个非常艰难的过程才完成了状态调整，能在一个基于团队的环境中有效工作。事实上，我们发现，有些以往曾得到过很高评价的员工在后来这个新环境中得到了非常差的绩效评价等级。

也可以将同样的逻辑延伸去评价在这个企业中可能采用的人力资源测量指标的类型。在前述的这个例子中，负责该企业人员招募工作的经理对某个预算数字负责，例如，每雇用一个人的成本。因此，招募经理会极力争取新员工雇佣过程中的效率和成本效益，并且以目前市场工资率雇用组织目前所需要的技术人员。这种战略的直接结果是，新员工可能不具备被提升到比目前职位高一两级的职位所必需的胜任能力。结果，该企业的培训精力和预算将会被转向保证该企业拥有具备晋升潜质的员工基础，而不是提高高层次员工的技能。结果，这些具有高潜力的员工就会更可能离开该企业，因为他们在这里得不到在别的地方可能得到的快速开发。因此，该企业必须提拔低于标准的候选人，或者再从企业外部去雇用新的员工。结果，第三个影响就是，不仅因为缺乏具有晋升潜质的员工，而且因为高潜质员工流动率提高（通常由于缺乏明确的晋升机会，他们在与外部候选人竞争），因而该企业必须增加其人员招募工作和预算才能对付企业各层次新增的人员招募需求。此外，该企业可能同时必须增加企业各层次的培训活动。

图 4—2　失败的原型：团队的采用

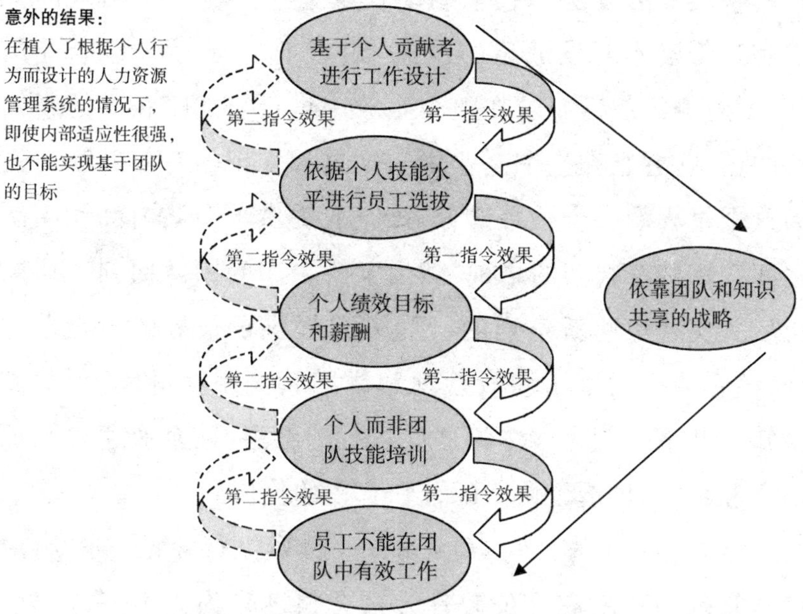

这里接下来是什么情况呢？该企业的确达成了很高的内部“适应”程度，其现行的所有政策和做法一起促成了一种平衡的结果——生产出不符合需要的结果。实际上，这个系统包括很多不同的平衡和反馈环，即第一指令效果和第二指令效果，因此，要使其中发生一种重大变化是很难做到的。我们将这种状况称作“失败的原型”。这说明了这样一个事实：它们一般是发生系统，我们经常会遇到它们。

在一个企业的工作系统“齐心协力”创建一种配合或协同方式的情况下，可能会逆转这些负面的协同或错误的一致性。例如，在很多企业里，我们目睹了转变为“溯流而上”的战略的过程。这种战略要求将该企业的知识和智力资本当作一种关键的成功要素来调动。设想一个建立了明确的知识和智力资本开发战略的企业,如图 4—3 所示。该企业信奉"学习型组织",要求在整个企业中进行与战略相关的新知识的创造,并且在整个企业中实现这种知识的有效共享。作为这个过程的一个核心部分,该企业提供了团队内部和团队之间知识共享技巧的培训,然后又为员工和团队回到工作岗位后去实践这些新学到的行为方式提供了很好的机会。此外,该企业还改革了绩效管理和激励薪酬制度,以认可和奖励知识共享的行为。作为这些过程的结果,该企业通过知识共享和提高,创造了协同配合和真正的价值。

例如,在昆腾公司(Quantum,计算机行业的一个制造商),管理团队用有价值的行为这个概念作为人力资源部门的一套组织原则。[6] 在硬驱动器行业,产品周期是非常短暂的。因此,昆腾公司的一个关键战略目标就是要最大限度地缩小所谓的时间容量,也就是从产品概念到符合客户需求的容量的产品发货之时所需要的时间总量。人们发现,在这个行业中,比较典型的测量指标——投产时间——有某些无意识的负面结果,因为工程师会走捷径以符合限定投产时间。这导致产品一发货便发现有制造或设计缺陷。昆腾公司的方法的重要之处在于,该公司建立了一种支持其核心价值行为的人力资源管理实践系统。而这反过来又有利于减少时间容量。这种系统鼓励经理人员在满足公司客户需求的同时,培养员工和从长远的观点看待企业成功。正如昆腾公司一位高级经理所说:"在你身后留下一大堆死尸的时候,你通常不可能直接得到结果。"

所有这些例子的共同要素是,存在着平衡环。它强化,并且在很多情况下放大初始行动的影响。也就是说,这种系统非常难以改变,而且该系统的一两个要素中的边际变化也不可能导致理想的结果。相反,这种"系统动力"也可以以有利于企业的方式发生作用,创造一种非常难以复制且也难以匹敌的第一原动力优势。的确,根据我们的实验研究和咨询经验,我们始终发现,最有效的企业能提高内部以及外部的适应性,创造独特的能力(亦即竞争对手非常难以战胜的能力)。

图 4—3　成功的原型:知识管理战略

预期的结果:
利用一致的、一体化的、差异化的员工战略,团队人力资源职能帮助企业提高人力资本

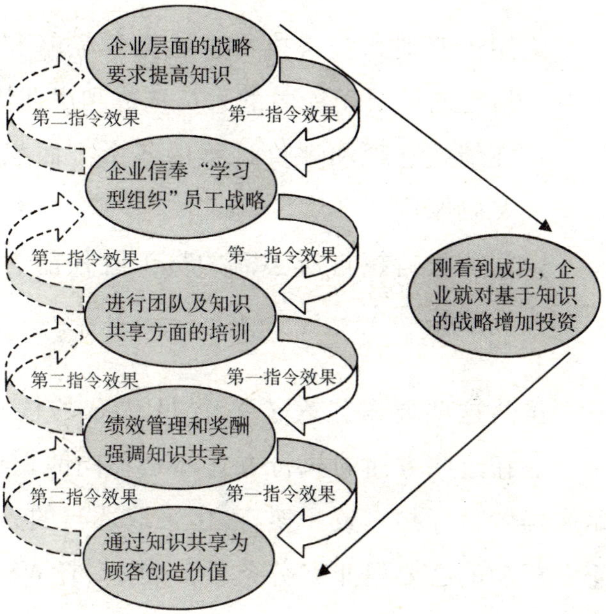

员工

适当的人力资源实践

经理人员在人力资源实践方面必须提出的关键问题是：我们在整个企业中是否已经设计和执行了世界级人力资源管理政策和活动？虽然这个问题看起来很基础，但企业员工管理质量实际上有很大差别。例如，过去十年来，我们进行了一系列实验研究，专门研究企业人力资源管理系统质量评估，这种系统与企业战略取得一致的重要性，以及这种系统对公司财务绩效的影响。[7] 结果很明确：设计和有效执行一个高绩效的工作系统（HPWS）可以对企业绩效产生经济上和统计上的意义。在我们的研究中，我们始终看到，以下要素影响着员工流动率、生产力、赢利率和股东价值：

- 用于鉴别和获得执行企业竞争战略和实现经营目标所必需的员工能力的人员选拔和雇佣活动
- 在绩效管理和评价过程的各个方面强化战略执行的奖励制度
- 强调战略执行所必需的员工胜任能力培养的人员开发战略

虽然这些要素代表了一个 HPWS 的核心方面，但是各个企业在这些方面的执行方式却是不同的，与每个企业的战略和经营目标相一致。换言之，采取适当的人力资源实践是企业成功的必要但非充分条件。确定 HPWS 的这些要素得到有效落实，操作得当，并完全适应战略要求，也是至关重要的。在表4—4中可以看到人力资源实践的测量指标范例。

关于这一点,我们一直在强调,投资建立一个适当的、协调一致的人力资源管理系统可以有助于创造一种能驱动企业成功的战略能力。战略能力(我们在第一章提出的一个概念)由速度、人才、学习、创新、共同心态和责任组成。我们的分析表明,具有高水平战略能力的企业,在工作系统设计方面做得更好,有更有效的人员培训和领导力开发方法,更有可能清晰地说明其所寻求的各种员工胜任能力。我们也研究了具体的人力资源管理实践对形成企业战略能力的影响。正如我们在表4—5中所说明的,与低能力的企业相比,高能力的企业对直接与其战略执行相联系的人力资源管理实践的投资水平更高。

表4—4　适当的人力资源实践测量指标

关键问题:我们在整个企业中是否已经设计和执行了世界级人力资源管理政策和活动?	
高绩效员工与低绩效员工在绩效奖励报酬方面的平均差别 员工提案的平均经济价值(NPV) 根据职位分类和职位绩效所给予的平均绩效增资额 经理人员对员工提案作出回应的平均时间 目前"A"绩效员工的总薪酬在薪酬排序中所处的百分位 目前"C"绩效员工的总薪酬在薪酬排序中所处的百分位 员工获取帮助决策的业务信息的程度 以一种有效的胜任能力模型为员工雇用、开发、管理和薪酬的依据的程度 为"A"职位补员与面试人数之比率(人员选拔率)	最近几年(如过去5年)中补充了人员的非入门级职位的比例 由员工推荐人员补员职位的比例 包含各种形式的可变薪资在内的平均员工总薪酬(工资+福利)的比例 被精确地评估为"A"绩效员工和"C"绩效员工的员工比例 根据绩效评价确定其绩效增资额或奖励薪资的员工的比例 理应享受年度现金(延期奖励薪资计划)和/或成果分享计划的员工的比例 被纳入为传达极为重要的业务和经营目标而制定的一种正式的信息分享计划的员工的比例 定期(即每季度或每年)通过正式的绩效评价得到评价的员工的比例

表 4—4　适当的人力资源实践测量指标(续)

客户对人员雇佣过程的满意度 "A"职位"C"绩效员工淘汰率 "B"职位和"C"职位的"C"绩效员工淘汰率 所有的绩效评价包含具体的、书面的发展计划的程度 "A"绩效员工在总薪酬市场上的百分位 企业薪金与竞争对手薪金的比率 企业为"A"职位设定的总薪酬目标百分位 企业为"B"职位设定的总薪酬目标百分位 企业为"C"职位设定的总薪酬目标百分位 员工调查和反馈的频率和质量 人力资源工作人员/员工总数 员工发展创新活动对特别必需的能力及行为的影响 激励薪酬的差别(低绩效员工与高绩效员工) 为"A"绩效员工提供的职位被拒绝(或被接受)率 跨职能团队的数量和质量 每年绩效评价讨论的次数和质量 用以开发高潜力员工的"特殊计划"的数量和种类 每个空缺的战略型职位候选人的数量 每个新员工在入职第一年一般接受培训的小时数 每个有经验的员工每年一般接受培训的小时数 就最重要的职位雇用而言,每雇用一人可供选择的合格候选人数量 每位员工提出改进(或得到实施)的提案的数量 所提出的和/或实施的提案的数量 理应享受年度现金、延期奖励计划或利润分享计划的豁免类与非豁免类员工的比例 主要基于有效的选拔方法选拔出的所有新员工的比例 每年提升的"A"绩效员工的比例	拥有本公司股票份额的员工的比例 从多种渠道(例如上司、下属和客户)得到有关工作绩效的正式反馈的员工的比例 由正式的绩效评价结果决定的绩效薪资的比例 能得到适当的培训和发展机会的员工的比例 落实了的员工发展计划的比例 每年培训计划中的新资料的比例 提出提案的员工的比例 具备超出其目前职位职责或职能要求的经验的员工的比例 可提升的员工的比例 按时完成绩效评价的比例 对所有员工一致且公平的待遇的比例 新员工的绩效 所实现的有计划的发展机会 其日常工作作为自我管理的、跨职能的或项目团队的组成部分的员工的比例 可变薪资占豁免类和非豁免类员工总薪酬的比例 用于多技能培训的培训资源的比例 用于外包活动(例如人员招募和薪资发放)的人力资源预算的比例 令人遗憾的人员流动的比例 高绩效的关键员工的保持率 风险薪金的比例 作为绩效考核的结果,高绩效员工通常可望得到的绩效增资的比例 作为绩效考核的结果,低绩效员工通常可望得到的绩效减资的比例 缺勤的比例 内部调动的比例 人员招募渠道所提供的求职者的质量 教练和辅导活动的质量 员工反馈系统的质量 绩效评价等级范围(分布) 按职类给予绩效增资的范围 关键职位上的"A"绩效员工的保持率 非核心职位上的"A"绩效员工的保持率 人员选拔比率:每雇用一人的合格求职者人数

表 4—4 适当的人力资源实践测量指标(续)

每年提升的"C"绩效员工的比例 了解非物质绩效驱动因素的员工的比例 执行不确定绩效工资的员工的比例 有职业发展计划的员工的比例 配备了"A"绩效员工的"A"职位的比例 所有参与了 360 度反馈的员工的比例 用于对员工进行战略教育的通讯预算的比例 "A"职位上的临时合同(被外包了的)员工的比例 "C"职位上的临时合同(被外包了的)员工的比例 愿意将本企业作为一个很好的工作地点推荐给友人的员工的比例 用于进行辅导和训练的时间的比例 基于有效的选拔测试(即能力测试、技能测试或工作样本测试)的结果挑选出的新员工的比例	高级经理人员和董事会成员的多元化 外部雇用的成功率 提案制度和反馈程序 新员工胜任工作的时间 "A"绩效员工的提升时间 "C"绩效员工的提升时间 "C"绩效员工的总薪酬市场百分位 高潜力的少数民族候选人流动率 失业保险经验费率

适当的人力资源专业人员

前述分析的含义是,一个设计和执行得当的员工管理系统,特别是与企业战略保持一致的员工管理系统,会通过改进企业战略能力对企业绩效产生重要影响。但是,世界级的人力资源管理系统并没有就此出现,它们要由对本企业战略和目标、人力资源管理领域以及有关的社会科学领域都有深入了解的人力资源专业人员来建立。因此,高级领导者必须提出的问题是:我们的人力资源专业人员具备设计和执行世界级人力资源管理系统所必需的技能吗?我们如何才能保证拥有了解和理解本企业,以及理解与该职业有关的"人力资源基础"的人力资源专业人员队伍。

表 4—5 高战略能力水平企业与低战略能力水平企业的人力资源系统的比较

	战略能力最低的 25%	战略能力最高的 25%
就你企业(或业务单位)雇佣活动最频繁的 5 个职位而言,在人员招募过程中,每个职位带来多少合格的求职者(平均计算)?	26.40	38.42
主要基于有效的选拔测试(即能力测试,技能测试或工作样本测试)结果选拔出来的新员工,在所有新员工中占多少比例?	12.99	14.79
每位新员工在入职第一年一般接受多少小时的培训?	38.72	122.32
多位有经验(即受雇一年以上)的员工每年一般接受多少小时的培训?	16.42	45.22
多少比例的员工定期(即每季度或每年)通过正式的绩效评价得到评价?	72.22	87.07
多少比例的员工从多渠道(例如上司、下属、客户)得到有关绩效的正式反馈?	16.84	51.83
如果认为总薪酬(工资+福利)的市场比率为第 50 个百分位,那么,你企业总薪酬的目标百分位是什么?(如果你通常按市场比率支付工资,计为第 50 个百分位。)	47.68	55.59
多少比例的员工理应享受年度现金(延期激励薪酬计划)、利润分享计划和/或成果分享计划?	44.69	72.35
各种形式的可变报酬(绩效工资和一次性奖金)占平均员工总薪酬(工资+福利)的多少比例?	16.97	35.73
多少比例的员工被纳入到为传达关键业务和经营目标的完成进展而设计的正式信息共享计划(例如内部通讯或定期会议)?	77.99	84.57
多少比例的员工拥有本公司股票份额?	13.82	44.07
多少比例的员工将日常工作作为自我管理、跨职能或项目团队的组成部分?	9.03	44.88
多少比例的人力资源职能预算被用于外包活动(例如人员招募、工资发放)?	8.90	14.97

这些都是很重要的问题。研究已经发现，拥有能力较强的人力资源管理专业人员的企业的财务绩效要好得多。马克·休斯理德、苏珊·杰克逊和兰德尔·舒勒通过对293家大型公众持股企业样本的考察，研究了所谓技术性人力资源效力（为企业提供人力资源职能要素的能力）和战略性人力资源效力（能够执行企业战略的人力资源管理系统的设计和执行）对企业绩效的影响。[8] 结果发现：在他们研究的样本企业中，人力资源部经理精通技术的程度大大高于精通其角色的战略要素的程度，但正是战略性人力资源管理效力对员工生产率、企业现金流以及市场价值具有最大影响。战略性人力资源管理效力的影响具有重大的统计学和经济学意义。

休斯理德、杰克逊和舒勒所确定的战略性与技术性人力资源经理能力的差距（35%以上）主要是由人力资源经理自身的能力所决定的。这种能力差距大部分可能是知识差距。萨拉·赖尼斯（Sara Rynes）、艾米·科尔伯特（Amy Colbert）和肯·布朗（Ken Brown）研究了959名人力资源专业人员对基本的人力资源研究成果的了解程度。[9]（这些是人力资源管理领域所依据的研究基础，并且在大专院校的人力资源概论性课程中可能都有介绍。）他们的研究结果令人吃惊。赖尼斯及其同事给一般人力资源经理（因为是自愿参加研究，因此与那些对调查研究不做回答者相比，他们对答案应当有更深刻的理解）对35项人力资源管理基础研究成果的了解程度评为“D”等。我们在表4—6中说明了赖尼斯及其同事所提问的问题。

表 4—6 赖尼斯、科尔伯特和布朗(2002),人力资源专业人员在基本研究成果方面的知识

	答案(正确的%)
管理实践	
1. 由于好的领导者是天生的而非塑造的,因此领导力培训是无效的。	错(96%)
2. 对一个有效的领导者,最重要的要求就是要具备开朗、热情的个性。	错(82%)
3. 一旦员工掌握了如何完成某项工作任务,他们在被告知"尽全力去做"时,就能比在接受具体、有难度的绩效目标时工作得更好。	错(82%)
4. 有愿景说明的公司的绩效比没有愿景说明的公司要好。	错(62%)
5. 专业人员流动率很低的公司比专业人员流动率适中的公司赢利能力更差。	错(62%)
6. 如果一个公司觉得必须裁减员工,那么最有利的裁员方式就是有目标地削减人员而不是消耗人员。	对(54%)
7. 对于人力资源经理人员来说,为了顺利地得到直线经理的评价,最重要的能力就是管理变革的能力。	对(50%)
8. 一般来说,鼓励员工参与决策对改进组织绩效比对设定绩效目标更为有效。	错(18%)
一般性雇佣实践	
9. 大多数经理人员给员工作出的绩效评价低于其客观上应得的评价。	错(94%)
10. 绩效不佳者对其绩效的看法通常比绩效优良者对其绩效的看法更现实。	错(88%)
11. 由来自不同职能领域的人组成的团队在处理复杂问题方面比由单一职能领域的人组成的团队能得出更好的解决方案。	对(88%)
12. 尽管药物测试已普及,但仍没有明确的证据表明药物测试结果为阳性的求职者是更不可靠或生产率更低的员工。	错(57%)
13. 大多数人过高地评价自己在工作中的表现。	对(54%)
14. 绩效评价重点的大多数错误都可以通过提供培训(说明经理们通常会犯的各种错误并提出避免错误的方式)来消除。	错(25%)
培训与员工发展	
15. 讲座式的培训通常比其他培训形式更好。	错(96%)
16. 比较老的成年人在培训中学到的知识比比较年轻的成年人更多。	错(68%)
17. 决定经过培训的员工会将多少知识实际用于本职工作的最重要因素是,他们在培训期间学到了多少知识。	错(60%)

18. 以一次性集中培训的方式进行简单的技能培训比在一段时间内分几次进行简单的技能培训更为有效。	错(59%)
人员配置	
19. 最有效的雇佣面试是围绕每个候选人的独特背景而设计的。	错(70%)
20. 虽然人们用许多不同的术语来描述个性,但实际上只有四种基本的个性维度,如MBTI(Myers-Briggs Type Indicator)所列出的那样。	错(49%)
21. 一般来说,由工作广告招来的求职者可能比其他员工推荐的求职者的流动率更高。	对(49%)
22. 就在低技能职位有效地完成工作任务而言,非常聪明实际上是一种缺点。	错(42%)
23. 在预测求职者可能的工作绩效方面,各种个性盘点测试之间的区别非常小。	错(42%)
24. 虽然有"诚实性测试"(试图预测被试者是否会偷盗、缺勤或有占雇主便宜的其他行为),但它们在实践中都不管用,因为太多的人在测试中撒谎。	错(32%)
25. 采用诚实性测试时的一个问题是,它们对少数民族的人有很高程度的不利影响。	错(31%)
26. 一般说来,尽责性是一个比智力更好的工作绩效预测因子。	错(18%)
27. 根据价值观来筛选求职者的公司比根据智力来筛选求职者的公司绩效更高。	错(16%)
薪酬与福利	
28. 在必须降低或冻结薪资的情况下,只有很少的公司能够做到降低员工的不满和失调行为。	错(72%)
29. 大多数员工更喜欢获得基于个人绩效而非基于团队或组织绩效的薪酬。	对(81%)
30. 绩效薪资制度引起很多问题,因此不采取绩效薪资制度的公司一般比采取绩效薪资制度的公司的绩效更好。	错(66%)
31. 获得基于组织绩效的激励薪酬的经理人员的比例,与公司赢利能力之间存在着一种正相关关系。	对(62%)
32. 如果所有员工都接受基于组织绩效的激励报酬,则新公司有更好的生存机会。	对(59%)
33. 在绩效评价过程中谈论薪金问题通常会损害士气和未来绩效。	错(51%)
34. 大多数员工更喜欢可变薪酬制度,例如奖励方案,成果分享,优先购股权,而非固定薪酬制度。	错(40%)
35. 在调查中直接问员工薪酬对其有多么重要,可能导致过高评价薪酬在实际决策中的真正重要性。	错(35%)

资料来源:Sara Rynes, Amy Colbert, and Kenneth Brown,"HR Professionals' Beliefs About Effective Human Resource Management Practices: Correspondence Between Research and Practice,"*Human Resource Management* 41, no.2(2002):149-174。

我们为什么会看到这样的结果呢？毫无疑问，部分原因与院校在向经理人员传授其研究成果时的教学质量不佳有关。不过，这种状况的确也表明了人力资源领导者的一个重大差距和一个具有潜在机会的领域。虽然大多数企业几乎不可能雇用没有经过会计专业培训的会计人员、没有经过工程学培训的工程师或者没有经过市场营销专业培训的市场专业人员，但是，在人力资源职业中，具有人力资源管理专业研究生学位甚至大学学历的人力资源专业人员却属于“少数民族”。人力资源管理领域有大量的并且不断增长的专业知识，对于许多企业来说，保证让人力资源经理了解该领域的最新发展是一个重要的改进机会。在表 4—7 中，我们可以看到人力资源工作人员胜任能力测量指标范例。

表 4—7　人力资源工作人员胜任能力测量指标

关键问题：我们的人力资源专业人员具备设计和执行一个世界级人力资源管理系统所必需的技能了吗？	
人力资源专业人员激励员工的有效程度	人力资源领导者的基本实力
人力资源专业人员促进变革的有效程度	每名招募员工的生产率
人力资源专业人员在提供卓越的人力资源职能服务方面的有效程度	管理层对人力资源职能对组织变革活动的贡献的满意度
人力资源专业人员作为直线经理的战略伙伴的有效程度	每位人力资源专业人员参加人力资源专业开发活动的天数
人力资源经理在有效的 360 度胜任能力评价中的得分等级	用于“为人力资源职能部门开发人力资源”(对人力资源工作人员的专业开发)的人力资源职能预算的比例
人力资源工作人员对人力资源“工具”整合重要性的理解程度(调查反应等级)	具有人力资源专业研究生学位的人力资源专业人员的比例
人力资源工作人员进行人力资源“工具”整合的比例(通过不断地实践)	具有 PHR 或 SPHR 资格证书的人力资源专业人员的比例

Big Pharma 公司人力资源记分卡的设计

现在，我们再来设计和执行 Big Pharma 公司(本书第三章开始引用的案例)的人力资源记分卡。显然，Big Pharma 公司希望建立一支具有良好胜任能力的员工队伍，以帮助落实其战略。该企业的整体员工战略是：通过开发有助于淘汰绩效差的员工和增加对“A”职位的“A”绩效员工的投资所必需的测量工具，建立一种高绩效文化。Big Pharma 公司所需要的技能结构也在变化。对遗传学的关注意味着该企业将需要更多、更好的具有相关技能的科学家和更少具有“老”技能的科学家。与工程学很相像，药物科学领域的知识能力也有一个 5 年到 7 年的半衰期。而且，在 Big Pharma 公司，甚至进行 R&D 的方式也在发生变化。由于所谓 e-R&D(即分散的、虚拟的团队在全世界进行化合物开发)的发展，Big Pharma 公司开始认真地重新思考其发明模型。结果，Big Pharma 公司的 R&D 正变得越来越全球化和分散化。这些要素都突出了对一种灵活的并且与企业需求完全一致的人力资源管理系统的需求。

Big Pharma 公司员工成功的测量

正如我们在第三章所述，Big Pharma 公司的战略要求它缩短 R&D 周期以保持竞争优势。Big Pharma 公司的管理团队也受到来自在当前经济环境中承受员工开销的挑战。在这个战略执行过程中的问题是，投资与回报之间存在一个长期的差距。经理人员在面对降低成本的压力时，常常以削减员工发展投资作为应对策略。这可能会对 Big Pharma 公司在长期经营中由其商业模式形成的能力具有重大的不利影响。对于 Big Pharma 公司来说，要在未来取胜，必须在今天有效地投资于适当的员工技能开发。

Big Pharma 公司的领导团队成员知道，他们必须实现信息超载与对保持员工关注企业关键目标的需求之间的平衡。因此，他们为每个"A"职位创建了指标，表明员工记分卡上四要素中的每个要素的目标达成程度。如同我们在第五章将要详细阐述的那样，一个指标的优点在于，它能将可能有非常难测量的数值的变量转变为一种从零到一百的格式。然后，就可以根据管理层认为最能表达企业目标和需求的方式，对这些数据加以平衡，或给予不同的权重。Big Pharma 公司创建了以下指标：

R&D 成功指标。这个测量指标由以下标准化变量的平均值构成：(1)所生成的进入第一阶段临床试验的新化合物的数量；(2)治疗领域知识的深度和广度；(3)新发现和开发技术的引进；(4)从发现到进入第一阶段临床试验的周期。

制造成功指标。这个测量指标由以下标准化变量的平均值构成：(1)质量指标；(2)订单执行率；(3)标准成本绩效；(4)流动资本比率；(5)耗时工伤；(6)停工；(7)生产率。

销售成功指标。这个测量指标由以下标准化变量的平均值构成：(1)治疗领域或药物等级的市场份额；(2)新处方与处方总数与限额;(3)产品及竞争对手知识的全面性;(4)与医生通话5分钟以上的销售电话;(5)样品生产率。

Big Pharma **公司员工成本的测量**

从高级经理人员(和股东)的观点看,有关的员工成本是总成本,而不只是与人力资源职能有关的成本。这是一个重要的区别。因为在大多数企业,高级人力资源经理要对符合预算负责;并且,他们如果能够形成积极的预算变化,即能为公司节省钱,往往能得到奖励。如果这样做的结果是形成一支低素质的员工队伍,就可能导致严重的、意外的后果。从最低限度上看,如果将员工成本由人力资源职能部门转到直线经理(他们必须最终处理与不良绩效相关的成本),它可能直接导致一种错误的节省。

不仅如此,我们还必须保证用我们的测量指标能够鼓励经理人员更多地将投资用于为"A"顾客服务的"A"职位的"A"绩效员工。在Big Pharma公司,这意味着要测量其用在高潜质或"A"绩效员工(与低于平均或"C"绩效员工相反)身上的培训和开发预算比例。他们知道,这是一个重要的问题,因为离职面试已经确定,高潜质员工离开该企业的一个关键原因就是,他们不认为自己的工作是有挑战性的或自己的技能会很迅速地得到发展。因此,Big Pharma公司收集了以下员工测量指标:

每位"A"绩效员工的雇佣成本。许多企业都会测量每雇佣一人的成本。的确,这通常是一个测量人力资源职能部门

绩效的关键指标。但是,如前所述,这个测量指标可能会产生适得其反的结果,因为它可能导致企业去专注降低成本而不注意新员工素质。Big Pharma 公司将关注点放在每位"A"绩效员工的雇佣成本上,这有助于招募经理有效地控制其雇佣工作的预算,同时也有助于他们保证挑选出最优秀的新员工。

使新员工具备胜任能力的总成本。在 Big Pharma 公司,每位"A"绩效员工的雇佣成本测量指标的范围是其为使新员工具备胜任能力的总成本。这个测量指标不仅包括每雇佣一人的成本,也包括帮助该新员工胜任其新职位所需的总成本。这些成本包括上手工作以及工作同化的相关成本。但更重要的是,帮助新员工具备胜任能力的在岗培训的直接和间接成本。

用于"A"职位人员的招募预算比例。Big Pharma 公司的经理人员认识到,他们对将"A"绩效员工放在"A"职位越来越关注,这需要对其人员招募的支出和精力进行重新分配。以往,Big Pharma 公司是根据职位在组织中的层级而非战略重要性来分配资源。

人力资源服务质量指标。Big Pharma 公司的人力资源领导团队设计了两个简短的调查来测量客户满意度。一个调查是重点了解员工对人力资源职能部门在帮助和回应他们的需求方面的评价;另一个则是针对管理人员,重点了解管理人员的需求得到满足的程度。每个调查都是通过电子邮件来进行的,每月一次将调查问卷发给随机抽取的一些员工。虽然每位员工每年只被调查一次，但每月都可以收集信息。Big Pharma 公司能对任何问题作出回应并且能比较有效地了解问题解决进程。

已经有效地转为自助式服务的人力资源事务的比例。Big Pharma 公司的人力资源领导团队已经确定将 eHR 作为节省经费的一个关键手段，并且密切跟踪了解一般人力资源事务（例如福利管理）自动化的程度。

将一个个指标组合起来——Big Pharma 公司的一致性测量

Big Pharma 公司也知道，拥有"适当的"人力资源政策和实践还不能保证它们自动地以与企业战略一致的内部兼容方式共同发挥作用。因此，Big Pharma 公司基于来自人力资源工作的关键支持者——直线经理和人力资源经理——的数据创建了内部和外部一致性指标。图 4—4 提供了这些测量指标范本。[10]

图 4—5 是外部一致性测量指标的一个范本。内部一致性指标基于从所有员工那里收集的数据，而外部一致性指标的数据则是从经理人员那里收集来的。正如每个表的图例中所描述的，回答者（员工和经理人员）完成该表格，每张表得出一个总分，然后计算各表平均得分，形成一个一致性指标。它将用于说明员工具备实现其具体战略目标所必需的技能、动机和工作环境（包括文化和心态）的程度。

图 4—4 诊断人力资源管理活动之间的"适合性"(内部一致性)

请在下表中填写你对各种人力资源子系统间协调或相"适应"的程度的主观评估。将适合度和内部一致性的程度看作是一个从−100 到 100 的闭合区间,并给每种关系赋予该区间的一个数值。该区间的两个端点和中点的含义如下:

−100 两个子系统工作目的不一致

0 两个子系统间有很小或没有互相影响

+100 每个子系统互相强化

DNK 不知道或没有看法

	招募与选拔	培训与开发	绩效管理与评价	薪酬与奖励	心态与文化
招募与选拔	—				
培训与开发		—			
绩效管理与评价			—		
薪酬与奖励				—	
心态与文化					—

资料来源:Adapted from Brian E. Becker, Mark A. Huselid, and Dave Ulrich, *The HR Scorecard* (Boston: Harvard Business School Press, 2001), 137。

图 4—5 诊断人力资源体系结构与人力资源传导机制的"适合性"(外部一致性)

这个测量过程要求每位回答者评价各种与人力资源传导机制相对应的战略驱动因素的激活程度,分数区间为从−100 到+100。该区间的两个端点和中心的含义举例如下:

−100 该维度对你实现这个目标完全没有帮助

0 该维度对你实现这个目标的能力有很小或没有作用

+100 该维度极大地帮助企业实现这个目标

战略目标	员工技能	员工积极性	心态与文化
1. 通过缩短 R&D 周期和有效许可外部化合物采购,增加新产品渠道			
2. 增强销售队伍的市场营销能力和交叉销售			
3. 加快药品通过批准程序的速度			
4. 提高制造功效——零缺点			

资料来源:Adapted from Brian E. Becker, Mark A. Huselid, and Dave Ulrich, *The HR Scorecard* (Boston: Harvard Business School Press, 2001), 140。

Big Pharma公司人力资源实践的测量

有效的战略执行要靠适当的人力资源政策和实践系统去进行员工招募、选拔、开发、评价、薪酬、安置、晋升或淘汰。基于对本企业需求的详细分析，Big Pharma公司围绕员工一致性，为三类“A”职位——销售员、制造人员和R&D科学家——确定了战略选择重点排序。Big Pharma公司将这些宽泛的目标转化为以下具体的人力资源测量指标：

*用有效的选拔工具雇佣的员工的比例。*大多数企业主要根据简历筛选和由雇佣经理进行非结构性面试来作出选拔决定。然而，有大量文献说明，这是一种非常无效的人员选择决策方式。但是，如果加上比较简单而有效的选拔工具，可能对员工成功和生产率产生重大影响。[11]认识到这一点，Big Pharma公司的人力资源领导团队开发了一套有效的人员选拔测试和结构性面试指南，然后跟踪了解经理人员在作雇佣和晋升决策时使用这些工具的情况。

*有绩效发展计划的经理人员的比例。*历史上Big Pharma公司对绩效管理不是很积极。虽然该企业明文规定，员工每年必须接受绩效评估，但经理人员通常认为这一种行政管理演习，只有很少人严肃对待之或圆满完成之。Big Pharma公司的新方法是，进一步强调从绩效评价到绩效管理，并且开始让经理人员承担有效开发下属的责任。这个指标是这个过程中的第一步。

“A”绩效员工与“C”绩效员工之间薪资差别的比例。

Big Pharma 公司由于过去对绩效管理做得不够积极，当然也就不能有效地管理其奖励薪酬。对于中层及以上的经理人员来说，Big Pharma 公司高绩效员工和低绩效员工之间的奖金差距只有 3%左右。现在，Big Pharma 公司领导团队希望拉大薪资差距并且基于有效的绩效管理系统来确定这种差距。

创建有效的胜任能力模型的比例。Big Pharma 公司的人力资源领导团队建立并验证了一种胜任能力模型，并且打算将它用作工作设计、人员选拔、开发、绩效评价以及薪酬决定的基础。这个测量指标反映了这些胜任能力被有效地嵌入该企业关键人力资源职能程序的程度。

Big Pharma 公司人力资源经理胜任能力的测量

如果没有一个具备胜任能力的人力资源专业人员团队，就不可能设计和执行一个有效的人力资源管理系统。Big Pharma公司人力资源领导团队认为，最低知识水平是每个人必须具备的，但是，各个领域的专家对于本企业的持续成功是至关重要的。在人力资源职能部门，并非每个人都能成为成功的变革引导者或直线经理的战略合作伙伴。这就要求人力资源部更有效地开发人力资源经理的才能。Big Pharma 公司制定了以下测量指标来评价人力资源经理的胜任能力：

人力资源经理在有效的胜任能力评价中获得的评价等级。Big Pharma 公司的人力资源领导团队，根据一套与设计和实施有效的人力资源管理程序相关的人力资源经理胜任能力，开发了一个360度绩效评价工具，并在企业内部进行了验证。Big Pharma公司密切监控了该工具的评价结果，并且将它们用于人员开发、薪酬以及晋升/淘汰决策。

预备型人力资源领导人才。Big Pharma公司还跟踪了解人力资源职能部门的每个关键职位具备一个或多个“随时可替补者”，即目前就已具备可晋升到上一层次的员工的情况。

Big Pharma公司人力资源记分卡的巩固

图4—6说明了Big Pharma公司人力资源经理人员用来跟踪了解战略执行进展的统一的人力资源记分卡。[12]除了经理人员正在努力实现的具体目标以及相关的测量指标之外，Big Pharma公司还确立了具体的改进目标，并且还为经理人员设计了特殊的创新措施，以确保企业实现预期目标。

关键知识

企业所采取的人力资源管理政策和实践方式是一个关键杠杆。它可以用于推进其战略执行和取得理想的财务成果。我们的证据表明，能够长期生存并繁荣昌盛的企业，都建立了一种特别为战略执行而设计的、内部一致的人力资源政策和实践方式。企业不能靠盲目地采取来自其他公司的一系列“最佳实践方式”去取胜。在同一个企业内部，对不同的"A"职位也要有不同的政策和实践方式。低绩效的企业通常会采用比较一般的人力资源管理实践方式，且通常会对整个企业的所有员工采用同样的人力资源实践方式。

虽然对于我们来说，关于这一点的证据很充分，但这并不意味着设计和实施有效的员工管理实践系统会很简单或很容易。例如，在 Big Pharma 公司，领导团队认识到，他们必须从根本上重新思考其员工战略。他们也认识到清晰地记住人力资源哲学与人力资源实践之间差别的重要性。[13] 例如，一种人力资源哲学可能让我们根据结果来对人实施奖励。相反，一种人力资源实践活动却只要一个具体的奖金分配手段。Big Pharma 公司的经理人员意识到，他们必须不断地推行他们认为对于企业成功非常重要的关键哲学，同时也允许当地经理人员在一定范围内设计和实施与本企业宏观目标相一致的适当的人力资源实践活动。

Big Pharma 公司也断定，对各个职类的员工给予同样的人力资源投资，既不公正也不公平。例如，Big Pharma 公司认识到，这种同等投资就是对"C"绩效员工过多地投资。该企业内部的具体分析表明，Big Pharma 公司为努力改进绩效最差的员工的绩效，花费了将近 45％的培训预算，而只有 20％的培训预算用在"A"绩效员工身上。在直线经理抱怨某个员工绩效不佳的情况下，这种做法可能有一时的合理性。但是，在长期经营过程中，这可能会导致意外的后果，它在一定程度上鼓励低绩效者留在该企业，而高绩效者则会去寻求明显的发展机会，离开该企业。

从 Big Pharma 公司的经验中我们得出的另一个结论是，人力资源经理比其他人对某些人力资源管理实践活动具有更直接的影响。我们做这样的区分是因为有些人力资源实践活动确实是直线经理的主要责任，但其他的人力资源活动则是人力资源经理的主要责任。关键在于，对于整个企业范围的人力资源测量指标来说，不能用“一种尺度去量所有人”。这对于企业中各个关键职位的测量指标来说也是一样。测量指标必须针对实际情况。

为了协调配合工作，人力资源实践在战略上必须留有余地。也就是说，仅仅是将人员招募、选拔或薪酬实践与理想的员工成果联系在一起是不够的。所有的人力资源计划和创新活动都必须结合起来，共同去塑造理想的员工行为。人力资源实践，以及提供给员工的信息，必须具有内部一致性并且促成理想的结果。

在通过员工去执行战略的过程中，确定员工记分卡和人力资源记分卡所必需的测量指标是一个重要步骤，但是还有更多的事情需要完成。下一个挑战是要收集数据，并且将它们提供给管理团队。在下一章，我们将阐明如何收集和分析员工记分卡和人力资源记分卡的数据以便快速地执行战略。

图 4—6　Big Pharma 公司人力资源记分卡

	目标	测量指标	具体目标	创新
员工成功	员工已经实现了企业的关键战略目标了吗？	□ 员工可交付的指标 □ 战略行为指标 □ 能力指标 □ 心态指标	□ 指标得分平均在第 80 个百分位或更高 □ 没有哪个指标的得分低于第 50 个百分位	
适当的HR成本	我们对员工的总投资（不仅是人力资源职能）适当（不仅是成本最小化）吗？	□ "A"绩效员工与"C"绩效员工的培训与开发的百分比 □ 每位"A"绩效员工的雇佣成本 □ 使新员工具备胜任能力所付出的总成本 □ "A"职位人员招募预算的百分比 □ 人力资源服务质量指标	□ 平均差别>25％ □ 每年降低 5％ □ 每年降低 5％ □ 大于 45％ □ 至少 80％达到平均等级	
适当的配合	我们的人力资源实践与企业战略一致吗？在适当的方面，不同的员工群体之间有差异吗？	□ 转为自助式服务事务的百分比 □ 一致性指标	□ 没有得到负面评价等级 □ 至少 80％达到平均等级	□ 发展人力资源/直线经理合作伙伴关系 □ 跟踪了解实施进程
适当的HR实践	我们在整个企业设计和执行了世界级人力资源管理政策和实践方式了吗？	□ 用有效的工具选拔的员工的百分比 □ 有绩效发展计划的经理的百分比 □ 基于胜任能力的培训的百分比 □ 领导能力评价 □ "A"与"C"绩效员工薪资差别的百分比	□ 90％以上 □ 90％以上 □ 截止至当前的培训 □ 100％参加 □ 平均差别>25％	□ 胜任能力模型培训 □ 设计和颁布公平和奖金计划 □ 开发和实施 360 度反馈计划
适当的HR专业人员	我们的人力资源专业人员具备设计和执行世界级人力资源管理系统所必需的技能吗？	□ 在有效的胜任能力评价（360 度反馈）中的得分 □ 预备型人力资源领导人才	□ 所有标准中至少有一半达到"A"绩效员工水平	□ 有针对性的企业内部和外部开发计划 □ 特殊开发

第五章 员工记分卡数据的收集和解释

本书到现在为止，所讨论的关键主题一直都是直线经理和人力资源专业人员必须用新的观点看待构成员工成功的要素。高级经理人员和直线经理必须理解，对于大多数公司来说，员工成功是组织成功之必需。员工成功意味着有效地提供企业战略执行所需要的业务成果。这个新的观点提出了一个新的挑战，要求企业确定准确反映员工对企业成功的贡献的新测量指标。到现在，这一点应当是清楚的：这些新的测量指标不是重抄以往的效率测量指标，而是在“人力资本价值增值”这样的标题之下，对原有的会计和效率测量指标进行重新改装（例如每名员工的收入），这种做法在很大程度上是一种“人力资源炼丹术”的尝试。这个挑战不是要去找一种新方式将老的测量指标结合起来。新的测量指标是指不同的测量指标。

新的和不同的测量指标至少提出了两大挑战：我们到哪

里去找到这些指标,以及我们用这些指标去做什么。你通常不能在现成的 ERP 系统中找到它们。这些系统通常用员工存货(我们有多少)、员工流动(去年以来我们的员工总数发生了什么变化)以及成本等术语来界定员工成功。相反,你所需要的是,反映员工是否实现了你企业战略所要求的那种绩效成果的测量指标。同样,你也不能指望用与你解释传统效率指标相同的方式去解释这些新的员工测量指标。如前所述,测量指标是对问题的回答。如果这个问题是:与我们行业的其他企业相比,我们的人力资源工作效率如何?那么,像“每雇用一人的成本”这样的测量指标就提供了答案。问题不在于,成本不是很高,以至于“每雇用一人的成本”是一个错误的测量指标;问题是要使问题得到真正的解答。CEO 必须回答这样一类问题:员工如何能造成差异化?员工如何为企业绩效作出贡献?像这样的问题不能靠人力资源基准标杆给出答案。你也不会从“测量人力资源绩效的十个最佳测量指标”目录中找到答案。这些新问题需要能证实员工成功如何为战略执行作贡献的测量指标,以及能跟踪了解那种成功的驱动要素的测量指标。

在第三章里,我们阐述了员工成功测量指标如何成为企业成功的先导性指标和滞后性指标。它们是成功的战略执行和企业绩效的先导性指标,同时它们也是说明战略内容和人力资源管理系统焦点,以及直线经理及人力资源专业人员有关人力资本投资决策的滞后性指标。对于人力资源专业人员来说,它们是传导机制;而对直线经理来说,他们是战略

"驱动要素"。这个观点承认了员工成功是企业价值创造因果流程中的组成部分。最重要的是，我们通过员工队伍创造了多少价值，而不是我们使用了多么少的资源来测量员工成功。这个观点将指导我们如何收集测量指标以及如何解释这些指标。

第三章和第四章略述了员工记分卡和人力资源记分卡。这些记分卡中的测量指标包括推动战略执行的经营成果和人力资源职能的工作要素。根据我们的经验，人力资源经理非常擅长测量人力资源活动的运作绩效。但是，他们在证实这些指标与员工成功的相关性方面却感到非常困难。描述人力资源活动以及它们所花成本如何之少的那些测量指标，可能描述了人力资源职能部门在做什么，但是没有说明这些活动如何对企业成功作出贡献。因此，在本章，我们要讨论你将如何去收集第三章和第四章所讨论的各种测量指标，以及你将必须要作的决策。我们将重点放在高级管理人员最感兴趣的那些员工成功的测量指标上，这些指标同时也是员工成功的先导性指标。它们主要是企业人力资源专业人员的责任。

我们强调从制定新的员工测量指标的五个关键原则入手。有时，绩效管理可能是一个不可思议的主题。但这些原则是直线经理和人力资源专业人员在开始制定员工记分卡时就应当记住的五个测量要素。我们发现，有时组织会被圆满执行这个测量体系所必需的变革程度所难倒；他们希望向测量战略性员工成功的方向发展，但可能没有准备进行我们所描述的那种全面的变革。因此，借鉴软件手册里常见的开篇方式——“快速启动”，在本章的后半章里，我们会对你企业可以如何启动一个原创的测量体系并且比较简便地运行之提出建议。

制定员工测量指标的五个关键原则

这些原则主要是针对绩效测量的实施。它们的重要性在于，它们直接关系到这些测量指标的最终解释和管理价值。遗憾的是，绩效测量的首要教训之一是，测量指标的价值通常与其执行的便利性和成本成反比。在这方面，最有说服力的事例就是普遍应用的人力资源职能部门绩效的基准标杆测量指标。这些测量指标依赖眼前可看到的效率和活动。这些测量体系非常容易执行，但作为测量员工成功的测量指标，其价值却极小。[1]

原则1：测量指标必须回答一个重要的战略问题

在制定有效的员工成功测量指标方面，最重要的原则是，不要从测量指标本身入手。非常常见的是，经理人员往往根据测量指标的特征开始搜索测量指标。比如，它们客观吗？它们可以用财务术语来表述吗？但这都没有击中战略性绩效测量的要点——能回答重要的管理问题。我们认为那些重要的问题应当集中于员工在如何为成功的战略执行作出贡献。如果可以在基于客观的、有明确的财务标准但回答错误的问题的测量指标与基于比较主观的数据但回答正确的问题的测量指标之间进行选择的话,我们强烈建议选择后者。我们信奉这个格言:基本正确强过完全错误。

从有效性出发,我们认为有效的员工绩效测量的第一个原则是,这些指标在战略上应当是有效的。效度的概念就是说,一个测量指标应当能测量假定其要测量的全部内容,而不测量假定其不需要测量的任何内容。员工成功的测量指标被假定能测量员工对成功的战略执行的贡献。如果我们将成功的战略执行看作是许多绩效驱动要素共同影响的结果,那么员工成功测量指标就应当给 CEO 和高级管理人员提供一个关于那些绩效驱动要素的人力资本维度的精确而富有意义的概要。对于高级人力资源专业人员来说,它们也要描述"人力资源职能工作在如何为企业绩效作贡献"这个问题的答案。

战略效度原则可以用第一章所采用的那个零售行业的例子来加以阐明。那个例子说明,尽管有很多员工成功的测量指标可供选择,但其中有些指标能更好地回答一个重要问题。这个由 CEO 提出的重要问题就是:我们如何推动销售额增长?对高级人力资源领导团队提出的具体问题是:人力资源职能对这个战略目标的贡献是什么?人力资源领导可以用与行业标准相比的销售培训活动或每位受训者成本这样的指标来回答这个问题。但是这些指标并没有真正表现出第三章所阐述的员工成功的概念。它们也没有回答由 CEO 或负责推动销售额增长的直线经理所提出的问题。反过来,让我们从战略效度的概念开始,专注于企业的战略驱动要素以及员工如何对那些驱动要素的绩效作贡献。回想一下,未来销售额增长的驱动要素是改进顾客满意度,而这种满意度又部分地受购买体验的质量所驱动。那么,对 CEO 提出的如何推动销售额增长的问题的回答就是:改进购买体验的质量。在这个行业中,购买体验部分地受一线员工的知识丰富、服务及时、善于提供帮助以及礼貌周全等工作行为的驱动。由于这些行为影响着最终驱动收入的绩效驱动因素——顾客购买体验,顾客满意度,顾客付费意愿,因此,它们象征着员工成功。

图 5—1 是图 1—1 所描述的人力资本价值创造过程的删节图。它突出说明了价值创造过程的几个关键点,这些关键点常常是人力资源职能或员工测量的焦点。我们也给出了在这个特定的例子中可能采用的正确和错误的测量指标范例,并且我们将在本章里讨论那些选择的基本原则。最基本的原则就是,根据企业战略的独特需求而非一般性的基准标杆测量指标清单选择员工成功测量指标。换言之,这些指标在战略上应当是有效的。按高级管理人员和 CEO 的理解,对于员工成功的这些测量指标的价值有一个强制性的商业界定。改进那些指标或者高水平地保持这些指标,就是优化一个企业的关键战略驱动要素的人力资本维度。

原则 2:非常谨慎地平衡可行性与效度

战略效度只是体现员工成功测量指标价值特征的手段之一。同时,经理人员没有时间让完美成为可能的敌人。除成果唾手可得的情况之外，在可行性与战略效度之间通常都存在着交换关系。遗憾的是，在员工测量方面，可行性似乎是许多企业最关心的东西。最可行的员工测量解决方案就是外包，依靠使用来自其他企业的基准标杆数据的外部服务商。你企业提供有关效率和活跃性的数据，从而得以与行业标准进行基准标杆比较。这种比较造成了一种价值氛围，因为可以根据一个客观依据将你企业与其他企业的“绩效”进行比较。即使大多数经理人员不会完全相信这些测量指标的含义或者它们驱动价值的方式，但是，令人感到安慰的是，有些情况表明，你的企业在某项特定成本方面，比行业标准低了6%。当然，这与原则1是完全不同的。除非你的企业在努力实施与基准标杆比较中的其他企业相同的战略，否则这些测量指标不可能具有战略有效性。除非你正在生产完全靠价格竞争的没有差别的商品，否则这是不可能的。

另一套可行的测量指标就是员工调查。在这方面，外部服务商能提供一套通用测量指标。这样，你的企业就能对其自有的员工与其他企业中的员工对那些指标的反应进行比较。随着时间的推移，如果你使用同样的测量指标，经理人员就可以通过对不同时期反应的比较获得更多的见解。你可以精确地知道有15%的收入是来自员工奉献方面；或者，也许你会关心收入下降了10%，但它意味着什么呢？它回答了什么重要的管理问题呢？是不是有一种能将这些结果与利润业绩联系起来的明显的商业案例呢？员工调查的问题不是这种测量指标的形态，而是对这些测量指标的动机。十分常见的是，组织依赖员工调查来形成员工测量指标，因为它们通常是最可行的测量方法。但是，使它们成为最可行的测量方法，即外部服务商制定和管理这种测量指标的原因也就是使它们成为最无用的员工成功测量指标的原因。

图 5—1　对通过员工成功创造人力资源职能的价值的测量

简化的零售企业范例

HR胜任能力	HR系统	领导能力和员工行为	员工成功
目标： 人力资源经理具有与企业需求相符的胜任能力	目标： 人力资源实践和系统是成系统的、整体性的、有适当差别的	目标： 员工表现出战略执行所需的绩效行为	目标： 世界级的顾客购买体验
合适的测量指标： □在有效的胜任能力评价测量中所获得的评价等级 □对关键业务流程的了解程度	合适的测量指标： □接受产品知识培训的员工比例 □在知识水平考试中得分在95分及以上的员工比例 □了解培训、奖励与员工成功之间联系的员工比例 □通过培训或激励顾客满意度/收入提高比例	合适的测量指标： □一线人员被评为以下等级的比例： —知识丰富 —服务及时 —富有帮助 —礼貌周到 □各等级水平的人员流动率	合适的测量指标： □"神秘购物者"的评价 □顾客再次购买的百分比 □"再次购买"评价 □整体顾客满意度
不合适的测量指标： □人力资源f.t.e/企业雇佣总人数 □人力资源费用/总收入	不合适的测量指标： □每雇用1人的成本 □人员招募周期 □每培训小时成本	不合适的测量指标： □总人员流动率 □全球员工满意度 □人力资源费用/营业费用 □(毛利—劳动力成本)/总f.t.e.就业	

可行性与战略效度的平衡是目前的一个特殊挑战，因为有些经理人员和人力资源专业人员并没有觉得他们具备自行制定员工成功测量指标的能力，他们的企业也没有能力便

利地实施这种测量的信息技术或软件。这种情况正在逐渐改变。随着可供选择的软件越来越多以及有关员工测量的知识日益普及，这种平衡的难度正在慢慢降低。但是，在目前，制定和执行一套对CEO和人力资源专业人员都真正有价值的员工测量指标仍然是一个挑战。这也正是在这方面做得好的企业如此之少的原因所在。这需要一种新的视角。他们必须找到最可行的方式去执行一套具有战略有效性的测量指标，而不是在最可行的测量指标中去发现现成的价值。

现在我们来看看图5—1中所描绘的测量结果。在选择适当的员工成功测量指标时，有两个维度要考虑。这两个维度都是从“员工成功是原先的人力资源创新、投资和实践活动的一个滞后性指标”这个观点得来的。首先，你希望尽可能在价值创造过程后期去测量员工成功。主要着眼点应当放在员工的实际绩效行为和执行战略的直接绩效驱动因素上，而不是放在可能促成那些行为的早期人力资源创新活动上。如果实施销售培训计划与员工后来的销售行为之间有一种一对一的关系，这就可能不是一个问题。但遗憾的是，情况并非如此。其次，在这个价值创造过程的任何阶段，关注这个过程中的驱动因素都是很重要的。例如，真正驱动价值创造的人力资源管理系统的特征表现为其在什么程度上赋予员工以胜任能力。这种胜任能力是战略执行所必需的绩效行为的基础。但是，非常常见的是，组织仅仅只测量那些系统的效率。那些效率指标并不能说明企业是否在为员工成功创造基础。如果是那样，人力资源专业人员就成了计划经理而非战略经理。

我们建议，经理人员首先要确定，战略上有效的测量指标可能具有什么特征；然后，再制订几套实际收集那些指标的可行方案。在那个零售企业案例中，有几种选择方式。一种方式是与营销人员一起工作，并依据顾客满意度调查来确定员工成功测量指标。这关键是人力资源职能部门和营销人员在实现顾客购买体验改善（以及所带来的销售额增长）方面有共同的责任。这也就是说，任何负责员工测量的人都必须从一开始就参加顾客满意度调查的设计。另一种方式可能是监督管理者评价或180度反馈。在这方面，关键问题是监督管理者或同事是否能够定期观察到这些行为。

原则3：在考虑测量指标之前考虑测量指标之间的关系

我们的员工测量方法的一个显著特征是，依据一个具体企业的商业环境而建立的。我们认为，正如战略成功的原因在于其创造了独特的、差异化的竞争优势来源一样，员工成功也反映出这种差别。相比而言，基准标杆提供的测量方法是有局限性的，因为它只关注员工的共性而忽视更为重要的员工差异。这种差异的关键要素就是因果关系网络，只有它才能驱动你企业的战略执行。你对测量指标的选择应当直接遵循你对员工在特定企业的价值创造过程中作贡献的方式的理解。

要根据这种理解去考虑指标标准或适当的测量对象，因为正是那些关系为你提供了理解适当的测量对象应当是什么的思维框架。例如,我们来看看图 5—1 中的测量指标。应当在价值创造过程(例如人力资源管理系统)的早期将这些指标挑选出来,这是因为它们被预料到会对员工成功具有不经意的影响(例如改善购物体验),而不是因为可以将它们与其他企业的人力资源管理效率进行比较。培训方面的测量指标应当描述战略绩效行为所必需的胜任能力或技能开发方面的成功。人员招募和选拔方面的测量指标应当描述那些雇佣活动与行为要求的一致程度。或者,它们能测量新员工在预测战略绩效行为的工作样本测试中的得分如何。这些员工驱动要素的目标标准取决于那些活动与必要的行为结果之间的预期关系。虽然,某些时候我们能够对这种关系的大小作出定量化的估计,但在大多数情况下只是一种判断性的看法。但是,这种判断至少会受你企业战略的支配。相比之下,基准标杆方法只关注测量标准在哪里,而那些标准完全不能说明在驱动你企业战略执行方面,你的成就如何。

在考虑员工测量的时候,我们已经强调过新观念的重要性。下面是另一个例子。传统的员工测量强调会计学和效率指标,还采用了具体的人力资源职能领域(例如人员招募与选拔)指标的分解形式。这些测量指标始于像降低成本这样的组织战略目标,试图对工作群体、团队甚至员工个人在这个目标的某些方面的表现进行测量。这种做法的思想依据是,组织中的每个子单位都对组织的总成本下降有作用,比较大的战略目标可以分解成小目标,于是每个“单位”都可以接受一个适当的分解目标。而我们的方法却与之不同。

这个重要的方法不是在一个战略测量指标中进行向下分解，而是对构成成功的战略执行的整个战略活动系统加以控制。经理人员如果想要有效地控制这个系统的话，就必须考虑指标之间的相互关系。

这通常要求习惯于考虑具体职能问题的直线经理和人力资源专业人员具有一种新的心态。对直线经理来说，这意味着其必须将员工成功作为一个战略驱动要素，并且正确地理解这个要素对企业成功的意义。对于人力资源专业人员来说，这意味着人力资源职能对企业绩效的贡献，将越来越清晰地表现为如何将有关的人力资源职能（例如薪酬与人员配置）整合起来，使员工成为战略驱动要素，而不仅仅是每个职能运行得如何有效。

原则4:员工测量不仅仅是人力资源部的责任

原则4是根据前三个原则得出的。我们已经谈到了有效的战略执行如何要求消除纵向具体分解测量的问题。因为它是成功实行有效的员工测量系统的一个重大障碍，所以必须加以强调。我们经常发现，员工测量被看作是人力资源职能测量，并且还主要成了人力资源专业人员的责任。但问题在于，即使人力资源专业人员担任这方面的领导，通常也不能触及到有效完成工作任务所必需的所有测量指标。因此，无怪乎人们如此信赖外部基准标杆。收集其他企业相同领域的低价值效率测量指标，通常比从自身企业的其他职能领域获取有用的测量指标要容易！

整体性员工测量方法直接影响那些测量指标对管理的价值。重要的是，不仅要了解员工成功测量指标测量的内容，而且同样重要的是还要了解在什么时候进行测量。这种看法的依据是，我们所强调的是指标之间的关系，以及对员工成功既是先导性指标也是滞后性指标的理解。要记住，员工测量不仅仅是关于责任的测量，也不是为测量而测量。由于员工成功是战略执行系统中的关键性中间连结要素，因此，员工测量也应当在管理决策过程中发挥关键作用。但是，为了有效地传递那些决策，员工测量指标必须体现出作为一种战略驱动要素的员工成功角色中的内在因果关系。具体而言，这也就是说，在体现因果逻辑的前提下，对员工测量指标进行收集和分析，会更为有效。

根据原则 3，这也就是说，在考虑什么时候去收集这些测量指标的时候，要考虑测量指标之间的关系。至少，你不要刚刚测量完滞后性指标就立即去测量先导性指标。换言之，不要在测量完结果之后马上去测量原因。理想地说，先导性指标的信息可以被用于预测未来结果，或至少能指明什么时候可能出现问题，从而能采取补救措施。我们再来看看图 5—1 中的例子。对于直线经理和人力资源专业人员来说，同样重要的战略性问题是，我们在实现员工成功方面的目标的同时，优化了与销售额增长有关的员工因素了吗？另一个问题(尤其是针对人力资源专业人员)是，我们是否在实现有关员工成功的各种人力资源管理驱动要素的目标？如果不是，那么，员工成功的未来结果是什么？为改进这些结果必须进行什么创新活动?

从图5—1中,我们可以看到几个员工成功的人力资源管理驱动要素。例如,该企业可以根据一组用于测量与预期销售行为有关的人格特征的测试来选拔新员工。同样,人员培训与开发也聚焦于同样的员工绩效维度。如果新员工在选拔测试中的得分开始下降会怎么样呢?这可能预示着:由于这些新员工成为主要的一线员工,6个月之后顾客的购物体验会下降。时间的选择是一个问题,因为销售额不会马上下降;但是,我们应当能看到,由于这些新员工在员工队伍中所占的比例越来越大,会导致不能实现销售目标。但是,为了准确了解这个滞后性结果的影响,该企业将必须在两个时点上使用测量目标。没有办法解答前面所提出的那个问题:是否可以用一种一次性的努力来进行员工成功测量,在收集新员工测量结果的同时收集现有员工的员工成功测量指标?因为前者是未来结果的先兆,而后者则是以往决策的结果。

这种战略性比较强的员工成功管理也突出了整体性员工测量方法的重要性。例如,如果对求职者测试分数不合格的解决办法是进一步加强培训会怎么样呢?我们想一想这些要素之间的关系。人员培训和选拔被看作是相同战略目标——员工成功——下的、可相互替代的人力资源管理驱动要素。与行业基准标杆的培训成本相比,额外的培训成本可能是效率低下的表现,但是对于该企业来说,这种成本可能是一种明智的战略投资。如果从员工成功的角度来看,直线经理和人力资源专业人员都能从这种更大的培训投资中得到益处。这是分子管理(即专注于所创造的价值)而非分母管理(即只关注所导致的成本)。

如果用一种为直线经理和人力资源专业人员提供富有意义的决策参考信息的方式对测量指标进行分析的话,测量指标会更有价值。将人力资源职能与企业中的其他职能有效地整合在一起的员工测量系统,可以极大地增进这种分析的价值。例如,如果图 5—1 中的测量指标是一个整体性测量系统的组成部分,那么测量就可以被转化为一种有价值的管理工具。这个转化是如何实现的呢?将员工测量指标(无论是来自神秘购物者的评价还是来自同事的评价)收集起来作为销售人员的一个样本。同时,用员工成功测量指标将求职者的测试得分和对同样这些员工的培训绩效融合起来。当然,假设是,已经预见到了对这些测量指标的需求,并且能够在早期及时收集到这些测量指标。简单的统计分析可以说明求职者的测试得分以及培训绩效中的变化如何预测未来员工成功。此外,也可能确定员工绩效行为与顾客购物体验评价得分之间的关系(见"评估定量化关系的价值")。这种特别的分析可以让人明白些什么呢?对于直线经理来说,它确定了员工成功是不是一个关键的战略驱动要素,以及它的重要程度。同时,它也给直线经理和人力资源专业人员提供了一种考察用于推动员工成功的人力资源管理创新活动效力的重要方式。它还改变了直线经理与人力资源专业人员之间的交谈。现在,这种交谈可以针对战略执行而不是预算变化和成本控制。

评估定量化关系的价值

考虑测量指标之间的关系意味着，向前进了一步并要对这些关系加以测量。对直线经理和人力资源专业人员来说，对员工绩效或人力资本的这种关注是一个比较新的概念。但是，它越来越成为比较大规模的、无形资产绩效测量活动的一个特征。克里斯托夫·D. 伊特纳和戴维·拉克的最新研究证实，尽管此次调查中只有不到 1/4 的公司在进行无形资产“广义的因果模型建设”，但这些公司报告说其拥有更高的资产回报率和权益回报率。[a]西尔斯公司的历史经验是最早、最全面的测量员工行为与企业成果之间关系的范例之一。[b]比较新的一个案例是，IBM 公司通过员工保持率、顾客对员工胜任能力的满意程度以及最终的经营绩效(市场份额)的测量，研究了员工氛围的影响。员工氛围的测量是一个非常广泛的概念，它包括员工对 IBM 公司战略执行以及领导实践的理解。根据 1997～2003 年收集的数据，他们发现，员工氛围是未来顾客满意度的一个有效的预测因子，也是未来市场份额的一个有效预测因子。最后，我们再回顾一下那个零售企业的例子。如果测量指标是这样一些问题的答案，如果我们能够确定战略绩效行为与顾客购物体验之间的关系，那么些“答案”会更引人注目。而且，直线经理和人力资源高级副总裁都将能得到更多的具体答案，比如“绩效行为 15％的改进使顾客购物体验满意度提高了 25％，进而使销售额增长了 6％”。

[a] Christopher D. Ittner and David F. Larker, "Coming Up Short on Nonfinancial Performance Measurement", *Harvard Business Review* (November 2003): 91.

[b] Anthony J. Rucci, Steven P. Kirn, and Richard T. Quinn, "The Employee-Customer-Profit Chain at Sears", *Harvard Business Review* (January-February 1998): 76.

原则 5:专注于至关重要的少数测量指标

有时,最大的测量难题之一就是对各种可得到的测量指标进行分类并且决定应当报告哪些指标以及向谁报告。对CEO和高级管理人员来说,强调的重点应当放在那些具有战略重要性的测量指标上,即那些能说明员工执行企业战略的有效程度的指标。第三章中的图3—1确定了员工记分卡的四个维度:

- 员工成功
- 领导与员工行为
- 员工胜任能力
- 员工心态与文化

在图5—1介绍的零售企业案例中,员工成功集中表现在顾客购物体验上。这些结果的本质性员工行为要求员工知识丰富、礼貌周到、服务及时和能提供帮助。员工记分卡的这四个维度的每个维度都能得到测量，说明每个战略驱动要素。

大多数企业可能有10～20个这种战略驱动要素，而所有这些要素都是成功执行本企业战略所必需的。一套有效的概括性测量指标必须抓住所有这些战略驱动要素的员工成功因素。这是不是意味着CEO要监控5×20＝100个员工测量指标呢？不是。应当按照员工记分卡的四个维度将员工测量指标集合起来，形成公司的一个仪表盘。为了将顾客购物体验和R&D这样全然不同的活动结合起来，应当为四个维度中的每个维度建造一个绩效指标索引。例如，可以在一类员工成果中为每个维度建造一些绩效目标。以那个零售企业为例，基本员工行为的目标可能是90%的员工被评为“平均水平以上”或“优秀”。就员工成功目标而言，顾客购物体验评价可能是75%以上的顾客对员工的产品知识、礼貌周到等的评价为“平均水平以上”或“优秀”。一旦确立目标，就容易归纳出概括性的测量指标以反映实现这些目标和变化过程中的进展。一个典型的概括性测量指标可能包括对员工记分卡各个维度的“绩效目标实现比例”。

由于努力确定和分析了测量指标及其与本企业战略执行过程的清晰联系，因而可以用一种适度简单的格式对这些测量指标加以报告。这正好与传统的员工测量方法形成了对比。在使用传统的员工测量方法的情况下，可能用到数百个测量指标，经理人员仔细研读这些指标，希望收集到与事实一致的有效见解。利用员工记分卡，直线经理和人力资源专业人员已经准确地了解为什么要对那些测量指标加以报告以及那些指标意味着什么，因为在他们心里，这些指标已经被赋予了更大的价值创造关系。在这一点上，唯一的问题是：在那些测量指标方面的绩效是什么？

在IBM公司，可以看到一个系统选择测量指标的程序范例。IBM公司最近正在对高层管理团队及企业领导者共享的人力资源测量指标进行评审，将这种指标的数量从110个减少到30个，目标结果是形成一个总结人力资源职能和员工绩效的单页篇幅的报告。在完成这个工作的过程中，IBM公司面试了团队内部以及整个企业（例如市场营销、战略规划、财务以及运营）范围的60多位关键的高级经理，目的是要选出将近35个代表先导型和滞后型指标的测量指标。他们从制作IBM内部以及全球人力资源职能部门的关键业务战略图开始入手。IBM公司希望得到一套与经营成功的量化测量指标相联系的、便于管理的、能够向直线经理和人力资源专业人员证明人力资源活动与企业价值之间关系的测量指标。IBM公司用图5—2所示的决策规则帮助他们选择了为数不多的一些重大的测量指标。

这并不是说要以这种非常集中的形式来使用这些测量指标。但是，这提供了一种有效的战略性员工绩效的观念。在员工成果绩效不符合目标时，经理人员可以由表及里地找到正在促成那些结果的先导型指标。鉴于战略性员工管理过程中的关系很重要，因此，分析这种关系中的各个要点时的灵活性是一个比测量指标数量更为重要的设计特征。CEO仪表盘应当展示这个冰山的山尖；但是，同样应当明确的是，存在一个冰山，并且，这个冰山的结构是可以被探查和了解的。传统员工测量指标的问题是，看起来可能是冰山山尖的东西，实际上只是在信息海洋中漫无目的地漂流着的数据块。

图5—2　IBM公司剔除不符合“必须有的”和“绝对的”标准的测量指标，然后根据“理想的特征”来评价剩下的测量指标

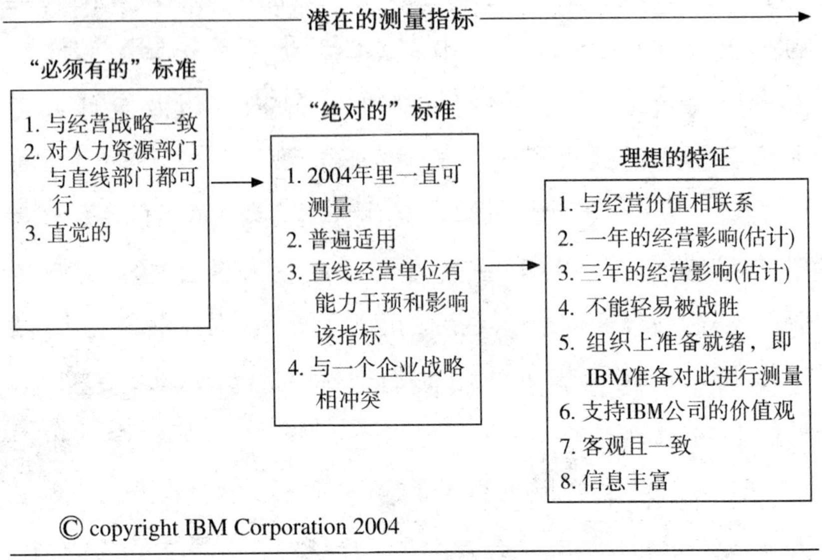

对付执行挑战的第一个步骤

正如没有一个能适用于所有公司的员工测量指标清单一样，也没有一个适合于所有企业的执行解决方案。在经理人员为其他用途而极力整合从各种不同的软件系统中收集来的测量指标的时候，这个问题就变得特别难以对付。例如，你可能拥有有效的员工调查数据，但这些测量指标是由外部服务商收集的，且调查通常是以匿名方式进行的，因此不能将这些数据与其他测量指标联系起来，或者不能将其分解为有效的分析单位。或者，我们常常看到拥有完善的360度反馈系统的企业，但这些系统只用于对领导人员的评价，目的是保持领导人员开发的针对性。这些测量指标完全适合作为更大的战略性测量系统的组成部分，但是它们难以收集到。因此，有时候，即使组织以正确的形式收集员工测量指标，但是这些指标也会由于其被收集的方式或原因而变得无用。

这些例子表现了在实践中灵活性与有效性的平衡。那么，如果我们想要克服那些障碍的话，我们该从哪里着手呢？一般来说，在合理的成本和时间计划下，可以执行解决方案。理想地讲，这种方案对其他软件的依赖是有限的，但它也要遵循前述的那些测量原则。当然，基准标杆在满足前三个标准方面表现很好，但却在第四个标准方面表现很差。

当你在努力执行前述的测量原则的时候，有几个设计特征必须记住。第一，你必须沿着从员工成功回到员工心态和文化这个价值创造过程（图 3—1）去收集员工测量指标。这并不是说必须覆盖过程中的每个点，但你必须尽可能多地覆盖全过程，这样你才能控制这个过程。第二，为了有效地解释这些测量指标，你必须收集同一分析层面的测量指标，这样才能便于解释先导性和滞后性指标之间的关系，使测量指标得以有效的指导管理决策。理想地讲，要尽可能多地收集员工个人层面上的测量指标。你总是可以将指标集合起来上升到更高一个分析层次；但是，如果你只有单位层面的绩效的话，就没有办法重建个人绩效。

员工记分卡

组织可以运用集中的方法将更具有战略意识的观念引入其员工测量系统。在本节中，我们将用一个例子来说明你可以如何开始。

测量员工成功

我们的员工测量方法与众不同的特点在于，我们将员工成功界定为对战略执行的贡献，而不是仅仅测量人力资源活动和员工潜力（胜任能力）。在执行方面，关键的挑战是，如何测量各式各样的员工成果。图 5—1 只举例说明了员工成功的一个例子。但是，在大多数企业中，可能存在着 10～20 个战略驱动因素，它们都是这些员工成果的焦点。

在图 5—1 中，我们看到了使用直接测量员工绩效行为

（一线销售人员行为）和员工成功（购物体验改善）这两项测量指标的价值。在很多企业中，一开始可能得不到那些单独的测量指标。可以采取另一种方法：将"A"绩效员工的个别绩效目标作为这两个单独测量目标的近似目标。基本要求是，组织已经建立了一套直接与这10～20个战略驱动要素中的一个或多个战略驱动要素相联系的绩效目标。也就是说，该组织在制定差异化的员工战略方面已经取得了某些进展，并且能够确定其"A"职位。那么，所有"A"职位上的员工在实现这些绩效目标方面的进展就成为测量战略性员工成功的概括性指标。对这个测量指标的直接提炼会给这10～20个战略驱动要素赋予不同的重要性，从而对不同职位的员工绩效赋予了不同的权重。换言之，为了创造全面的员工成功测量指标，该组织可以根据每个驱动要素的相对重要性去赋予其相应的权重，也可以确定每个"A"绩效员工绩效目标的相对重要性。

这种方法的关键在于，"A"职位的绩效管理系统被直接与成功的战略执行的关键驱动要素联系在一起。它将执行的担子放在绩效管理系统的设计和一致性上，而不是新的员工测量指标的制定上。结果应当是能形成一套具有战略有效性的绩效目标。这套目标使CEO能够确信，如果实现了这些目标，战略就得到了成功执行。

员工胜任能力

员工成功是员工记分卡的关键滞后性指标，也是最基本的员工测量指标，因为执行你企业的战略需要这些员工成果。那么，符合我们执行标准的下一个测量指标是什么呢？在这个“快速启动”的例子中，我们会用员工胜任能力这个绩效目标作为员工成功和员工行为的一个合成指标，因为行为测量指标可能会要求对测量基础给予更大的投资。因此，要测量的第一个先导性指标会是员工胜任能力。胜任能力只代表潜在绩效，但它们却是控制实际绩效的关键驱动要素。下面我们将看到三个可能的测量指标来源。第一个可能是员工调查中由员工自报的测量指标。在员工调查中，员工被要求对他们是否具备实现其绩效目标所需的胜任能力作出评价。第二个可能是来自于各种培训和发展活动的结果。理想地讲，这些测量指标会包括这些计划中的某些实际绩效测量指标，最起码会说明参加、完成计划内容的情况。员工发展方面的测量指标也可能包括基于以往的发展任务对职业发展及晋升潜力作出的评估。第三，人力资源职能可以包括各种雇佣评价测试结果。对这些测量指标的选择取决于企业的员工发展战略，以及为支撑这个战略而设计的特定的人力资源创新活动。底线是你得想到一到两个能说明为产生基本的员工成果所必需的、反映当前员工胜任能力水平的测量指标。在这方面，考虑指标间的关系也很关键。这些先导性指标只有在被视为战略性员工成功的关键驱动要素时才是重要的。

员工心态和文化

对很多人来说，文化这个术语具有丰富的内涵。在最基本的层面上，文化反映出在一个社会框架中什么是重要的以及什么是合适的。雇佣文化是不断变化的，并且显然是服务于组织的许多目的的。我们所感兴趣的是，这种文化如何支撑绩效。因此，我们寻找说明企业具有一种高绩效文化的证据。高绩效文化的一个关键维度是，要求“A”绩效员工接受和理解其本职工作中的战略执行重点。他们了解他们的工作是如何为本企业的战略目标作出贡献，并且组织的所有信号都强化着同样的高绩效信息。我们称这种中心文化特征为员工战略焦点。在我们的一项研究中，我们发现，员工战略焦点对战略执行有强大的影响，进而对企业的财务绩效也会产生强大的影响。[2]它只是又一个说明高级管理人员如何区别优胜者和失败者的例子。

员工战略焦点可以用员工调查来加以测量。目的是要测量员工尤其是“A”职位上的员工对其职位对成功执行本企业战略的贡献的了解程度。在实行差异化员工战略的地方，评价员工对与其本职工作相关的具体战略驱动要素如何影响企业绩效的理解程度是很有用的。例如，在图5—1的那个零售企业范例中，一线销售人员（及其领导）被要求对其如何理解其工作绩效对顾客购物体验和/或顾客满意度影响的程度作出评价。

人力资源记分卡

人力资源记分卡被用于指导人力资源职能管理。但人力资源记分卡中的要素是员工成功的关键先导性指标。因此,应当在比较大的员工仪表盘中突出来自人力资源记分卡的几个概括性指标,作为对员工成果的可能说明。在这个“快速启动”的测量活动中,我们会将焦点放在人力资源记分卡的两个维度上:人力资源管理系统和人力资源员工胜任能力。

人力资源管理系统

在这里,有两个关键的战略驱动要素。第一个是人力资源管理系统是否与有效的战略执行的要求相符。这与企业阐明战略和核心人力资源活动的明确程度有关。这个人力资源管理系统发出了一套综合的信号,说明在本企业中什么是重要的以及什么是受重视的。符合战略要求的人力资源管理系统将发出重视战略执行的统一信号。如果这个人力资源系统大部分是一般性的,那么“A”绩效员工可能会发现培训与其本职工作的战略关系不大;或者,他们会发现,培训被看作是一种补救性的活动,用以改进那些本不该被录用到目前职位的员工的绩效或本该因绩效不佳而被淘汰的员工的绩效。它也可能揭示出,绩效管理对执行战略几乎没有什么推动作用。无论是哪种误差都会导致更难以创造本企业战略所要求的员工成果。

人力资源管理与战略的一致性被旁观者(在此指“A”绩效员工)看在眼中。员工调查可以被用来测量第二个驱动要素,即“A”绩效员工在何种程度上将人力资源管理系统的各种要素看作是支持和强化要求其实现的绩效目标的要素。对人力资源专业人员进行的同样问题调查提供了有用的比较资料。例如,在两组人员达成共识的地方,一致性水平低也能提供一种行动基础。而在员工觉得一致性很低但人力资源专业人员认为一致性很高的地方,就出现了异议问题。在这种一致性调查中,也应当包括负责关键战略驱动要素管理的直线经理,因为这种一致性将对“A”职位的员工成功具有非常重大的影响。

人力资源职能人员的胜任能力

人力资源专业人员有几种角色,战略合作伙伴的角色只是其中之一。但是,它是驱动员工成功的关键角色。遗憾的是,由于人力资源部持续承受卓越运营和高效管理的压力,要求其能够致力于实现人力资源专业人员战略角色的各种目的,因此,通常在胜任能力开发方面自顾不暇。从这个测量系统的初始目的来看,测量角色绩效要比测量潜在的胜任能力水平更重要。这个评价可以作为员工调查的一部分,并且可以包括直线经理和“A”绩效员工的看法,以及人力资源专业人员的自我评价。收集来自人力资源专业人员对其目前用于履行战略合作伙伴角色的时间比例的评估,以及收集来自于直线经理的类似评估,也都是比较有效的。表 5—1 概括总结了这个测量系统。

测量指标的解释

我们已经说过，测量指标是对问题的回答。那么，用这种比较适度的员工测量系统，我们能回答什么重要问题呢？让我们从高级管理人员的问题开始，然后再讨论人力资源专业人员的看法。

CEO

CEO 可能提出以下这些有关员工的问题：员工对战略执行的贡献是否符合要求？如果不符合，在哪方面不足？哪些战略驱动要素最可能受到低于标准的员工成功的损害？所有这些问题都可以由所建议的这个系统来回答。由于“A”职位绩效目标直接相当于企业的 10～15 个战略驱动要素的成功实施，即战略效度，因此，员工成功指标准确地描述了员工在战略执行中的作用是否到位。由于这个指标是从个别员工层面收集来的，因此，可以将它集合起来上升到企业层面以及个别战略驱动要素层面。这就是说，CEO 可以迅速地确定整个员工的成功状态，同时也可以确定在各个战略驱动要素方面不同程度的员工成功，以及直线经理在哪方面对员工成功负责。

高级管理人员

高级管理人员以及经营单位负责人，希望将焦点放在其所负责的战略驱动要素的员工成功上。同样重要的是，他们应当提出有关这个员工成功的驱动要素问题。如果存在不足,那么可能的解释是什么?同样,如果关于未来员工成功的先导性指标不符合目标,那么高级管理人员必须就潜在的问题预先提出警告。这些问题都可以用这个简单的系统来加以回答。这个系统包括员工文化和胜任能力的测量指标,这些指标应当属于先导性的员工成功指标。高级管理人员不仅可以确定其职责范围内整个层面的员工胜任能力和文化,而且还可以确定在这些方面有问题的下属单位或经理人员。简言之,员工问题的来源(员工记分卡的哪个维度)和问题所在区域(员工群体)都可以得以确定。

例如,在某个特定的战略驱动要素上,员工成功水平可能比目标低5%,这个问题可能能与某个特定的员工群体联系起来。进一步的评价则可以揭示某个文化的测量指标(如员工战略焦点)明显低于企业目标。虽然这还需要进一步调查,但是,这个问题的性质已经被确定了。也许员工正在从组织不同层次的领导那里得到各种信号。这也可能会造成为实现既定战略的各种交叉性目的而实施的人力资源政策和奖励的不统一。

高级人力资源领导者

使用这个简单的测量系统,高级人力资源专业人员能够证实人力资源职能的战略贡献,也能够确定潜在的人力资源"解决方案",以解决可能遇到的员工成功问题。首先,我们来讨论CEO提出的有关员工成功问题的另一面。通常这可以用一个比较直接的短语，即"人力资源部对企业绩效的贡献是什么"来表达。这个系统为人力资源领导人提供了一个清晰的、富有说服力的答案，而没有依赖行动测量指标、效率基准或其他基于会计学的测量指标。人力资源部承担着共同执行企业战略的责任。实现这个目标的进展情况被反映在员工成功指标中。同时，利用员工记分卡和人力资源记分卡中的先导性指标，高级人力资源专业人员可以确定，他们能说明员工问题和目标解决方案的先导性指标。人力资源领导者特别感兴趣的问题将是：企业的员工和直线经理如何评价人力资源管理系统的战略一致性，以及与他们有工作关系的人力资源专业人员的战略胜任能力。因为这些测量指标针对于个别的人力资源职能，因此可以鉴别职能错位的问题并且进行必要的补救。最有启迪作用的一个测量指标将是：直线经理和人力资源专业人员如何评价人力资源专业人员在战略问题上所花费的时间。这个测量指标的出现将鼓励直线经理与人力资源专业人员之间就什么是真正具有战略价值的（即什么是重要的）以及什么不是战略性的进行更多的探讨。

此外，也有可能分析先导性指标对员工成功的实际影响。例如，假设测量指标是从个人层面上收集而来，人力资源专业人员可以用统计学方法来分析员工文化和胜任能力方面的变化如何影响员工成功。这就使得人力资源专业人员和直线经理能够根据目前的员工文化、胜任能力水平以及滞后的程度去预测员工成功方面的未来变化。

表 5—1　关于测量实施范例和数据来源的总结

记分卡维度	测量指标	分析层面	数据来源
员工成功	□“A”职位员工符合或超出绩效目标的比例 □ 战略驱动要素与符合或超出绩效目标的员工有关的比例	□ 将个别员工集合起来上升到必要的更高层次	□ 基于网络的目标管理计划
员工能力	□“A”绩效员工自报必要的战略胜任能力 □ 对“A”绩效员工的发展评价结果	□ 将个别员工集合起来上升到必要的更高层次 □ 将个别员工集合起来上升到必要的更高层次	□ 员工调查 □ 人力资源信息系统
员工心态与文化	□“A”绩效员工战略焦点 — 全面的 — 依据战略驱动要素	□ 将个别员工集合起来上升到必要的更高层次	□ 员工调查
人力资源系统	□“A”绩效员工对人力资源系统一致性的看法 □ 人力资源职能人员对人力资源系统一致性的看法	□ 个人 □ 个人	□ 员工调查
人力资源工作人员的胜任能力	□ 直线经理对战略角色绩效的评价 □ 员工对战略角色绩效的评价 □ 人力资源职能人员对战略角色绩效的自我评价 □ 人力资源职能人员对用于战略角色的时间的评估 □ 直线经理对人力资源人员用于战略角色的时间的评估	□ 所有个人，但可以集合起来上升到更高的单位分析层次	□ 员工调查

员工

第三部分 执行的挑战

[illegible]

[illegible]

第六章 战略执行(上篇)

——CEO、高级管理团队以及员工测量指标的作用

本章是阐述执行的挑战,即保证管理人员有途径、能力和积极性去利用员工测量指标以推动战略执行的三章之首。虽然在本书的开头几章,我们就已阐明了使战略重点与员工测量指标保持一致的重要性,但在本章中,我们还是要重温这些概念,并且阐明想在其企业中有效实施员工测量系统的企业领导人的具体角色和责任。我们将深入阐述执行的挑战,举例说明企业如何制定员工和人力资源战略以推动战略执行活动,并提供一些能够促进企业战略执行成功的员工测量指标。正如前面我们已经阐明的那样,我们认为,有效的战略执行需要领导者、员工以及企业的人力资源职能部门之间建立一种新的合作伙伴关系。在共同努力的过程中,这三个方面可大幅度地推进战略的执行,提高企业的竞争优势。这从理论上看可能是很容易的,但是,根据我们的经验,在实践中却不然。如果这三方面不能和谐共事,企业的绩效

就会降低。没有人会认为,如果没有一种哲学体系、一个预算和财务控制,CFO 和财务管理部门能有效地执行工作任务。那么,难道不应当用同样的思路去考虑企业员工队伍的问题吗?

依此类推,我们相信,要成功地执行一个企业的战略,需要有清晰的经营战略、员工战略和人力资源职能战略。在员工执行企业经营战略的过程中,我们也需要有评价员工进步的测量标准。这些测量标准分别体现在企业的平衡记分卡、员工记分卡和人力资源记分卡中。我们认为,企业要在战略上取得成功,就必须了解和清楚地说明这三个层面的问题。虽然大多数企业已经在注重制定清晰的经营战略,但几乎没有企业注重制定员工战略。本章的重点就是要阐明,CEO 和高级管理团队为什么以及如何能通过制定员工战略来执行其企业的经营战略。

一个企业的经营战略应当说明,其打算如何在其目标市场上取得胜利,即预期的竞争优势何在。制定经营战略需要有一个关于本企业在市场上如何使自己在外表上有别于竞争对手的清晰说明。这对任何企业来说都是一个重大的决策,需要作出明确的战略选择,否则企业就变得没有核心目标,稀里糊涂,而且还要承受绩效低下的危险。[1]

在明确了外部差异性之后,合乎逻辑的下一步骤就是:在内部区分企业资源。内部差异化要求将企业的全部资源结合起来,尤其是将员工队伍与企业在外部市场上预期的、差异化的竞争优势结合起来。对于我们来说,这个问题非常重要。这也就是本书的主要论题——员工执行战略。企业必须在内部有区别地配置资源,将资源与企业的外部竞争优势结合起来,以保证战略的有效执行。我们认为,为了实现这种内部差异化和一致性,需要我们称作“员工战略”的东西。

员工战略的作用是什么呢?员工战略的目标是将有关员工的事项纳入企业战略决策的过程中,并保证有关员工的决策得以执行。这个过程始于对企业经营战略、文化与品牌的分析,以及对创造企业竞争优势(信息、技术和人的结合)的战略能力(或核心竞争力)的确定。[2]这样一种分析也着眼于企业的文化是否与其战略相符;确定企业的战略能力,即构成这种能力的“A”职位以及“A”绩效员工;以及更重要的是,建立一种员工哲学,并将它作为CEO、高级管理团队、直线经理以及人力资源职能部门进行战略性员工决策时的一种管理体系。这种方法是动态的。由于企业战略为适应不断变化的市场环境而变化,因此员工战略也必须发生内在变化以保持与企业战略相符。新的竞赛需要新的规则。

作为一种能力的责任

为了成功地执行战略,领导者和员工必须对资源的分配和利用负责;责任必须成为一种企业能力。对员工(员工的文化和能力)的责任以及保证其落实企业的战略,也是非常重要的。这是对企业的领导以及人力资源部的一个共同挑战。他们二者都必须负责造就一支能产生业务成果的员工队伍。虽然领导者对员工的日常影响要远远大于人力资源部,但人力资源部已建立的工作体系正在帮助直线经理了解现任及潜在员工的"总体情况"和差异。因此,领导者和人力资源部都必须负责为成功执行本企业的战略培育一支相应的员工队伍。

战略执行的本质是使战略变成现实。阐明和传达本企业的战略、预示战略成功的测量指标以及员工能得到的结果(尤其是奖励),正是领导者的工作。这是使责任成为一种能力——企业文化的核心部分——的第一个步骤。

现在,我们来专注员工执行战略的过程。企业沿着这个过程建立了一个战略责任系统,也就是一个绩效系统。它基于整体化的、符合战略的员工责任,并且规定了对战略成功有贡献者(以及无贡献者)会得到的相应激励。

我们的战略执行模式是很简单的。它由战略、测量和结果三个主要部分构成。我们认为战略应当规定预示战略进展的测量指标,这些测量指标的实现程度应当决定了个人应得到的相应激励。但是,这些关键性的组成部分却常常没有被结合起来或者没有得到有效控制,导致企业绩效表现大大低于其实际潜力。

责任是"什么"

显然,战略很重要。战略抉择,即选择一种针对某种赢得顾客的具体方式的价值主张是很关键的。CEO以及所有直线经理的作用是选定一种战略并不断地传达这种战略,使员工了解企业打算如何赢取更大的市场份额。基于这种了解,形成了心态和文化,进而决定了战略成功所必需的能力。它正是员工奉献与“保有一份工作”的区别所在。

责任有“多好”

建立一种责任能力的第二个组成要素是测量战略成功的测量指标。这要求在经营模式中有具体的测量指标,不仅有财务方面的测量指标,还要有关于顾客、业务流程以及我们在此所强调的员工的测量指标。因此,高级管理人员以及各级领导的工作,就是要不断地说明企业实现其预期战略的进展,包括在财务方面、顾客方面、业务流程方面以及员工方面的进展。这些测量指标必须是“实时在线的”,使人能够进行中途修正以便进行战略变革和提交成果。

责任是“其中什么是给我的”

最后,作为战略成功的结果,对重大成果的奖励是很重要的。可以从三个分析层面——整个组织层面、群体和团队层面、个人层面——提供测量标准。但是无论测量的层面如何,奖酬都只能分配给个人。这就给战略执行过程造成了一个可能引起不良结果的绩效管理矛盾。这个矛盾在于,激励作用在个人责任层面上是最大的,但这个层面对测量的信任度却很低,正如许多员工和工会经常强调的那样。因此必须用比较具有战略性的、得到验证的测量指标(包括可信赖的

员工测量指标）去提高员工的积极性，并且提供公平的测量结果，以便建立更大的责任。在不同的环境中，个人、团队以

图 6—1 战略执行准备状态调查

本调查的目的是帮助确定团队/个人在战略执行方面的进展。请仔细阅读每个问题并选择最适当的回答。

很不同意	不同意	不置可否	同意	很同意	不知道或不能回答
1	2	3	4	5	N/A

确定战略目标和重点任务

1. 我的经理已经清楚地向团队说明了我们企业的经营战略和重点任务。
2. 我们的团队有三个或三个以下明确界定的重点任务。
3. 我有三个或三个以下明确界定的个人重点任务。
4. 我对我的重点任务有清晰的了解并且能完成之。
5. 在我的团队中，我们清楚地知道谁对什么负责。

坚持不懈

6. 我们团队每月对重点任务（目标）的完成情况至少作一次评价。
7. 我每月向团队至少提供一次有关我的重点任务/目标进展情况的最新报告。
8. 我的经理经常与我们联系以了解我们完成重点任务的情况。

实事求是

9. 我有富有挑战但切实可行的个人目标。
10. 我们仔细分析为团队设立的目标/重点任务以了解其是否可以实现。
11. 我仔细分析为团队设立的目标/重点任务以确定其是否可以实现。

项目规划

12. 我们在团队里设立了阶段性目标以跟踪我们重点任务的完成情况。
13. 我们在团队里设立了时限以跟踪我们重点任务的完成情况。

决定

14. 作为一个团队，即使对非常棘手的问题我们也能快速作出决策。
15. 我即使对非常棘手的问题也能快速作出决策。

意志坚韧

16. 我的经理以一种及时的方式直接向团队成员阐明了对绩效的关心。
17. 我有勇气向团队成员阐明对绩效的关心。

给实干家的奖酬

18. 在我的团队里，我们一贯奖励/认可团队成员的成就。
19. 我们为阶段性项目目标的实现而进行庆祝。

开端型提问

1. 我们在战略执行方面做得怎么样？
2. 我们在战略执行方面做得好或不好的一些关键原因是什么？
3. 在战略执行方面，我们应当专注做得更好的三个领域是什么？

及整个组织的奖酬都可以是强有力的,但必须依据"战略性测量指标"的实现程度来计发奖酬,并且必须针对贡献者,即已经改变其行为的员工,引导他们作出更多的战略贡献。

对企业的战略执行准备状态进行评价,为高级管理人员确定了一条重要的基线。高级管理人员如果知道其企业已准备就绪,就能更好地应对严峻的战略执行挑战。图 6—1 说明了对某企业战略执行准备状态的调查范例。

战略执行过程

战略执行的一个重大挑战是要保证企业备有员工战略,并要求领导者对在实现经营成果过程中的员工成功负责。我们认为这是CEO、高级管理团队、直线经理以及人力资源部的共同责任。战略执行要求有一个明确的战略,并且要求领导者和员工负责保证将战略变成现实。领导者、员工以及人力资源部在企业战略执行过程中的角色大多是围绕这个简单的模式确定的。

我们再怎么强调战略执行过程中责任的重要性都不为过。人们常说:"我们企业的问题不是战略的问题,而是战略执行的问题。"[3]确保工作单位和个人对经营成果负责就是战略执行。企业需要方向,需要测量跟踪进展。个人也需要了解结果。大量文献证实,结果对企业绩效具有影响力。无论是成功还是不成功的时候,结果都能对个人产生强化作用。[4]领导者所面临的挑战是构建一种责任文化。

员工

企业应当如何实施其员工战略？

战略成功执行的一个重要的决定性因素是：企业能否在其内部创造一种责任文化。图 6—2 展示的工作任务，描述了执行员工战略的过程、CEO 和高级管理团队对员工的责任、经营领导人/直线经理对员工的责任，以及人力资源部的责任。

对 CEO 和高级管理团队的期望

CEO 承担着对员工方向和焦点具有根本意义的具体责任。也就是说，CEO 和高级管理团队必须决定本企业的战略、品牌说明、企业及其产品在市场上的表现形式。因此，他们也必须确定本企业的文化。在此，我们再次强调，文化应当是选择的结果而不是偶然形成的。不同的战略需要不同的文化，这样企业才能取得成功。在切实可行的战略之下，企业会极力消除任何过程的变异，对员工采取一种更为严厉的方法，而非在广告代理机构或制药企业中的创意小组或 R&D 小组所需要的那种方法。因此，确定与其战略以及市场形象（即其在潜在顾客/顾客心目中的形象）一致的企业文化栋梁，应当是企业文化的主要特色。但是，正如我们在第二章所阐述的那样，这种类型的“核心差异”也必须被扩展以反映不同的战略驱动要素或业务领域对不同文化的需求程度。对战略执行的有效控制要求企业文化在这些核心和差异方面达成适当的平衡。

图 6—2　员工战略的实施：过程

对CEO/高级管理团队的期望：经营和员工战略	对经营领导人/直线经理的期望：员工队伍	对人力资源部的期望：员工队伍
□ 战略选择 □ 企业文化 □ 战略能力 □ 员工哲学 □ 领导责任 □ 人力资源部责任	□员工心态/文化 □ “A”职位 □ “A”绩效员工 □具有“A”潜力的“B”绩效员工 □针对“A”和“B”绩效员工的发展计划 □淘汰“C”绩效员工 □责任的层次结构	□ 有差异的员工管理活动 ● 选拔 ● 开发 ● 绩效管理 ● 奖励报酬 ● 沟通 ● 工作设计 □ 员工测量指标 ● 文化和心态 ● 战略能力 ● 绩效

责任是一种能力!

正如在第二章我们探讨“上选雇主”和“上选雇员”的员工品牌战略时所阐述的那样，差异化过程甚至可以开始于候选人求职之前。正如海军的征兵格言所说的那样：“少数优秀的人”而非所有雇员适合于所有的组织。这样一种方法阻止了海军所不想招募的人提出申请，同时鼓励了那些认为自己适应海军文化的人提出申请。这种文化是被海军视为对成功执行其战略具有根本意义的东西。

CEO 和高级管理团队还必须考虑对各级领导者贯彻执行本企业战略的责任和义务要求。人力资源部的责任也必须得到清晰的说明，具体的期望要由 CEO 提出。根据这些具体期望，高级人力资源领导者以及人力资源部才能通过直线经理和高级经理执行本企业的员工战略，履行造就员工队伍的责任(有具体的测量指标)。

对经营领导人和直线经理的期望

图6—2中的第二个框图说明了对经营领导和直线经理在员工方面的期望,包括对他们在战略执行过程中如何管理他们的员工队伍的期望。每个直线经理都应当对向其下属员工的文化和心态负责。也就是说,员工应当理解他们的团队为什么是本企业的一部分?它的贡献是什么?它做得怎么样?它与顾客的关系如何?它面临什么障碍?为了克服这些障碍它必须做些什么?它可以怎样提高绩效并取得成功的绩效成果?这些就是各层次领导者必须不断传达的信息。

此外,经营领导人和直线经理还必须确定经营单位内部的"A"职位,评价并跟踪了解他们的"A"绩效员工以及具有"A"潜力的"B"绩效员工。经营领导人和直线经理也必须提供淘汰"C"绩效员工的策略(不符合绩效期望的员工,在指导无效的情况下,必须离开本组织),并说明下一级直线经理目前和未来在鉴别和淘汰"C"绩效员工方面承担的责任。最后,经营领导人和直线经理必须层层建立本企业的员工哲学,要求各级管理人员对其下属员工的绩效负责。因此,战略执行要求各级管理者对其员工的心态和文化负责,要负责鉴别他们的"A"绩效员工,并为这些员工制定适当的发展计划。此外,他们还要有计划地阐明,如果想不被淘汰,员工个人就必须保持良好的绩效记录。

对人力资源部的期望

图 6—2 中的第三个框图描述了人力资源部的责任。CEO 和高级管理团队要确定战略方向和员工战略;经营领导人和直线经理要管理员工队伍以保证实现员工战略;人力资源部的角色是要能提供工具和方法,以便创建一支能有效执行企业战略的员工队伍。人力资源部必须促进企业员工队伍的创建,并与直线经理一起对同样的员工测量指标负责(即对员工的文化和心态、战略能力以及员工绩效负责)。在此,我们再次强调,员工战略的执行是人力资源部和直线管理人员的共同责任。

执行员工战略的基本角色

要有效地履行企业战略的员工责任,各级人员就要承担系列新的角色和责任。以下我们打算进一步界定这些角色,并举例说明如何才能比较有效地扮演这些角色。图 6—3 描述了对于在有效的战略执行过程中作出重大贡献的员工来说,这些角色和行动以及有关测量指标的外部特征是什么样的。我们所探究的五类主要人员——CEO、高级管理团队成员、直线经理、员工和人力资源专业人员——的行动是更好地保证战略得以执行所必需的。以下举例证明你可以如何利用你的员工来强化战略执行工作。可能还有更多的行动,要靠你根据自己的经验去设计,它们将会使战略执行得更彻底。也许有很多行动比这里所描述的还要好。我们所提供是一些概念和范例，它们说明如何能通过明确的员工战略、员工测量指标以及让领导者对员工负责，来实现有效的战略执行。这里所描述的这些角色和责任是针对CEO和高级管理团队的，而在下一章我们会讨论直线经理和人力资源部的角色和责任。

CEO的角色

CEO在战略执行方面的角色和责任是什么？以下我们来讨论一些重要的细节。

主持战略评审会，包括经营战略和员工战略讨论

从理论上讲，CEO应当与高级管理团队、董事会一起进行战略讨论，决定企业的成长战略以及高级管理团队将负责的绩效目标。但是，正如我们很多次看到的那样，高级管理团队和董事会的会议通常讨论策略而非战略。事实上，44%的公司董事认为，他们“不了解企业的关键价值驱动要素”。[5]但是战略不是一种希望、一种祈祷、一个数字或者一个延长的预算。它需要一种关于企业能力和战略意图的比较充分的讨论，以及一个有关企业在内部和外部体现自身差异的、清晰的说明。

因此，CEO应当促使高级管理团队（通常也包括董事会）确定经营战略。这通常是长时间的、艰苦的讨论。这种会议可能会触及很有争议的领域。因为对于现任领导人来说，尤

其是当企业的战略将影响到对其本人实施评价的测量指标的时候,在回答本企业身处何处以及本企业可能必须走向何处这样的问题时,可能会产生极大的分歧。对某些人来说,这些新的测量指标可能是很可怕的,可能会对他们构成极大的威胁。而对另一些人来说,新的测量指标可能是具有挑战性的、令人兴奋的新机遇。

这些问题很复杂。CEO 必须不仅要持续关注战略,而且还要公正地评价本企业的文化和能力与可选战略之间的适应程度。因为所选定的战略将对各级领导的期望、行为以及奖酬产生深远的影响,因此,朝着一种不同的、可能更有竞争优势的方向前进,需要 CEO 的决策支持。这种会议的目标是创建一种竞争优势战略,这能使企业在未来市场上赢得比较大的份额。

我们来看一个例子。某企业长期经营屋顶业务,其以往的战略只是根据市场和价格计划延长预算以增加"黑线"(即被用于许多工业建筑物的屋顶产品)销售额,现在通过讨论,战略发生了重大的变革。屋顶产品市场竞争很激烈,利润很薄。在战略讨论中,高级管理人员一直都在探究未来以及未来顾客会对什么感兴趣的问题。他们突然发现"盖屋顶买安宁"这个概念会成为顾客愿意支付额外费用的一个概念。因此,该企业开始以不同价格出售 10 年保修、20 年保修和 30 年保修的屋顶产品。果然,顾客感到很高兴,当然,产品利润也就大大提高了。

在后来的战略讨论会上,高级管理人员继续审议企业的战略并且探究其他可能发生的事情。关键不是要关注于他们正在销售的东西，而要关注未来顾客愿意购买的东西。"我们正在销售的东西与未来顾客愿意购买的东西"这个讨论框架非常有效。事实上，该企业可以使顾客更多地考虑本企业的战略以及他们所"不想担心的"事情。从这一点出发，该公司决定，由于它的产品和服务已经进入其客户的工作空间，因此它还可以开始提供设施维护。就这样，通过有意识地召开不受行业限制或与现有竞争对手竞争方式限制的战略评审会，该公司从盖屋顶业务转变为设施维修保险业务。它不断地探询怎样才能使自己在潜在顾客眼中与众不同，一直努力通过为顾客提供其愿意支付额外金钱去购买的东西以获得更大的市场份额。当然，这些变化也对该企业的传统型领导以及它的文化和战略能力提出了挑战。我们说过，新的竞赛需要的新的规则。我们希望领导者能引导变革或者可以迅速适应变革。至少，我们希望领导者不反对新业务模式以及未来的竞争优势来源。

与高级管理团队成员讨论绩效期望，包括员工责任

战略一旦确定，CEO 就必须保证它得到执行。新战略需要新的绩效测量指标，包括员工测量指标。通常，CEO 直接下属的"绩效许诺"只涉及财务期望。要有效地执行战略，绩效协议和战略成功测量指标必须包括财务期望以外的内容。也就是说，所有的高级管理人员和经理人员被期望去实现财务期望、顾客期望、业务流程期望以及员工期望。

图 6—3　战略执行与员工测量指标

CEO	高级管理团队成员	直线经理	员工
□ 主持战略评审会,包括经营战略和员工战略讨论 □ 与高级管理团队的每个成员商议绩效期望,包括员工责任 □ 与高级人力资源领导商议人力资源部能提供什么样的员工队伍	□ 参与制定经营战略、员工哲学以及员工战略 □ 参与讨论确定理想的企业文化、战略能力以及领导行为测量指标 □ 确定企业的"A"职位 □ 确定"A"职位的"A"绩效员工和具有"A"潜力的"B"绩效员工 □ 为"A"和"B"绩效员工("A"职位的)创建发展计划 □ 详细说明对直接下属的具体绩效期望	□ 承认对工作单位文化、能力以及绩效的责任 □ 承认对其自身的领导行为的责任 □ 详细说明对直接下属的具体绩效期望 □ 执行有差别的员工决策	□ 努力从外自内了解本企业 □ 承认他们必须不断提高自身能力和增加新的能力 □ 承认他们必须对自己的绩效/行为负责
员工决策测量指标样本			
□ 领导和员工行为 ● 高级管理团队成员在领导战略执行过程中的效力(180 度反馈调查) ● 在实施企业战略过程中的员工行为效力(例如战略性员工成功调查) □ 员工胜任能力 ● 合格的继任者的数量/百分比	□ 领导和员工行为 ● 直线经理在领导战略执行过程中的效力(180 度反馈) ● 在实施单位战略过程中的员工行为效力(例如,关键顾客成功测量指标) □ 员工胜任能力 ● 合格的继任者的数量/百分比	□ 基层主管和员工行为 ● 基层主管在领导战略执行过程中的效力(180 度反馈) ● 在满足顾客需求和实现服务目标过程中的员工行为效力(例如,顾客调查) □ 员工胜任能力 ● 合格的继任者的数量/百分比	□ 员工行为 ● 实现员工成功测量指标的效力 □ 员工胜任能力 ● 了解符合绩效期望重要性的员工比例 ● 了解提高其胜任能力的必要性的员工比例 □ 员工心态和文化 ● 了解企业的竞争地位/

● 战略型人才（"A"职位的"A"绩效员工）的不必要流动 ● 高级管理团队的领导人才的能力（目前准备轮岗的人员的百分比） ● 战略型人才的成长/发展（"A"职位上具有"A"潜力的"B"绩效员工等） □ 员工心态和文化 ● 了解企业战略和目标的员工的百分比 ● 了解企业在"成功测量指标"方面状态的员工的百分比	● 对单位战略成功具有关键作用的人才（"A"职位的"A"绩效员工）的流动率 ● 直线经理的能力（现已做好准备的人员的百分比） ● 对单位的成功具有关键作用的人才的成长/发展（"A"职位上具有"A"潜力的"B"绩效员工） □ 员工心态和文化 ● 了解单位战略和目标的业务单位的百分比 ● 了解单位在"成功测量指标"方面状态的业务单位的百分比	● 对班组成功具有根本作用的人才的流动率 ● 基层主管的能力（现已做好准备的人员的百分比） ● 对班组成功具有根本作用的人才的成长/发展 □ 员工心态和文化 ● 了解工作单位目标的员工的百分比 ● 了解单位在"成功测量指标"方面状态的员工的百分比	竞争优势的员工的比例 ● 了解企业员工哲学的员工的比例

人力资源部

□ 与人力资源部和高级管理团队共同制定企业经营战略和员工哲学 □ 最终确定员工哲学和战略并向管理层传达之	□ 设计绩效测量和奖励工具 □ 设计"A"、"B"、"C"跟踪系统 □ 建立 180 度战略执行领导反馈系统	□ 规定员工差别准则 □ 规定"C"绩效员工淘汰程序 □ 规定心态/文化调查方法	□ 规定胜任能力提高准则 □ 分发心态/文化调查表

当然,财务期望是最普通的。而对许多企业来说,正在形成一套有关顾客和消费者期望的测量指标。顾客测量指标对于了解企业在顾客(那些使用产品的人)方面取得成功的因素很重要。我们不提倡从传统观念出发提出的无差异的顾客满意度测量指标,因为企业可以停止满足无利可图的顾客(以及满足低绩效员工)的业务。问题在于,企业如何使顾客在与本企业打交道的过程中感到满意。也就是说,一方面,企业在与顾客互相作用的各个方面都使顾客期望得到实现,另一方面,企业也能获利。顾客的这种经验以后会导致顾客的保留、推荐以及通过客户扩大业务。

思科系统公司(Cisco System)的约翰·钱伯斯(John Chambers)提供了一个很好的例子,能说明顾客测量指标的重要性以及如何让经理人员负责满足顾客期望。他经常与其经理人员讨论顾客问题,并要求他们专注顾客。实际上,在参加与其他企业会见的时候,他常常注意到"顾客"这个词很少被提到。他认为这正是造成这些企业绩效低下的一个主要原因。在思科公司,员工对顾客观点的了解被作为有效执行战略的本质基础。[6]

因为在奖金发出之前,经理人员必须实现顾客目标。因此,顾客成功的重要性在思科公司得到了强化。也就是说,一个经理即便圆满实现了收入目标,如果其没有实现顾客目标,其奖金也会被减少。对收入负责的高级管理人员也要完成并强化顾客测量指标所确定的责任。因此,CEO与直线高级管理人员一起讨论顾客期望对战略执行来说至关重要。

同时，这也使高级管理人员以及员工了解企业对顾客成功的承诺。[7]

测量指标讨论也包括业务流程期望方面的内容。一个以追求卓越为经营战略的企业，必须随着其员工越来越有经验和越来越有能力设计出新的、更有效的、减少运营成本的方式，逐年改进其生产率。许多企业按照他们可以“靠节省达到繁荣”的假设行事，但我们更希望企业使用生产率测量指标并且让领导者负责完成每年的生产率改进指标而不是要求年年降低成本。许多企业，包括通用电气公司、沃尔玛公司、美国联信公司以及那些实行利润分享的企业，要求持续改进生产率。例如，他们可能要求每年提高3%～5%的生产率，如果能做到这一点，他们就能做到在不增加相关经营成本和避免将工资增长转嫁给顾客的情况下给员工提供奖酬。经常使用的生产率测量指标包括“总成本生产率”，即随着收入上升，成本可能还在上升但比率在下降。当然，从另一方面看，在收入下降的时候，成本一定下降，但比率上升。无论如何，通过这些系统，可以让领导者对改进生产率负责。

CEO也必须收集做有关员工成功的决策的数据。正如图6—3所示，这可能包括有关CEO、其直接下属（高级管理团队）以及整个员工队伍的数据。可以通过调查和专案小组来评价CEO的领导行为以及员工队伍的行为，尤其是在向其顾客传递企业战略的过程中的行为。当然，来自直接下属或甚至来自更下级人员的反馈，对于CEO来说可能是很有价值的意见。CEO可以利用这种反馈去改变/改进他们的行为,就像顾客反馈可以对改变与顾客直接打交道的员工行为产生积极影响一样。试想一下,如果 CEO 拥有图 6—3 中所示的数据并且根据这种数据行事的话,战略执行可能会发生多大改进。

CEO 使用像"不必要的人员流动"、"准备就绪程度"、"具有'A'潜力的'B'绩效员工"这样的测量指标,也是出于为"A"职位配置"A"绩效员工的需要。这些测量指标可用来测量体现企业各类战略能力(如领导力、研究与发展、供应链管理、并购、顾客洞察力)的战略人才的素质和程度。如果发现能体现战略能力的人才短缺,CEO 就应当集中注意补足这些人才短缺,将责任落实到具体的责任人(不论是人力资源专业人员还是直线经理)。CEO 应当也需要有关企业员工心态的数据,这些数据可以通过调查和/或专案小组来收集。这些数据也可作为决策参考,因为它们会提供关于员工文化、关注点以及员工对企业战略的了解程度的信息。有些企业,比如美国世纪投资公司(American Century Investments),已经非常努力地去评价其员工的文化/知识/业务敏锐性。该公司认为,所有的员工都应当全面了解本企业。该公司还对员工进行了一个测验以了解这方面的情况(图 6—4)。在测试之后,员工会得知自己的测试分数;在员工测试中发现的 10 道错得最多的题,连同其答案和解释也会被公布在该企业的网站上。有些员工会被邀请与其经理见面,经理会提供"正确"答案并与之讨论原因。当然,这只是了解和测量一个企业的战略焦点的多种方式之一。但是,它提供了有关员工的看法以及有关领导者对形成其员工的战略性心态方面的员工责任的看法。

面对重大的竞争挑战，绩效不佳的企业必须经常同时应付财务、顾客、业务流程以及员工等方面的指标，正如通用汽车公司最近所做的那样。通用汽车公司现在已经成为北美地区财政上最为成功的汽车企业，并且在其全球竞争对手中名列质量排名第三。这种成绩显然是来自于其经营模式的各个方面得到切实改进，特别是其领导、工程以及直线员工在生产优质车辆方面战略观念的改进。[8]

图 6—4　美国世纪投资公司核心业务知识测试(样题选登)

美国世纪投资公司的经营战略特别要求我们持续地为我们员工的技能和知识投资。本公司的核心业务知识评价是为了测量被试者对本公司、行业以及经营战略的基本了解水平。

本业务知识评价每年进行两次，同时还配合进行学习活动，针对性地解决在评价中发现的差距。本公司的平衡记分卡中包含一个重要的指标，那就是公司整体改善 10%。

以下是样本试题和类目：

类目：我们公司

以下哪个说法不是美国世纪投资公司作为首要的投资管理者的特征？

a. 我们实行积极的资金管理
b. 我们建立长期的客户关系
c. 我们投资于我们的人员和我们的文化
d. 我们投资于唯一的顶级证券
e. 我们专注于价值建议

我们的公共立场——投资者第一——概括了我们对重大行业问题的态度。具体来说，它阐明了：

a. 新近的交易状况
b. 最佳的执行状况和疲软的通货
c. 对社会意识资金的立场
d. A 和 B
e. 上述所有

类目:投资管理

在美国世纪投资公司,我们引以为自豪的是作为积极的资金管理者的角色。以下哪个说法最确切地描述了我们所说的"积极地管理"的含义?

a. 我们在遵守程序的原则下寻求投资,以构建一种将长期超出基准的投资组合
b. 我们建立符合特殊指数的投资组合并对预定的、切实可行的方案作出决策
c. 我们根据对宏观经济发展的预测,将我们的投资组合资产从一个经济部门或行业转向另一个经济部门或行业
d. 我们授权我们的投资组合经理根据他们的直觉作决策

对或错:
以下陈述描述了价值投资规范:财富保护战略用于保护投资和/或提供月收入。

类目:产品管理

你什么时候付共同基金的费用?

a. 在你购买基金的时候
b. 在你卖出基金的时候
c. 这取决于费用结构

以下关于学习探索 529 教育救助计划的说法哪个是对的?

a. 它是根据《国内收入法典》的第 529 章命名的
b. 账目收入造成了推迟纳税
c. 任何人都可以打开或捐助学习探索账户
d. 父母亲可以将金钱用于他们自己的教育机会
e. 以上全是

类目:产品配送

以下选择中哪个能最明确地说明如何通过第三方渠道进行产品配送?

a. 分立账户和顾问服务
b. 可变的投资组合和顾问基金
c. 分立账户和无费用投资者级共同基金

公共行业的投资顾问不对以下哪一条负责:

a. 金钱管理
b. 资产分配
c. 绩效分析
d. 投资经理决策

类目:我们的顾客

以下哪个不是关于来自不同市场的顾客如何对绩效作出不同评价的真实说明?

a. 机构顾客主要专注我们是否长期遵守规范的程序
b. 第三方顾客根据外部评级机构所报告相对回报来评价我们的产品
c. 直接顾客根据风格是否一致来做判断

对或错
Morningstar 和 Lipper 是被机构客户用来进行投资绩效评价的外部评级机构。

类目:我们的行业
道琼斯工业平均指数与其他很多市场指数(比如 S&P500)之间的一个主要差别是什么?
a. 它是有美国政府计算的
b. 它包括主要的巨额资本股票
c. 它不是加权的市场资本

利率在什么情况下能导致投资者以折扣价出卖自己的债券?
a. 利率可能上涨
b. 利率可能下降
c. 利率保持不变

资料来源:American Century Investment。

与高级人力资源领导讨论人力资源部能提供什么样的员工队伍

CEO 的另一个任务是执行员工战略。这要求其与高级人力资源领导讨论人力资源部能提供什么样的员工队伍。在这方面的努力通常被误导,导致意料之外的结果。在急于制定人力资源职能测量指标的情况下,有些 CEO 要求降低员工成本(并从而降低人力资源职能成本)。但是,如前所述,人力资源职能成本还不到企业收入的 1%,而员工成本大约为企业总支出的 70%。降低相对于员工成本来说是极小的人力资源职能成本,对提高员工绩效或企业财务绩效几乎没有积极影响。但是,使企业员工绩效最大化却能产生巨大的战略和财务影响,这也正是本书的主要论题。不仅企业必须有正确的战略,而且 CEO 也必须向高级人力资源领导清晰地传达这样的概念:人力资源部所能提供的成果,就是能执行企业战略的员工队伍。

因此,CEO必须部分地依据高级人力资源领导提供的有关员工队伍现状、未来员工需求以及劳动力市场供应的情况,与高级人力资源领导一起阐明员工期望。阐明人力资源部的主要目标及其所能提供的主要成果就是能够落实企业战略和有能力适应经营战略变革的员工队伍,是很重要的。因此,高级人力资源领导、高级管理团队以及人力资源部必须参与企业战略能力鉴定,必须确定对企业战略成功具有重大影响的"A"职位。人力资源部和人力资源领导必须保证这些"A"职位充分配备"A"绩效员工,保证对"A"绩效员工的选拔、开发、测量、奖酬、挽留等方面给予更多投资。对于人力资源部来说,这是一个直接影响企业战略执行和竞争优势的机会。CEO应当记住,一个对"A"职位给予不同投资的、具有战略一致性的人力资源部可以作为企业竞争优势的一个来源。

如前所述,员工战略还包括一个员工哲学。它阐明了企业与员工的关系以及期望员工有什么样的行为表现,包括预期每个员工的公司管理/道德规范问题。这样,企业员工哲学就不仅包括它如何通过员工管理形成独特的能力,而且包括它期望所有员工在努力实现企业战略成功的过程中有什么样的行为表现。

高级管理团队成员

除CEO之外,高级管理团队成员也期望通过制定和执行企业员工战略，在战略执行过程中发挥重大作用。一个企业选择如何进行员工管理，应当依据一套有关该企业员工哲学的共识，以及领导者履行其所承担的员工责任的方式。[9]

企业的员工哲学关系到我们前面所讨论过的那些问题，比如领导者向员工阐明本企业战略的责任，高级管理人员根据职位对企业的战略价值以及绩效水平对员工给予不同投资的责任。因此，适用于所有领导者的员工成功测量指标可以也应当有许多通用领域（例如战略焦点以及"A"职位的"A"绩效员工）。下面将讨论高级管理团队成员在这些方面的责任。

参与制定经营战略、员工哲学以及员工战略

除了有关员工战略以及如何使员工战略得以实施的讨论之外，还必须有一个在高级管理团队层面扩展的讨论，也就是有关员工对经营战略意义的讨论。认识员工战略的必要性是至关重要的，因为许多高级管理团队成员将员工看作是一种可以被购买和出售的日用品，即唾手可得的和对企业绩效影响很小的。当然，企业认为"头脑"是一种竞争优势的情况正在发生变化。因此，高级管理团队成员必须考虑向所有经理人员发出一个信息，让他们知道，他们对员工、战略的理解和认同程度负有责任；他们也被期望去有效地管理对于企业战略成功具有重要作用的人才。此外，他们还将必须了解他们对其员工成功所承担的责任。对他们的部分评价将是根据员工测量指标来进行的。

为了帮助高级管理人员和直线领导者有效地管理员工，可能必须说明企业与其员工的关系。这就要求CEO、高级人力资源领导以及高级管理团队作有关本企业员工哲学的决策。这个哲学包括有关企业与其员工契约的说明，并且还要为高级管理人员和直线经理提供员工管理的概念和决策准则。图6—5展示了一些关于企业考虑或正在用于形成员工哲学因素的范例。要注意，这些范例涉及一些促使高级管理团队专注其团队成员对企业与员工之间关系的期望内容。它们也为经理人员提供了一些决策准则，说明他们可以怎样将本企业员工哲学作为一种决策工具并且最终使员工哲学成为企业文化的一部分。此外，还必须注意到，图6—5所列的一些项目可能就是你企业中现有的做法。如果真的如此，根据你的战略，你希望继续这样做下去吗？为什么希望或为什么不希望？

请注意，图6—5中每个条目都有两个要选择的回答——你企业目前的员工状况和你认为未来你企业员工应有的状态。一旦作出了目前和未来的这些决策，企业就可以作出时间安排去落实显然必要的“未来”事项。但是，最重要的还是要将所选中的事项作为员工管理规则去指导直线经理以及人力资源职能人员作有关员工的决策。让直线经理和人力资源职能人员负责员工管理系统的运行是非常重要的，只有这样员工责任才能变成一种能力。

对某些企业来说，有些事项可能具有威胁性；但根据这些企业的战略，可以发现某个对企业战略成功至关重要的且极具挑战性的事项。我们建议你对这些事项进行审核，然后增加一些其他事项，从有效执行你企业的战略出发，作出你认为对你企业与员工关系具有根本意义的选择。一旦你从中作出了选择，你就应当起草一份员工哲学，利用它去向你企业高级管理人员和直线经理传达员工决策准则。

图 6—5　员工战略：建立一支战略上成功的员工队伍

什么是你的员工哲学？
为了形成竞争优势，你企业必须作出哪种选择？

以下列出的是一些原则范例，它们可以作为你企业员工哲学的基础。在你考虑如何设计和建立最佳的员工队伍以落实你企业战略的时候，它们将会激发你的灵感。请在那些符合你企业现状和你认为对落实你企业战略和建立一支在行业中最为成功的员工队伍所必需的项目上打√。这些是从各种企业中得来的员工哲学表述，但它们只是一个样本。你可以增加其他内容。

目前	未来	
□	□	1. 所有员工都得到“终身工作保障”。
□	□	2. 所有员工都有资格得到年度增资。
□	□	3. 平等比公平更重要。
□	□	4. 顶级职位的领导人才应当来自于我们目前的领导者。
□	□	5. 人员重置规划对所有顶级职位都是很关键的。
□	□	6. 由人力资源部进行员工鼓动工作是很关键的。
□	□	7. 员工具备战略能力是一种强制性的要求。
□	□	8. 每个员工的绩效都必须年年改进。
□	□	9. 所有员工都必须为企业贡献出大于其从企业所获得的价值。
□	□	10. 有效地为“A”职位配备人员是很关键的。
□	□	11. 各层次配备有效的领导人对战略成功很关键。
□	□	12. 公司“拥有”和管理大多数“A”职位任职者的职业生涯。
□	□	13. 应当对“A”职位的“A”绩效员工给予发展投资。
□	□	14. 对“A”职位的“B”绩效员工给予发展投资是很关键的。
□	□	15. 绩效管理是执行战略的一种工具。
□	□	16. “C”绩效员工必须得到开发或被淘汰。
□	□	17. 所有员工都必须为顾客/消费者成功作出贡献。
□	□	18. 没有哪个员工“拥有”职位。
□	□	19. 直线经理承担员工责任：员工心态、胜任能力成长以及员工行为。
□	□	20. 直线管理是为了实施员工战略。

□ □ 21. 我们必须将所有“A”职位都评为最高等级。

□ □ 22. “A”绩效员工必须担任“A”职位。

□ □ 23. 提高胜任能力是对所有职位员工的要求。

□ □ 24. 所有员工要么是战略性资源、操作性资源,要么是多余的。

□ □ 25. 有好想法和取得高水平绩效是员工进步的标准。

□ □ 26. 对员工给予不同的投资是必需的。

□ □ 27. “B”绩效员工预期是担任“B”职位的。

□ □ 28. “C”职位(和“C”工作)必须被排除。

□ □ 29. 管理者必须对其员工队伍负责。

□ □ 30. 知识共享对取得战略成功是绝对必要的。

□ □ 31. 留住“A”职位的“A”绩效员工是至关重要的。

□ □ 32. 我们的员工队伍是人力资源部提供的主要成果。

□ □ 33. 在直线经理或高级管理人员绩效评价指标中,员工队伍管理指标至少应当占 25%。

□ □ 34. 在所有“A”职位中,活跃的学习者都是必需的。

□ □ 35. “A”职位不是由等级层次决定的,而是根据其对企业的战略价值确定的。

□ □ 36. 所有员工都必须及时得到有关其绩效的坦率反馈。

□ □ 37. 经理人员应当是其员工绩效提高的鼓动者。

□ □ 38. 员工应当是其自己的鼓动者。

□ □ 39. 人员重置规划对所有战略性职位都是很关键的。

□ □ 40. 建设一个深入、广泛的继任人才库是很关键的。

□ □ 41. “A”职位应当位于第 75 个百分点的正中央,“B”职位应在第 50 个百分点,“C”职位应当不高于第 25 个百分点(如果一定要保留少数“C”职位的话)。

□ □ 42. 外包是我们必须采用的一种手段,它能使我们专注重点和降低成本。

□ □ 43. 离岸是一种竞争手段,我们必须用这种手段去强化我们的竞争优势。

□ □ 44. 人力资源部的主要工作焦点/顾客是直线管理人员。

□ □ 45. 人力资源部的工作焦点/顾客是企业外部顾客。

□ □ 46. 人力资源部和首席人力资源执行官(CHRO)必须作为企业的共同道德核心。

□ □ 47. 责任必须成为我们企业内部的一种能力。

□ □ 48. CHRO 必须对公司管治标准负责。

□ □ 49. 所有的领导者都被期望去向员工传达本企业(或业务单位)的战略。

□ □ 50. 下属员工对本企业战略及企业状况的了解程度将成为对领导者工作绩效的评价指标之一,所有的领导者都将接受根据这个指标作出的评价。

参与讨论确定理想的企业文化、战略能力以及领导行为测量指标

高级管理团队成员也被期望去参与员工战略讨论，就企业文化要求和战略能力鉴定提供意见，以及帮助确定各级领导者的具体行为标准。由于我们认为领导者个人必须对其员工队伍的心态、能力和绩效负责，因此，有必要就这些问题以及如何对这些方面进行测量达成一致意见。战略执行需要有效的员工管理。因此，高级管理团队必须确定出员工队伍测量指标，以便对员工管理方面的领导成就进行评价。否则，对员工在战略执行过程中的作用的关注和所投入的时间将会不足。

除了评价领导者在员工管理方面的效力，高级管理团队还应当努力确定领导者在执行企业战略的过程中应有的行为范例。我们并不认为这种测量指标很容易确定。我们在图 6—6 中提供了一个企业努力评价领导者在执行企业战略中的成就范例。这个工具被用于收集来自高级管理团队成员和低一级经理的下属员工对领导者在几个维度的效力的评价数据，这几个维度与高级管理团队在战略执行方面的成就是一致的。虽然这是为某个大型的金融服务企业所设计的，但请注意，有几个条目是适用于大多数想要确定这样一种测量工具的企业的。这张表可能不能完全适应你企业评价领导者在战略执行方面的绩效，但它应当能给你提供某些关于如何评价战略执行过程中领导责任的思路。

确定企业的“A”职位

如前所述,CEO 和高级管理团队成员被要求确定企业的战略能力,以及为企业创建竞争优势和独特性的信息、技术和人员。

然后,CEO 和经营领导者被要求不仅要确定战略能力,而且还要确定“A”职位,也就是那些对企业竞争优势具有深远影响的职位。为了帮助他们确定“A”职位,高级管理团队可能需要一些定义,就像我们在第三章所概括的那样。

Big Pharma 公司的 CEO 和高级管理团队确定了六种战略能力:R&D、许可/获得、销售/营销、政府关系、质量、领导力。然后,他们评价了他们能力的有效程度,以及为了在市场上取得非凡的成功,他们在每个能力领域必须达到什么水平。在每个能力领域,该企业都必须确定“A”职位(使用前面说过的标准或该企业为确定对本企业战略成功最为关键的职位而选定的其他标准)。在 R&D 方面,“A”职位是生物化学家;在合资企业方面,是新业务开发经理;在营销方面,是现场销售代表;在政府关系方面,是公关主任。

确定“A”职位的“A”绩效员工和具有“A”潜力的“B”绩效员工

提供一支关键性的员工队伍就是要保证我们在“A”职位拥有“A”绩效员工。正如我们在第二章中具体阐述的那样,详细说明“A”、“B”、“C”绩效的具体标准非常重要,而且将这些期望传达给员工也同样非常重要。

图 6—6 领导者在战略执行中的行为评价表(范例)

领导战略执行:导致成功执行战略的领导者关键行为

请用以下量表回答问题:

我领导力的主要缺点之一	不像我(或其他人)应有的那样有效	有效的	是我显著的能力强项之一	我本人和其他人都认为这是一种真正的实力
1	2	3	4	5

该经理在以下方面的有效性如何	不足 1	2	有效 3	4	很有效 5
1. 能提供引人注意的、可信的信息说明实现我们企业战略的要求?					
2. 亲自、一对一或在小组会上传达对战略执行的要求?					
3. 有效地利用符号、比喻和故事?					
4. 确定具体的、挑战性的(重要量级的改进)战略发展目标?					
5. 亲历亲为地参与其中?					
6. 在每次重要会议上,在每次资源分配决策会、业务审议会、绩效评审会上,甚至在非正式讨论中,都讨论我们的成长战略?					
7. 经常,尤其是在公开讨论会上表扬成就?					
8. 坚持不懈地、始终如一地、经常持久地给予乐观的支持和鼓动("失败不是一种选择权")?					
9. 影响和说服其他人成为我们企业成长战略的鼓动家和贡献者?					
10. 改变界定战略成就的测量指标?					
11. 要求我们团队成员对战略执行负责而不是只设计解决方案?					
12. 不厌其烦地反复说明决定性行动的必要性?					
13. 将快速作为一个最优先的选择?					
14. 专注于阻力来源并准确地评估阻力强度?					
15. 建立克服阻力的必要联合?					
16. 将战略执行视为一种个人激情、企业战略议程中的一次变革、组织成果中的一个变更?					

为"A"和"B"绩效员工("A"职位的)创建发展计划

讨论和确定"A"绩效员工,特别是具有"A"潜力的"B"绩效员工的发展计划是很重要的。当然,"B"职位的所有员工也应当参加职业发展活动,但是与"A"职位的"A"绩效员工和"B"绩效员工相比而言,这些活动可能更多地是自我引导式的。高级管理人员必须为这个艰难而关键的事情投入时间。这个过程不同于一般的绩效评价过程。在这个过程中,包括绩效评价过程的主要因素,如绩效规划、绩效管理(即每天的日常管理)以及绩效评审;但其中涉及发展的因素是传统的绩效评价过程所没有的。特别是对"A"绩效员工来说,这种发展,从绩效评审中得到升华是非常重要的。实际上,包含在绩效评价讨论中的有关员工发展的讨论可能会取得预想不到的结果。例如,在一个员工没有绩效的情况下,勉为其难地去讨论这个绩效问题,经理可能要花大量的时间去为这个员工设计一种有关其发展计划"安全的"讨论,避免说到历史绩效问题。但这些问题必须得到直接的说明,才能达到目前的绩效要求。有些发展或职业发展讨论可能提高个人对未来前途的认识,但它们不怎么重要的。许多经理人员认为那种讨论只是一种"表面现象",它给员工留下错误的印象。

详细说明对直接下属的具体绩效期望

一旦确定了"A"职位和"A"绩效员工,并且也就发展规划达成了共识,那么这个信息就成为该领导者绩效计划的部分内容,正如我们在图6—7中可以看到的那样。图6—7是

图 6—7　经营领导人绩效规划工作表

业务：＿＿＿＿＿＿＿＿＿＿＿＿＿＿＿＿＿＿＿＿＿＿＿＿

经营领导人：＿＿＿＿＿＿＿＿＿＿＿＿　任职时间：＿＿＿＿＿＿＿

战略 ⊞ ：＿＿＿＿＿＿＿＿＿＿＿＿＿＿＿＿＿＿＿＿＿

记分卡上的绩效 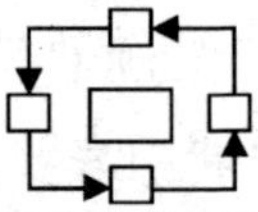

	权重	计划	指标	得分
□ 财务	%			
□ 非财务	%			
— 顾客	%			
— 业务流程	%			
— 员工	%			

战略/绩效执行计划：

战略能力：

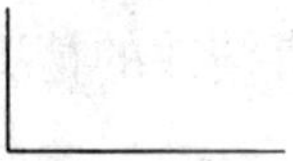

"A"职位	"A"绩效员工 /	发展计划
□ □ □	□ □ □	□ □ □

具有"A"潜力的员工

"A"职位	具有"A"潜力的"B"绩效员工 /	发展计划
□ □ □	□ □ □	□ □ □

领导行为/180 度反馈：

公认的实力	需要开发的	发展计划
□ □ □	□ □ □	□ □ □

那个盖屋顶公司用以证明绩效协议的一个计划简写版,也是该公司执行企业战略的一个工具。有关“B”职位和“C”绩效员工的其他数据也可以加在这张表上,但是在这里我们的焦点仍然放在那些能提高企业战略成果的职位和员工上。从许多方面看,它与其他企业的绩效规划活动相似,但对每个领导者员工成就方面的具体要求不同。在这个例子中,CEO承认战略执行需要员工方面发生变化,并且还承认除非领导者对其员工队伍负责,否则战略就不能得到落实,因此需要有适当的员工测量指标。这个例子也是为执行企业战略而制定有效的绩效规划的第一个主要步骤。但是,应当强调的是,所有的绩效管理活动都应当被用作执行战略的手段。非常常见的是,绩效规划做得马马虎虎,或者根据从职位说明书提出的标准来做绩效规划。绩效规划必须是具有预期性的,针对财务、顾客、业务流程以及员工测量指标的。而这些测量指标是执行企业战略所必需的。

对于高级管理团队来说,员工成功测量指标在被评价的各个类目中是相同的,包括领导和员工行为,员工胜任能力,心态和文化。所不同的是分析的单位,即对于一个经营单位的领导来说,这种数据应当是由这个经营单位提供的——来自于这个单位的员工和顾客——用于评价该领导者在领导角色方面绩效如何,以及该单位员工为该单位顾客服务的绩效如何。我们再次强调,在收集行为信息的过程中,一个重要的规则就是:只对已经观察到的行为做评价,因而只评价领导者和顾客所面对的行为。这种信息的最佳来源是那些实际看到这种行为的人。这听起来很简单,但是我们常常会为这个基本准则被违反的频率感到惊讶。对于高级管理团队成员来说,这个能力测量指标也应当由经营单位来确定。在所使用的各个类目中,这个测量指标应当是相同或相似的(例如,合格的继任人及关键人才流失率),但它根据经营单位的独特战略能力而针对不同的战略职位(图 6—3)。从对CEO 到全体员工,心态测量指标极可能是相同的(即采用通用的问题),但是也有可能使用直接针对经营单位具体特点的独特的问题(例如,操作卓越与产品领导战略可能有一些不同的问题。)

角色变化

本章探讨了对战略执行具有根本意义的三个战略:经营、员工和人力资源职能战略。我们专注于关键绩效员工的角色,目的在于充分发挥企业员工的作用。我们并不想提供一个统一解决这些问题的方式,而只是探讨员工哲学和员工测量指标如何能作为对战略执行工作产生重大影响的战略性员工决策的手段。我们不仅努力提出了有关员工在战略执行中的重要问题,而且提出一些能促进企业战略执行活动的范例。在下一章,我们将探讨直线经理和人力资源经理的角色变化。

第七章 战略执行(下篇)

——直线经理、人力资源部以及员工测量指标的作用

我们希望,到现在,你对制定员工战略、哲学以及测量指标的意义已有所了解,并且已了解了它们对于有效执行企业战略的重要性。作为回应执行挑战的第一个步骤,第六章我们专门讨论了 CEO 和高级管理团队在战略执行过程中的作用。本章将这些概念应用到直线经理和人力资源部。正如你可能料想的那样,这与第六章所讨论的内容有相似之处。但是,在本章,我们将集中讨论直线经理(对大多数员工来说是战略执行的使者)在执行员工战略和哲学的过程中所面对的独特挑战。人力资源部也面对同样的挑战,因为它在设计实现员工战略和哲学的独特系统(即有区别地对待员工)以及设计测量指标(直线经理以及组织中的其他人可借助这些指标来履行责任)方面具有关键作用。

直线经理的作用

直线经理的主要作用是执行战略。他们是前线的领导者,其工作职责就是利用下属员工去使企业战略变成现实。这要求直线经理了解企业战略、文化和能力要求,取得预期的绩效。这还要求其了解企业的员工哲学以及作有效的员工决策所必需的数据。在第六章,我们阐明了直线经理在执行战略的过程中的责任以及可能使用的员工测量指标(图6—3)。该图对于以下的讨论可能也是很有用的。

承认对工作单位文化、能力以及绩效的责任

直线经理必须承认,他们对其员工的文化、能力和绩效负有责任,对创建一种致力于执行本企业战略的文化负有责任。这个责任应当作为直线经理绩效评价的一个主要部分,并且主要针对其作为一个领导者的行为。因此,应当将一种类似于图7—1所示的绩效测量方法用于直线经理。虽然与员工测量指标类似,但其中对有效的员工管理设定的权重要高于财务成功等方面的权重。这应当是直线经理的绩效协议的重要组成部分——对员工文化、能力以及绩效承担直接的、可量度的责任,因为他们的工作就是造就战略执行所需要的员工行为。要注意的是,对直线经理的评价包括与高级管理团队成员评价相同的战略成功测量指标。所不同的只是,较低层次的经理对"使命关键性"职位负责。那些职位对任何经营单位的成功都很关键。与CEO和高级管理团队一

样,直线经理也对关键职位的人才保持负责,这已被列入绩效规划工作表。与高级管理人员一样,直线经理也对员工心态、文化(包括业务敏感性)以及他们作为领导者的行为(基于180度反馈或类似的调查)负责。直线经理必须表现出领导者的行为,这包括给其下属员工提供工作重点,帮助下属员工建立完成本单位使命的能力。

图7—2是某大型造纸公司所使用的一个调查工具范例。领导者行为在战略成功测量指标(即顾客成功)和基本的员工领导责任(例如胜任能力不断提高、绩效管理、领导变革)履行等方面得到评价。这种工具能为改进领导者行为或突出改变领导能力的必要性提供数据。

承认对其自身领导行为的责任

对任何员工来说,成为领导者都是一个重大步骤。它意味着通过别人去完成工作任务以及利用(或开发)领导技能去取得成果。战略执行需要不同程度的领导力。有自愿追随者的领导者能影响工作团队不断提高绩效水平,而不只是保持控制。因此,直线经理必须承认他们是领导者,要负责传达战略议程、调动和分配资源、塑造理想的员工行为以及创建一种从战略上注重高绩效的文化。他们必须不断地提高其工作单位的绩效,并对自己作为领导者的行为负责。

这为什么是一个问题呢?因为管理职位与非管理职位的一个差别就是对人力资源的责任。几乎在任何一个职位上,员工都只对各种资源(例如财务、材料、信息、时间)负责,

图 7—1 经理/基层主管人员绩效规划工作表

业务单位：______________________________

经理/基层主管：______________________ 任职时间：______________

成功测量指标：

	权重	计划	指标	得分
□ 财务	%			
□ 非财务	%			
— 顾客	%			
— 业务流程	%			
— 员工	%			

战略/绩效执行计划：

完成关键使命的能力：

□ □

□ □

□ □

□ □

关键职位	关键员工 /	发展计划
□ □ □	□ □ □	□ □ □

关键使命职位上具有良好潜力的员工：

职位	具有良好潜力的员工	发展计划
□ □ □	□ □ □	□ □ □

关键使命职位任职者：

职位	测量指标	目标	状况
□ □ □			

领导行为/**180** 度调查结果：

	测量指标	目标	状况
□ 工场文化 □ 领导者行为			

图 7—2　战略执行：直线经理效力调查

ABC 纸业公司/多来源管理调查问卷
员工成就

	无效				很有效	
创造战略心态						
1.传达企业战略	1	2	3	4	5	NA
2.传达我们将如何实现我们的战略	1	2	3	4	5	NA
3.让员工了解战略进展状态	1	2	3	4	5	NA
提高员工胜任能力						
4.指导绩效改进	1	2	3	4	5	NA
5.为员工提供有关在 ABC 公司职业发展机会的建议	1	2	3	4	5	NA
6.教与工作相关的技能	1	2	3	4	5	NA
7.为高潜力者提供指导	1	2	3	4	5	NA
8.监控员工职业发展状况	1	2	3	4	5	NA
领导变革						
9.确定战略方向	1	2	3	4	5	NA
10.确定伸展目标	1	2	3	4	5	NA
11.创建符合战略方向的文化	1	2	3	4	5	NA
12. 快速、准确地做决策	1	2	3	4	5	NA
13.在直接下属中建立团队	1	2	3	4	5	NA
14.实现愿景	1	2	3	4	5	NA
15.激发员工去取得业务成就	1	2	3	4	5	NA
16.公开、坦率地分享信息	1	2	3	4	5	NA
绩效管理						
17.确立业务目标(财务的、顾客的、运营的)	1	2	3	4	5	NA
18.说明对员工的行为期望	1	2	3	4	5	NA
19.建立业务绩效的重点顺序	1	2	3	4	5	NA
20.经常提供反馈	1	2	3	4	5	NA
21.坦率地提供反馈	1	2	3	4	5	NA
22.准确评价员工绩效	1	2	3	4	5	NA
23.基于绩效分配奖酬	1	2	3	4	5	NA
24.进行绩效评审	1	2	3	4	5	NA
25.必要时对员工采取适当的行动	1	2	3	4	5	NA
环境健康与安全						
26.要求环境健康与安全政策到位	1	2	3	4	5	NA
27.要求执行环境健康与安全标准	1	2	3	4	5	NA

28. 致力于保证实现所有的环境健康与安全目标	1	2	3	4	5	NA
顾客中心/成功/成效						
29. 强化顾客/客户关系	1	2	3	4	5	NA
30. 保证满足顾客/客户要求(例如质量、速度、成本)	1	2	3	4	5	NA
31. 为现有顾客创造和提供新产品和服务	1	2	3	4	5	NA
32. 设计进入新市场的策略	1	2	3	4	5	NA

小结

列出该主管做得很好的三件事

1.

2.

3.

列出该主管应当改进的三件事

1.

2.

3.

综合意见：

____

____

____

但是唯有管理职位拥有“会说话”的资源，而直线经理职位则是对最昂贵的企业资源——人——负有决策责任的入门职位。不良的员工决策(和不适当的员工测量指标)的一个后果就是，根据员工在其现任职位上的良好表现将其晋升到管理/主管职位。作为优秀“实干家”的员工并非必然能成为好的管理者或领导者。熟练掌握焊接技术并非必然意味着，一个好焊工应当被提升为焊接主管。这种职位要求领导者具备确立高标准和传达挑战性信息(甚至向朋友)的勇气，以及抵制无助于企业战略执行的工作表现的主动性。管理是一种艰难的工作，这种工作必须面对有效执行战略的严峻挑战。

详细说明对直接下属的具体绩效期望

领导者的一个主要精神飞跃就是承认自己的主要责任是通过别人完成工作任务。这是对任何管理职位的经典定义。战略执行要求清楚地说明对每个直接下属的绩效期望,包括像要求每个员工对组织的贡献多于其从组织中的所得这样的期望。每个员工都有资格了解对他们的期望是什么以及他们的工作绩效如何。在绩效评价过程中,员工应当没有什么不知道的情况。因此,企业必须要求经理人员不仅传达绩效期望,还要检查员工绩效以保证工作成效。

执行有差别的员工决策

为了执行企业战略,直线经理必须执行差异化的员工决策。员工差异化与战略执行是平行的概念,因为二者都要求具体说明要实现什么,制定测量标准以评价进展,以及提供与绩效相称的结果。经理人员负责制定与企业战略执行要求一致的差异化员工决策(例如选拔、开发、晋升和奖酬)。为了做到这一点,必须用类似于前面我们介绍过的那些员工哲学和测量指标(即保证让组织的高层管理者承担责任的那些指标),评价经理人员在领导其员工执行企业战略方面的绩效。因此,所有的直线经理都被期望去贯彻企业的员工哲学,提供员工测量指标和目标,执行能实现企业战略的员工决策。这是直线经理的一个巨大的责任,因为直线经理能影响到企业中最大部分的员工。

适用于直线经理的员工测量指标应当针对监督管理员工行为、能力和心态。因此,数据收集应当针对更小的工作单位——那些向直线经理报告工作的人员或那些由直线经理负责管理的人员。关于直线经理的上行反馈应当来自该经理的直接下属以及员工行为数据,尤其是来自直接面对顾客的那些职位的数据,因为那些数据是由顾客提供的。员工能力数据可能分为几类:"准备就绪"、关键人才流动、新领导技能的提高等。这些数据来自于该经理的工作小组内部。最后,该工作小组的战略焦点或心态也可以通过企业员工调查来评价,也可用适合于该工作小组所面临的特殊情况的其他问题来加以补充。简言之,所评价的是员工的理解、员工的工作能力以及员工在实现经营战略过程中的行为。

员工的作用

CEO 和高级管理团队(包括高级人力资源领导)主要负责决定企业的战略,而直线经理和员工则主要负责战略执行。但是,传达某些基本的员工期望可能非常有助于战略执行。这些概念可以成为企业员工哲学的组成部分。这些概念如果得到有效的传达,就能对企业的战略成功产生巨大的影响。这些概念包括:期望员工了解企业在其市场上的形象(从外部了解)、必须不断地提升自己的能力、要对自己的行为以及战略绩效贡献负责。这些看起来可能是些显而易见的概念;但据我们的经验来看,这些概念往往得不到员工恰当的了解和接受。这种情况正在改变。在 Biogen Idec 公司

(一个20亿美元的生物技术企业),员工要成为他们自己的鼓动者,或者经理人员要成为优异员工的鼓动者。而不是让人力资源部做员工的鼓动者。因此,员工必须关心他们自己的提高和职业生涯管理,提出他们自己的需求。但是,对合格的候选人,高级管理人员和人力资源部非常愿意为其职业发展投入发展/轮岗投资。[1]

努力从外自内地了解本企业

了解本企业在市场上的成功程度,可以帮助员工认识他们能够做些什么去更好地落实本企业的战略和强化他们自己的工作保障。有非常多的例子说明员工不了解企业在市场上的状态,包括第三章所介绍的目前很著名的西尔斯公司的例子。[2]西尔斯公司的高级领导团队惊讶地得知,员工认为他们最重要的使命是"保护公司的资产"(即防止入店行窃),而不是使顾客或投资者满意。同样,在问及该公司每美元销售额的利润时;员工的答案是43美分,而实际利润才一美分多一点。这就是员工对企业战略、市场、利益相关者以及各个方面的成就缺乏了解的证据。

在前面提到的美国世纪公司,员工在核心业务知识测试(员工测量指标之一)中的平均得分为62%。这种缺乏战略知识的情况甚至可能出现在企业较高层次人员中。在EDS公司(Electronic Data Systems),中层管理人员战略回顾会表明,中层经理不能说明该企业目前或未来的"经济引擎"。Springfield Remanufacturing公司声称,有很多有趣的事例表明，员工必须了解如何执行战略。在该公司，所有的员工都必须参加该公司会计系统的课程学习并通过考试，具备适当的财务能力才能保住工作。[3]实际上，他们必须学会像银行家做企业评估的那种思维方式。理想地说，员工应当记住，某些知识对有效执行战略是很关键的。领导者要让员工随时了解企业的情况，但员工自己也有责任通过各种渠道了解企业的战略和顾客，以及为使企业取得成功他们必须做的事情。

对员工的这种期望通常被叫做业务敏锐性，它是执行战略所必需的一个重要焦点。形成这样的战略心态是各级领导者，包括CEO、高级管理团队成员、直线经理以及人力资源部的共同责任。但是，员工必须被期望不仅了解传达给他们的东西，而且还必须去寻找有助于企业发展以及改进他们自己绩效的市场/顾客数据。

可以用几个例子来说明应当如何让员工思考业务。一个例子来自于通用电气公司。该公司通过广播介绍了一个海军飞行员由于引擎失灵而导致飞机坠落到密歇根湖的飞行记录，生动地向员工说明了飞机引擎安全的重要性。该飞行员对该飞机引擎的憎恶表现得非常明显。通过观看这个录像带，通用电气公司飞机引擎事业部的员工认识到了每个员工一丝不苟地执行制造质量标准的重要性。

又如，Medtronic公司（心脏瓣膜及其他电子医疗设备制造商）每年举行圣诞晚会。在晚会上，带着Medtronic装置的病人对“拯救他们生命”的员工表示感谢。这是一个生动的演示,说明 Medtronic 公司员工在拯救生命和提高产品质量方面的作用。[4]

让顾客到企业中来,与员工见面,这是一种非常有效的做法,能帮助员工了解本企业在顾客眼中的形象。在见面这一天结束的时候,所有的员工都一定会理解,他们唯一的工作保障就是获得和留住顾客。这样,为留住顾客而努力就成为每个员工个人利益的一部分。有效的战略执行要求直线经理帮助将市场竞争的现实带到工作场所。

承认他们必须不断提高自身能力和增加新的能力

重要的是,员工承认他们必须不仅完成任务,而且还要不断地提高自身能力。大多数员工为了得到更多的年度涨薪,总会强调自己的最佳优势,说自己有更多的经验因而应当得到涨薪。但是,正如他们必须被提醒的那样,在企业中又留了一年并非必然意味着能力又提高了。因此,企业员工哲学的部分内容可能是要向员工说明他们在很大程度上应对自己的职业发展负责,他们必须寻找途径(企业内部和外部)去提高自己目前的技能,而且还要增加新的技能。胜任能力的提高是创建个人竞争优势进而得到长期雇佣的唯一保证。显然,领导者和人力资源部应当帮助员工获得胜任能力,但只有员工自己才能最终决定自己的行为并承担由自己的行为带来的风险。这种行为能使他们提高自己的胜任能力。

承认他们必须对自己的绩效/行为负责

最后，员工必须了解，他们也必须对他们自己的行为负责，绩效有因果关系。他们应当寻求——实际上是要求——反馈，这样才不会有任何使他们感到惊讶的结果出现。杰出的绩效应当得到认可和奖励，不合格的绩效应当被指出，并且还要提出适当的处理结果。因此，在将企业的员工哲学付诸实践的过程中，领导者清晰地说明了对员工的期望并根据绩效确定了员工差别。事实上，在少数组织中，我们观察到，在差异化的方法得到公正实行的时候，或者在有效的人力资源管理系统(例如成果共享)得以落实的时候，员工们会互相进行绩效监督。否则，企业会造成一种不良的环境，在这种环境中，员工不注意杰出绩效(个人的或集体的)，而只看到对不良绩效几乎没有处理结果。对不合格的结果不提供反馈，这会使人一直保持这样的假设：他们的雇主会永远这样存活下去，他们也会永远这样存活下去。但是，现实情况却是：企业的寿命比我们作为人的个人的寿命要短，企业战略生命的寿命甚至会更短。理解每个员工为企业战略执行付出努力的重要性及其结果，可以对战略执行产生巨大影响。

人力资源部的作用

针对所有这四方面的支持者——CEO、高级管理团队成员、直线经理以及员工——都有需要完成的人力资源工作。

在这里,我们希望高级人力资源领导能成为人力资源职能的CEO,而且能提供企业所需要的战略性员工队伍。这也可能要求高级人力资源领导去参与"人力资源部的人力资源工作",在人力资源部内部创建更强的能力。下面,我们将努力探讨,为了使人力资源部能非常有效地配合上述各方面的支持者,我们可以做些什么。

人力资源部与 CEO

正如图 6—3 所示,人力资源部在战略执行方面的主要作用包括:影响企业的员工战略和哲学,为高级人力资源领导确定绩效目标,以及确定向领导者(如果每位领导者都与人力资源部共同负责培育企业员工队伍的话)传达有关企业员工哲学方面的什么内容(例如确定差别的方法)。以下我们就来讨论这些问题。

与人力资源部和高级管理团队共同制定企业经营战略和员工哲学

高级人力资源领导必须出席高级管理团队的战略评议会,在会上说明员工的含义(即行为、胜任能力、心态和文化),并对所探讨的战略选择提出意见和建议。一旦战略和企业的品牌信息得到了理解,人力资源部就必须与CEO、高级管理团队一起努力阐明文化期望和战略能力的必要性。事实上,高级人力资源领导可以让企业用第六章介绍的那个简单模式确定战略能力。在那个简单模式里,高级管理团队确定了那些使企业能够实现其战略发展期望的战略能力（例如物流、配送、市场、销售、R&D、兼并和收购）。

一旦企业必需的文化和战略能力被确定下来，CEO和高级人力资源领导就应当商定对人力资源部的期望。在这里，又可以应用曾被用于其他高级管理人员的战略成功范畴，即财务成功、顾客成功、业务流程成功以及员工成功。当然，人力资源部可以在这些领域中都取得成功。但正如对直线经理一样，各范畴的权重可以不同。实际上，因为员工是人力资源部可实现的成果，因此，对高级人力资源领导整体评价的60%～80%都可以依据对企业员工队伍的评估以及员工队伍对企业成功所作贡献的评价。也就是说，对高级人力资源领导的决定性评价将依据说明以下这些方面情况的测量指标：员工心态和文化、“A”职位“A”绩效员工具备战略能力的程度，以及某些对企业成功具有关键意义的职位任职人的绩效和行为。此外，还可以对高级人力资源领导做以下方面的评价：财务贡献，比如人力资源部内部节省成本的创新活动；顾客成功，比如人力资源部发起的影响顾客市场的特殊计划（即员工成就）；以及使人力资源管理更有效、更准确的业务流程改进。以往，主要根据活动来评价人力资源部（例如事务处理的准确性、补充人员的时间、降低成本等），而没有测量人力资源部的主要产出——能实现企业战略的员工队伍。图7—3提供了一个高级人力资源领导测量指标概览，还包括一些例子。

最终确定员工哲学和战略,并向管理层传达之

领导者和员工必须从人力资源部、直线经理以及 CEO 那里了解企业关于员工绩效和员工差异的哲学。显然,人力资源部必须与高级管理团队一起来确定这些内容,通过高级管理团队来传达员工哲学,坚持将员工成功作为对每个直线经理要测量的责任。当然,在任何一个测量指标驱动的组织中,所有的经理人都要接受有关"员工成功"——员工对业务模式成功的影响程度——的评价,正如对他们进行的有关企业业务模式的其他各方面的评价一样。

关于员工战略(或哲学)的陈述还不常见。实际上,对人力资源部的角色及其所担负的员工责任的理解是一个比较新的概念,现在只有少数组织清楚地说明了员工期望并要求人力资源部对有关员工成功的测量指标负责,而不只是对人力资源职能活动负责。

人力资源部与高级管理团队

在人力资源部与高级管理团队之间有许多方面的关系。为了使高级管理团队更好地落实企业的战略,有三种人力资源职能活动能对高级管理团队执行战略的过程产生重大影响。第一个是绩效管理和奖励手段。如果有效的战略执行需要策略、测量指标和结果,那么人力资源部就必须提供某些评价个人绩效的手段以及一种对贡献者实施奖励的方法。第二,人力资源部也必须提供一种跟踪了解"A"、"B"、"C"绩

效员工的手段以及评价“A”、“B”、“C”绩效员工和职位的工具。第三，人力资源部还必须开发一种用以评价领导者的战略执行行为的方法。

设计绩效测量和奖励工具

人力资源部必须为高级管理团队提供战略执行工具，以保证其履行更大的领导和员工责任。绩效管理是一种战略执行手段。它详细说明对直线经理的绩效期望，并便于直线经理将绩效期望分解给下属员工。有效的绩效管理也需要员工测量指标。这些指标能检查其员工队伍中的“A”、“B”、“C”绩效员工，以及那些应得到认可和奖励的“A”绩效员工。人力资源部也必须制定“C”绩效员工的淘汰程序。显然，如果绩效管理要被用作一种战略执行手段，那么，使用传统的职位说明书，包括MBO，就不能导致战略的有效执行，因为它们不具备战略上的一致性（即没有从上自下形成层叠体系）。

而更糟糕的是，在许多组织中，绩效评价完全没有进行或没有按时进行，极少为员工提供指导，经常使员工感到惊异。而且，由于没有在一个绩效周期开始的时候就清楚地说明绩效期望，也没有动用一个如上所述的那种程序，因此，那些因公平、合法的原因被解雇的个人常常提出诉讼（并且有时是集体诉讼）。关键是要提供一个程序并且让经理人员对其直接下属的管理负责。因此，用以评价领导者在管理其最宝贵的资源方面的绩效的员工测量指标是很关键的。

图 7—3　SHRVP 记分卡：测量指标样本

员工测量指标

领导成就

- □ **领导行为 180 度评价**
  - —了解 HR 战略的比例；
  - —了解 HR 战略如何与业务战略相联系的比例；
  - —了解以下方面改进的比例
    - ● 绩效管理
    - ● 信誉
    - ● 给员工的反馈
    - ● 给 HR 员工的奖金分配
    - ● 指导效力
- □ **HR 员工成就**
  - —通过 HR 素质模型中的 HR 胜任能力"检验"的比例
- □ **HR 部目标**
  - —HR 系统整合得更好
  - —战略能力区别更好

20%

员工心态

- □ **员工调查得分**
  - —了解我们要成为低成本的供应者的比例
  - —相信他们知道自己在组织中的角色的比例
  - —相信他们有胜任工作所需技能的比例
  - —了解团队意味着不让他人失望的比例
  - —了解消费者是其工作保障的唯一来源的比例
  - —了解消费者成功比消费者满意更为重要的比例
  - —了解速度是在我们行业中取得成功的唯一方式的比例

30%

员工胜任能力

战略资源

- □ **高级管理资源**
  - —新高级管理者的 180 度领导评价得分
  - —"C"等级高级管理者淘汰率
- □ **技术/专业人员**
  - —消费者服务
    - ● 通过产品信息测试
  - —物流/配送
    - ● "第一选择"出价被接受的比例
    - ● HiPo 技术人才保持率
    - ● "C"等技术人员淘汰率

其他资源

30%

对企业绩效的贡献

- □ 财务成功
- □ 消费者成功
- □ 业务流程成功
- □ 员工成功

- □ **财务成功**
  - —与收入有关的 HR 成本的生产率贡献
  - —总劳动成本/总营业收入
- □ **消费者成功**
  - —秘密购物者评分改进的比例
- □ **HR 流程成功**
  - —因员工福利成本的改进导致生产率提高的比例
  - —改进人员招募成本/雇用质量的比例
  - —改进人员补充的及时性的比例
  - —加大最优绩效者与平均绩效者间的奖金差距的比例

20%

很显然，为了执行战略，每个经理都必须接受有关员工责任的评价，而且还必须根据以下方面的绩效获得奖励：(1)员工了解经营战略的程度；(2)为“A”职位配备“A”绩效员工的程度，以及为“A”绩效员工和具有“A”潜力的“B”绩效员工制定发展计划的程度；(3)筛选组织的员工队伍以保证使非贡献者变成贡献者或被淘汰出去的程度。

这些问题是显而易见的。实际上，可以强调，除非这些决定得到高级管理人员和直线经理执行，否则企业的战略就不能得到有效地执行。但是，当组织拥有没有绩效的员工的时候，它们常常会将这些员工放到一边去（往往是给他们一种模糊不清的工作安排——在日本这叫做“窗户看守”），同时人力资源部会收到重新为这些职位补充人员的要求。从很多方面看，创新型企业实行的扁平型等级结构的底端就像是两个同比放大的盒子（代表高绩效员工和低绩效员工），顶端是一个小塔尖，代表 CEO 的办公室。在出现困境的时候，这种组织可能决定，必须减少员工，并裁减入门级员工。如果困境继续，则必须大量裁减专业人员和管理人员。从根本上讲，过剩的能力最终都会被从这种企业中清除掉。组织在给这些员工贴标签的时候，通常会用些委婉的说法，比如说“过剩”。这几乎就是公开承认：即使这些员工没有作有效的贡献，也一直被留在企业里。在经理人员被问及确定其员工队伍中绩效最优的 10％员工或绩效最差的 10％员工有多容易的时候，很多人回答说他们可以在瞬间确定。事实上，如果下一次裁员来临，他们早已根据绩效确定了谁该走人。这就等于公开承认,如果企业要有效地执行其战略并避免绩效不佳,就必须阐明对员工绩效的责任。只有运用有效的绩效管理手段并且让管理者对员工绩效负责,才能使战略得以有效执行。

设计"A"、"B"、"C"跟踪系统

人力资源部的另一个作用是,保证在企业战略议程中有一个关于人才重要性的对话,并且要设计有助于战略执行的工具和跟踪系统。从历史上看,一直没有员工测量指标,即没有公开鉴别"A"职位、"A"绩效员工、"B"绩效员工、"C"绩效员工等的手段。如果没有员工跟踪系统,经理人员将难以负责。因此,只有制定了测量指标(即使这种指标可能不准确、不完善),才能创建一种责任心态,这种心态将会导致有效的员工决策。我们提倡建立一种员工决策数据系统。这个系统将会强行要求高级管理人员和直线经理从企业最佳的长期利益出发,谨慎决策。通过利用能详细说明绩效期望的人力资源工具,以及利用为鉴别"A"、"B"、"C"绩效员工而设计的测量指标,领导者能更好地履行责任,在领导其员工队伍和区别对待员工绩效方面做得更好。

建立180度战略执行领导反馈系统

可以让经理人员负责执行"A"、"B"、"C"决定,但也可以利用"360度"领导调查中的所谓180度调查内容,让他们通过来自其上司和直接下属的反馈对其自身的领导行为负责。

因此,反馈不仅能鉴别在战略执行过程中的领导效力(图 6—6),而且也能提供有关领导者履行其员工责任的效力。图 7—2 已经展示了某大型纸业公司最近所使用的调查问卷的范例。

人力资源部与直线经理

在与直线经理共事的过程中,人力资源部常常面对一种特别的挑战。正如我们所注意到的那样。较低层次的经理人员,尤其是基层主管人员,可能从来也没有希望当经理。但是一旦他们担任了这个职务,他们往往就难以放弃它,尽管他们可能不能进入高层次管理人才的行列。显然,这会对人力资源部提出人才选拔和开发方面的挑战。但是,企业往往试图不做困难的领导人员调整决定,特别是不做调整那些长时间在企业供职的领导者的决定,径直就去执行战略。无论如何,我们承认,任何领导角色都很难,因为它要求领导者做区别对待员工的决定,而这可能会涉及他们的朋友。这些情形对有效执行战略来说是严重的障碍。

尽管存在这些问题,但人力资源部还是必须找到合适的方式去帮助领导者(尤其是经理)做执行本企业战略所必需的艰难的员工决定。这要求人力资源部为直线经理提供员工差别准则,便于其区别所辖的“A”职位(例如,Land’ End 公司的顾客服务代表、戴尔计算机公司在线产品专家、葛兰素美克公司的研究科学家);提供员工淘汰程序以便鉴别和有效、合理地处理“C”绩效员工。此外还要给直线经理提供工具,便于他们评价自己在创建执行企业战略所必需的员工心态方面的绩效。

规定员工差别准则

人力资源部应当为直线经理(以及高级管理人员)制定员工差别准则(如前述的例子所示),帮助直线经理做艰难的“A”、“B”、“C”决策。针对战略性职位上的广大员工,人力资源部应当制定这些具体职位准则。随着经理人员对有差别决定越来越熟悉,人力资源部就能将一般的职位准则发展为针对战略性职位的准则,再发展为针对具体职位的准则。决策越具体就越容易执行。

规定“C”绩效员工淘汰程序

人力资源部也应当向直线经理保证以有尊严和尊重的方式处理“C”绩效员工,以及帮助“C”绩效员工完成转变过程;努力帮助直线经理承认:做有关“C”绩效员工(特别是那些对企业无贡献的员工)的处理决定,是他们本职工作的一部分。因此,一旦某个员工被宣布为“C”级绩效(在竭尽各种指导及其他方式之后),人力资源部必须采取有效的方法让该员工得知雇佣终止、解雇等等,这样才能使离职顺理成章地进行。企业应非常熟悉在当今的环境中如何完成这个程序。

规定心态/文化调查方法

在执行企业战略的过程中，直线经理也应当从其直接下属那里得到有关其领导行为的某个重点问题的反馈。这种调查应当提供关于直线经理在创建文化和管理员工绩效方面的领导效力的反馈。这些数据开始只用于发展的目的，但长期下来，应当成为对所有直线经理绩效评价和审核的一部分。

人力资源部与员工

人力资源部可以怎样对企业战略执行活动的贡献产生直接影响？有许多方式，但只有两种方式比较突出。这两种方式是：用于评估员工（尤其是"A"职位员工）成长的测量指标，和用于评估在战略执行活动中员工战略焦点的测量指标。前面我们已经介绍了一些测量指标范例。但在这里，我们还要探讨人力资源部如何能更好地利用员工测量指标对企业战略执行成功作出直接贡献。

规定胜任能力提高准则

人力资源部对全体员工的责任是：设计强化职业生涯的手段、建立胜任能力成长模型、公布系统以及做任何有助于提高员工胜任能力的事情。一般说来，员工主要是通过实际工作实践来得到提高的。这就意味着，员工个人应当在不同的工作岗位上轮换。不仅企业而且员工个人，都是这种轮岗的最大受益者。随着胜任能力的提高,员工变得对组织更有价值,其职业发展机会以及薪酬增长机会也就增加了。通过轮岗获得能力提升也可能意味着,企业员工哲学的部分内容应规定,没有哪个员工固定拥有一个职位;企业拥有所有职位,而员工被期望提升自身胜任能力并成为其他职位的胜任者。

战略职位胜任能力成长模型能测量员工成长程度,有助于提高企业竞争优势。人力资源部应当花时间和精力去开发胜任能力成长模型。正如前述的那个从非管理职位转换到管理职位的晋升决策范例所说明的那样,员工成长和发展往往是随机的,职业发展活动往往没有得到有效地管理。这类活动必须变得更有具体针对性。在这方面,人力资源部可以发挥重大作用。

问题是如何保证员工不断提高影响企业竞争优势的胜任能力,并能够对这种进步加以测量。运用胜任能力成长模型和与基层主管进行职业发展讨论肯定会有帮助。此外,也可以通过员工哲学规定,除重视员工绩效贡献之外,全体员工还必须提高自身的胜任能力。

杜邦公司的技术员工胜任能力成长模型是一个范例。该模型被用于工程系列,从Ⅰ级工程师到著名的研究人员。[5]创建这个系列是为了促进杜邦公司内部关键能力的提升。它是一本名为《你的职业生涯路径》(*Your Career Pathways*)的手册的部分内容。由于其努力为技术人才持续成长提供保证,因此该模型已在企业内部和外部几次获奖。[6]20世纪90

年代后期，许多年轻的科学家所具备的能力比杜邦公司对那些资深科学家要求的能力还要多。杜邦公司犹豫不定：是应当雇用更多年轻科学家还是应当保留那些资深科学家。问题是，一个企业应当如何以某种程式化的方式去培育战略型人才以赢得企业的未来。胜任能力成长模型便是杜邦公司的一部分答案。该模型与薪酬相联系，利用了与海氏(Hay)系统有关的一些薪酬因素：实际知识、责任以及解决问题的能力。它是一个进步系统，而不是一个晋升系统。因此，在根据高一级胜任能力或员工测量指标对员工进行测量时，如果该员工"符合"标准，则可以进入高一层次，并得到为那个层次的职位"价值"支付的薪酬。

另一个例子是位于密歇根州法明顿山(Farmington Hills)的尼桑公司R&D部。它负责设计尼桑公司在北美市场销售的汽车。[7]当外国企业在另一个国家落户的时候，其在员工方面通常没什么优势，因此必须寻找其他的手段去提升其人才，以保证能赶上或超过竞争对手的人才。这也正是尼桑公司的难题。因此，除了从日本带来质量工程人才和尽量从美国吸引一些最佳人才之外，该公司还确定，获取竞争性人才的最佳途径是全力以赴培养人才。因此，他们建立了几个能力模型，用于不断加强和提升员工队伍。这项成果设计耗时两年多，采用了名为 *nemawashi* 的日本做法，具体做法包括举行一系列具体讨论每个职位(工程、CAD/CAM 等)的胜任能力和期望的会议，直到所有经理人员达成一致意见。这样，在设计过程完成时，他们没有进行大肆渲染或大吹大擂，但是由于达成了一致意见,该系统就比较容易实施,因为许多工程师已经得到了对最终标准发表意见的机会。这些模型(共有6个)被张贴在尼桑公司设计区域外面,并且每年由一个9人组成的小组来做晋升决策。每年该小组有3名成员被撤出,又补进3名新成员。工程师可以自荐晋升,让该小组中负责做晋升鉴定的成员对他们的自荐资料进行评价。这种做法带来了实实在在的财务回报。

战略执行:综述

第六章和第七章阐述了高级管理人员、直线经理、人力资源部以及员工在战略执行中的作用。为了实现企业战略,我们认为,一个企业需要三种战略:经营战略、员工战略和人力资源职能战略。有许多重大的决策(战略抉择、员工哲学等)必须得以执行,为了落实战略要做很大的努力。图7—4对许多方面进行了概括,从这三个战略中我们可以看到,我们对每个战略做的努力和决策。由于我们的焦点一直放在员工和人力资源战略上,因此我们要提醒自己注意某些关键内容。首先,我们来看看员工战略部分。我们注意到主要的决策包括必要的文化、能力、职位、绩效、员工,以及最困难的员工哲学和可能要求员工执行的"新规则"。

图7—4也展示了这种新规则的某些范例,例如"'A'职位的'A'绩效员工",直线经理的员工责任,"C"职位(和"C"绩效员工)淘汰等等。因此,一个与经营战略相符的员工战略要求对企业资源进行最有效力和效率的分配和结合,以保

证适应预期的市场差异。

也必须有鼓励人力资源部对战略执行和文化变革给予更多投资的人力资源战略。戴夫·乌尔里奇在他的HR畅销书《人力资源冠军》(*Human Resource Champions*)中,探讨了人力资源部在建立员工能力和文化方面的关键作用。[8]

人力资源部可提供的成果就是造就对企业战略执行结果具有影响力的员工队伍。员工测量指标包括心态、胜任能力和行为测量指标,它们对平衡记分卡的战略部分具有影响,并且有助于创建员工成功。因此,所有的人力资源实践活动(例如人员选拔、开发等)都应当与实现员工成功结合起来,并且用直接显示员工成功的测量指标来加以测量。最后,实现员工战略必须成为所有领导者和人力资源部的责任。在实现员工战略的过程中,各级领导者和人力资源部要使用同样的员工测量指标对象,包括心态、能力和行为等(见图7—4中的连结箭头所指向的那些方面)。因此,人力资源部所提供的结果一定会有助于企业业务模式成功;各级领导者也必须对员工成功负责。因为领导者,比如人力资源部,会对员工的战略执行绩效产生影响。如果不共同承担责任,就不可能实现有效的战略执行。

一种新的合作伙伴关系

本章探讨了直线经理和人力资源部在战略执行中的作用。我们的目的是要清晰地说明这些作用,并举例说明怎样才能极大地强化这些作用。读者从中应掌握的主要要点是:

在战略执行过程中，直线经理和人力资源部必须在员工管理方面形成一种新的合作伙伴关系；并且这两个群体所做的努力应当针对相同的测量指标。同时，也提醒读者，如果只有组织高层的努力，战略执行不可能取得成功。直线经理和人力资源部对员工心态和能力具有重大的影响，包括正面和负面的影响。有效的员工测量指标有助于作出战略性员工决策。这可以对任何企业战略的成功执行产生巨大的影响。在这里，所面临的挑战是，如何将企业的全部资源最大限度地用于有效的战略执行——直线经理和人力资源部是这方面的关键因素。在下一章里，我们将研究经理人员和人力资源部如何才能共同做好传导记分卡数据的工作。

图7—4　有效的战略执行的战略要素

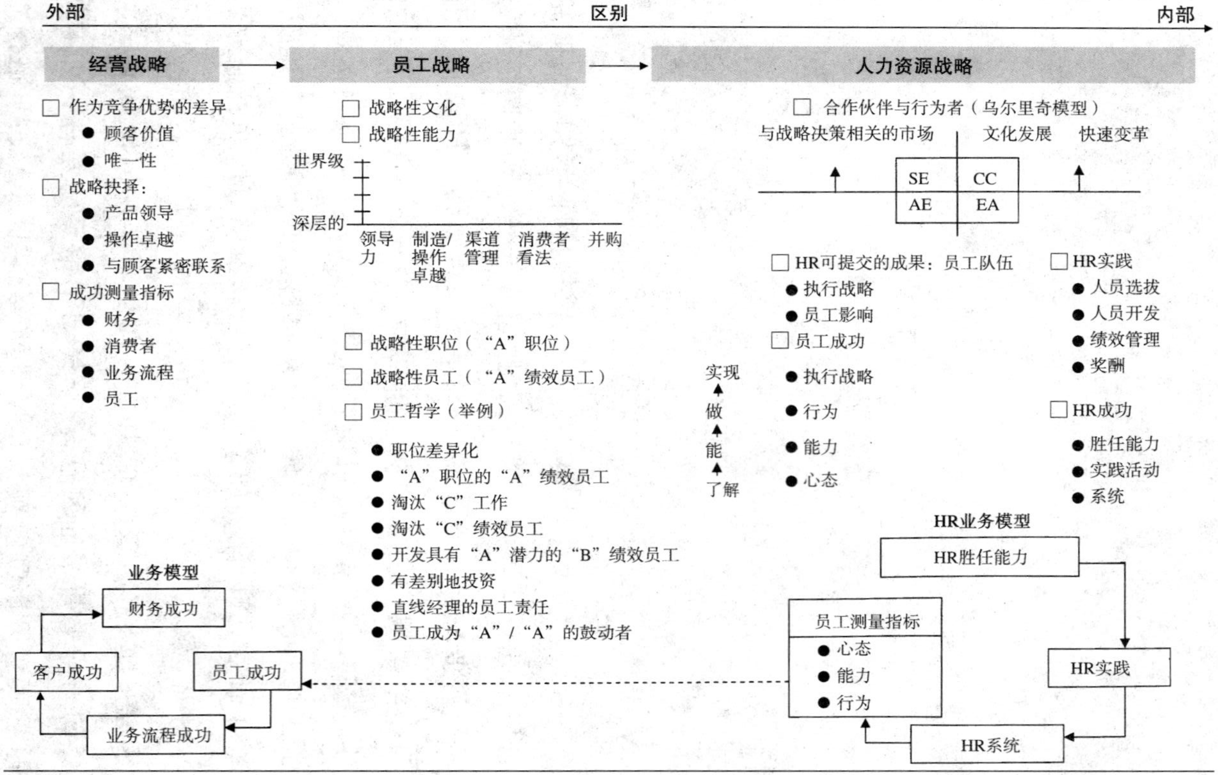

第八章　员工记分卡的沟通和学习计划

在第六章和第七章，我们描述了高级管理人员、直线经理以及人力资源领导基于来自员工记分卡的测量指标，共同制定战略规划，确定各自对员工的责任的过程。在本章里，我们将继续讨论如何应对执行的挑战，讨论的重点将放在如何向经理人员传达员工记分卡的数据，以及鼓励他们利用那些数据去改进企业战略执行的速度和质量。

究竟是什么使得沟通成为员工战略执行过程的一个重要组成部分呢？从本质上看，执行的挑战就是：要了解在解决了"测量什么"这个问题之后，应如何利用员工测量指标。没有人天生就是专家，知道如何用员工数据作为驱动战略执行的手段。这些技能必须经过学习才能获得。所以，一旦掌握了这些技能，就应教给组织上下的所有人员。但是，经理人员也不应当低估与此相关的困难。GTE 和 Verizon 公司前任高级人力资源副总裁、IBM 公司现任高级人力资源副总裁兰迪·麦克唐纳说：

> 我遇到的最大问题就是传达和强化人力资源行动与经营成果之间的联系。业务部门有明确的战略和业务目标成果。人力资源战略直接与业务部门的需求相联系，并且要表达出人力资源战略推动力。现在我所需要的就是有效地传达和执行战略意图，推动和跟踪组织目标和业务目标的进展情况，使人力资源行动与经营成果一致。[1]

我们看到，许多企业花费大量的时间和金钱去建立员工记分卡，但在将这些测量指标传达给员工和帮助经理人员有效地利用这些指标的时候，却显得无精打采。在许多企业中，这种情形被现有的许多(有时是冲突性的)测量指标(这些指标都在争夺经理人员的注意力)进一步恶化。这可能会令人迷惑，也可能导致企业中最重要的预期听众感到“测量指标疲劳”。基于员工记分卡框架的有效沟通策略可以帮助这些听众，并能给经理人员提供一种了解这些测量指标并且利用这些指标去推动战略执行的机制。

某大型跨国公司在贯彻其员工记分卡方面的经验比较典型。该企业的记分卡小组起初认为，在选择了适当的测量指标并将它们组成记分卡之后，他们的主要工作就完成了。但是，该小组发现，企业上下大多数经理人员——包括直线经理和人力资源经理——都还没有做好用这些数据去评价员工的准备。该管理小组创造的世界级测量系统，根本得不到应用。经理人员只能眼睁睁地看着那些数据，还口口声声地说他们理解其中的含义，但分析结果表明，他们并没有有效地用这些数据去作有关员工的决策。他们不知道怎样去做。重要的问题是要向他们说明员工数据对实现他们自己目标的适用性，然后教他们如何使用这些数据去推动战略。

有效地贯彻员工记分卡意味着，我们必须教经理人员如何将员工记分卡当作一种决策辅助工具去使用，并且对那些真正这样做了的经理人员给予奖励。由于并非所有的员工都用同一种方式进行学习，因此，有必要提供多种工具和方法。这样的沟通活动看起来可能很平常，但实际上它是一个需要高级管理人员持续关注的战略过程。在本章里，我们将通过学习地图、案例研究以及竞赛和模拟等方式来阐述有效传达员工测量指标的过程。[2]

员工测量指标沟通计划的目标

我们已经说过，在许多企业中，员工对战略或他们自己在战略执行过程中的作用没有清晰的了解。但是一旦他们有了清晰的了解了，股东价值就会得到提高。事实很明确，我们让员工对绩效反馈越关注，反馈就可能越有效。沟通学者已经发现，员工沟通的某些关键特征或结果可以分为认识、理解、接受和应用。

认识。企业沟通活动的首要目标应当是，让所有员工都知道人力资源记分卡和员工记分卡的存在。在这些测量指标得以驱动预期行为之前，全体员工必须知道它们的存在，并且知道企业的高级领导团队认可和支持它们。

理解。但是，仅仅凭员工知道有记分卡，还不能说他们就理解了它。因此，企业沟通活动的第二个目标应当是，让每个员工都理解企业的战略，知道他自己在战略执行过程中的作用，并且看到这些行为与企业测量方法之间的联系。

接受。正如认识是理解的必要条件一样，理解也是接受的必要条件。测量指标之所以有用，不仅是因为它能帮助经理人员确立期望和关注重点，而且还在于它若能确定和区分重要差距，便有助于在员工队伍中形成一种紧迫感。但是，如果没有具体的目标，员工就不会被激发去改进自己的绩效。[3]确立了具体的、具有挑战性目标的员工会比那些没有确立目标或确立太容易的目标的员工做得更好，这个结论是目标设立理论著述中的一个核心论点。[4]在存在一个目标联盟的情况下，即在测量指标触及高级管理人员也同样认为重要的要素或行为的时候，员工才会真正开始注意这些要素。

此外，研究发现，目标越重要，你就越应当频繁地提供有关它的反馈。这就是说，重要的是要为测量你认为最重要的战略目标投入最大努力。这将鼓励员工注意这些目标并认识到它们是比较重要的。反过来说也成立：如果一个特定的要素不是战略重点，则不要不断地提供有关它的反馈，否则你会发出错误的信息。此外，如果你真的希望员工注意某套测量指标，你就要确定这套指标已经由 CEO 和高级管理团队签署并分发给员工了。

应用。成功的最终表现是员工测量指标帮助经理人员更好地作出有关员工的决策。虽然保证让经理人员将员工问题看作是其决策过程的一个常规组成部分是很重要的，但你不能假设经理人员具备这样做的技能和知识。现在我们求助于必要的沟通和学习要素来保证他们获得这样的技能和能力。

制定员工记分卡沟通策略

你不能控制你没有测量的东西，并且你不能测量你还没有清楚了解的东西，因此，如果要通过员工来执行战略，就需要有一种清晰的沟通策略来保证员工能得到适当的数据。除非你能让数据到达那些需要数据的人的手上，并且鼓励他们利用这些数据去更好地做有关员工的决策，否则员工测量指标就没有用。如前所述，员工不会按他们没有看到、没有理解和没有认同的测量指标行事。所有的经理人员——实际上是所有的员工——心里都怀有一种“本企业理论”，这种理论在指导他们的行为。测量可以有助于保证他们都使用同样的企业理论，并且也正是用这种理论帮助驱动战略执行！

利用测量指标去帮助创建一种对企业价值创造过程的一致心态很重要。这种重要性提出了一个问题：谁是员工数据的使用者？正如我们为外部顾客划分市场战略一样，我们也必须为每个员工群体制作不同的内部信息。有效的员工测量意味着，适当的人有适当的途径在适当的时间得到适当的数据。正如让经理人员四处去寻找与战略相关的数据是错误的一样，用经理人员所不需要的大量数据压得他们喘不过气来，也是一个错误。而且，期望企业中的所有员工都能“接受它”也是不现实的，至少在起初的时候是不可能的。完全的支持和接受甚至可能不是一个现实的或必要的目标，至少在短期内不是。卡地纳健康公司首席行政主管托尼·鲁西对此有清晰的看法：

当然，能得到 CEO 积极主动的支持总是好的。但是我认为得到你企业 CFO 的支持也同样重要。CFO 必须被说服并确信非财务测量指标是重要的，因为它们是企业财务绩效的先导性指标。因此，如果我没有得到 CEO 的支持，那么我就要开始做 CFO 的工作了。我经常听 CEO 说，“只要我们能得到中层管理人员的支持和接受，我们就能前进”。但是我真的不认为事实如此。我认为组织对很多因素都是垂直分类，而非平行分类的。我相信在企业的任何层面上都只有 1/3 的员工真正“接受它”并希望去变革和推动组织前进；1/3 的员工会服从，因为他们认为他们不得不服从；还有 1/3 的员工会积极抵抗任何形式的变革。在西尔斯公司，高级管理委员会有 12 名成员。其中 1/3 的人“接受了它”并且积极投身于变革的过程；1/3 的人只是服从；还有 1/3 的人，如果他们的生活依赖于它，他们就不会改变。

在我的职业生涯中，我为最后这 1/3 不想改变的人花了太多的时间和精力。我发现，你必须将重点放在第一个 1/3 的人身上，投入你的时间、精力和金钱去鉴别和支持这些人。因此，我要说，如果你没有得到 CEO 的支持，太糟糕了，那就是生活。你必须继续做。去找到第一个 1/3 的员工并且全力去支持他们。[5]

沟通的手段

要保证我们与托尼·鲁西所说的那第一个 1/3 的人进行有效地沟通，就要弄清一些有关员工队伍的非常基本的问题：他们知道战略是什么吗？他们对自己在这个过程中的作用有清晰的认识吗？许多高级管理团队没有充分地与员工讨论战略和目标，可能是因为他们设想员工已经知道，也可能是因为他们自己也不知道战略是什么。如果更多地讨论这一点就会让所有人都知道战略和目标。无论是哪种情况，经理人员都有问题。

要成为对战略执行有用的工具，员工记分卡测量指标的可理解性和透明度都很重要。并非所有的员工测量指标都同样重要，经理人员必须了解哪些指标值得他们给予更多的注意。一种有效的沟通系统将有助于经理人员识别这种区别。有各种各样的沟通手段可被用于发布消息。例如，企业内部互联网上的"简要说明书"可以介绍已经确定的测量指标及其历史、计算方法、联系人的信息等，这就是一种非常有效的沟通手段。

信息系统的作用

计算机速度的迅速提高以及软件质量的相应改进，已经为收集和报告员工数据创造出新的重大机遇。罗森公司

(Lawson),甲骨文公司(Oracle),仁科公司(PeopleSoft)和SAP AG公司等都提供全面的企业资源计划(ERP)和数据仓库产品。像CorVu、海波尼咨询有限公司(Hyperion Solutions)和PBViews这样的公司也销售专门的软件,这种软件可以用来提供记分卡数据图形,且通常是从企业的数据仓库中提取信息。

如果这些能有效落实的话,ERP和员工信息系统是可以让经理人员获取他们自己的数据,去跟踪了解战略执行进程的重要手段。它们可以包括许多重要特征,例如按领域下传和上报数据,用电子邮件向用户发送结果的能力等。但是,企业在设计和实现这种系统时,重要的是要保证所收集和报告的测量指标是战略驱动要素,而不是提供商塞在软件中的默认值。正如我们已经看到的那样,可能的情况是,许多与战略执行相关的重要测量指标通常都不能得到,而必须去收集。同样重要的是,对导致选定某一套特殊的测量指标的决策过程要保持记录。为什么选择这些而不是那些指标?哪些测量指标被试验过并且被否决了?原因何在?一个有效的员工测量系统将用文件证明那些导致测量指标选择的决策过程,并为用户提供基本原理。

在IBM公司,我们可以看到一个在员工测量指标沟通方面做得很好的范例。在该公司,高级管理人员在通过企业内部网宣布季度和年度收入的同时,还会向他们的员工队伍传达"薪金与绩效"等级。每个业务单位和IBM内部按地区划分的组织都要报告其实现目标的状况:高于目标、正好完成目标，还是低于目标。评价等级给员工提供了一个有关年终绩效奖金支付水平的明确指征。随每个绩效等级而来的是高级管理人员传达的信息，通常包括经营状态、对战略重点的强调以及对需要进行绩效改进的领域的确定，比如消费者焦点和进一步提升 IBM 的品牌和战略能力——目的就在于重新调动员工去争取更高水平的绩效。

另一个例子是 Verizon Communications 公司。该公司在向员工传达测量指标方面做得非常好。该公司根据一个定义明确的战略图制定了人力资源记分卡。公司在负责通讯的员工的帮助下，制定了一种向员工传达测量指标的整体化方法。他们开发了一个"简要说明书"，帮助经理人员了解测量指标、指标的开发历史以及咨询联系人。

除了简要说明书之外，该公司还开发了许多相关手段以帮助员工了解这些测量指标以及它们对其工作的具体含义。实际上，Verizon 公司经验的关键就在于，它证明了采用一种全面的方法去传达员工测量指标的重要性。从"路演"开始，高级管理人员就与人力资源专业人员合作配合进行一系列公开演讲。他们介绍这个计划及其具体的测量指标，公开表示对这个项目的支持，这是一种非常重要的展示。他们为介绍人力资源记分卡制作了一个简短的录像，说明它如何可以被用于改进经营成果。这段录像可以从企业内部网上看到，同时也可以用电子邮件发给感兴趣的员工。此外还引进了一个广泛的竞赛，以展示和教学必要的技能，同时还提供了学习地图以帮助全体员工了解 Verizon 的战略、员工自己在执行战略中的作用以及具体的测量指标对他们的意义何在。每个季度还召开“全体员工”会，发行录像带、CD-Rom以及彩色印刷的报告，帮助员工了解Verizon公司目标达成程度。公司还开办了覆盖广泛的内部网站，内容包括详细的案例和一个资料库，其中有关于员工测量指标用途和解释的文章。这个内部网站介绍了测量指标、每个指标的程序所有者、应当如何使用这些指标以及从哪里能得到更多信息。最后，还根据测量指标和因果推论为所有管理人员制定了一个胜任能力校验工具。

Verizon公司的经验说明了为所有人提供一个提问题和获得反馈的途径的重要性。沟通必须是一个双向的过程。而且，如果员工参与了目标确定并真正接受了目标，目标就会变得有效得多。有效的员工测量系统则提供了一种有助于做到这一点的机制。

IBM公司和Verizon公司的例子也说明了员工测量指标对管理行动以及战略执行的潜在影响。在BMS公司，我们可以看到员工测量指标对关键管理行为的影响之又一例。BMS公司创建了一个保持力记分卡，其目的是：(1)极大地降低整个组织的自愿性人员流动率；(2)让经理人员重视保持人才的主要手段；(3)强调经理人员可以采取合理行动以扩大人才配合面；(4)传达和强调组织的工作重点。在执行这个记分卡之后，BMS公司的经理人员想知道：该记分卡在提高“A”职位的人才保持率方面是否有效？要提高关键人才的保持率是只需要有关员工的信息，还是也需要金钱激励手段呢？

为了回答这些问题，BMS公司为其三组不同的实地促销代表，设计了一次实地研究。研究的主要重点放在一线基层主管身上，因为他们管理着实地促销代表——BMS公司的一种关键（“A”）职位。第一组基层主管因实现了人才保持目标而得到了一个员工记分卡和金钱奖励（每人5000美元）。第二组得到了一个员工记分卡而没有得到金钱奖励。第三组作为控制组，既没得到金钱奖励也没有得到记分卡。

经过为期一年的研究，BMS公司发现在第一组（有记分卡、有钱的组）和第二组（只有记分卡的组）之间没有什么差别。但是他们发现这两组在人才开发、管理能力以及人才保持率方面大大好于控制组（什么没有的组）。这说明那些基层主管人员在利用记分卡所提供的数据有效地降低高潜力人才的流动率，而金钱奖励并不是推动绩效增长唯一可行的激励手段。“A”绩效员工的保持率更多地取决于员工与管理人员的关系而不仅是金钱。

沟通员工战略和测量指标：卡地纳健康公司的案例

另一个非常成功的有效沟通计划是在卡地纳健康公司。该公司是领先的健康护理产品和服务提供商。作为收入超过500亿美元的《财富》20强公司之一，卡地纳健康公司在六个大陆拥有近六万名员工。该公司也是一个高度重视数据和成果导向的公司。其首席行政主管托尼·鲁西和他的团队已经确定了经验型卡地纳健康公司人员——顾客收益率。

卡地纳健康公司的许多业务单位发现，顾客对卡地纳健康公司员工队伍的评价（包括诚实性，交付的准时性，专业性，账单的公正性、清晰度，准确性）是驱动顾客产生向卡地纳健康公司购买的意向以及实际购买的关键要素。在图 8—1 中我们可以看到有关这些关系的小结。

图 8—1 顾客的理解

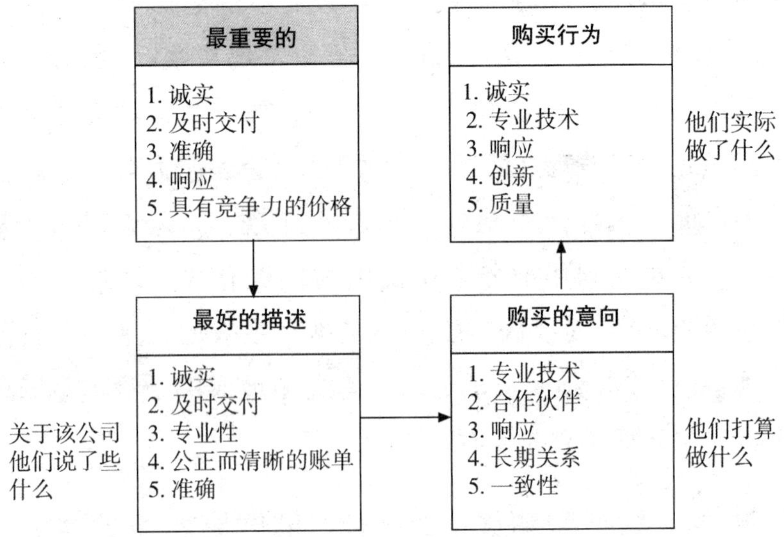

在图 8—2 中，卡地纳健康公司进一步提炼了这个模式。该公司让心理测量专家与计量经济学专家配合工作，共同开发测量指标，并且评价了范畴之间的联系强度。卡地纳健康公司的高级管理人员发现，员工态度（他们称之为“12 个问题”）是顾客满意度的驱动要素，而顾客满意度则驱动了收入和总体股东回报的增长。

卡地纳健康公司的员工教育

主要根据以上发现，卡地纳健康公司的领导团队确定，需要用一种方式向每一个员工清晰、完整地传达本公司的战略。该团队相信，要有效地推动战略执行，员工必须具备丰富的业务知识，非常了解公司业务及其业务重点。这就包括要对员工进行保健护理行业知识的教学，为员工提供一条“视线”，使他们能够看到他们的工作是如何支持和影响卡地纳健康顾客的成功以及卡地纳健康公司的成功的。这不是一个容易的目标。在那时，卡地纳健康公司有四万员工在几个业务单位从事数百种业务工作。实际上，有2/3以上的员工是通过卡地纳健康公司在1995～2000年收购的40多家公司来到卡地纳健康公司的。

图 8—2 围绕文化……建立一个模型

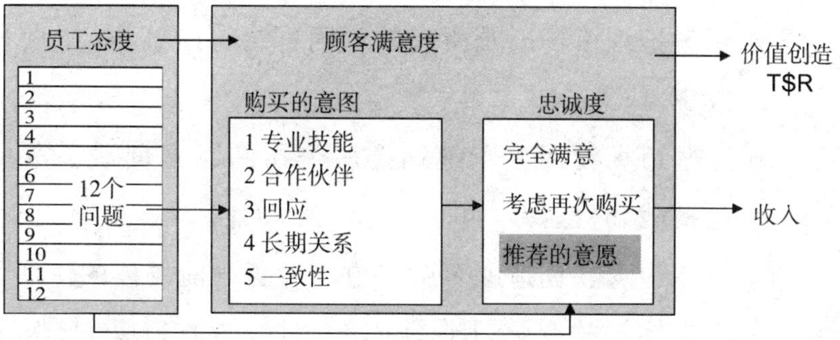

资料来源：Cardinal Health。

卡地纳健康公司的每个业务单位都缺乏其他业务单位的信息，因此，不可能为顾客提供同一张面孔。员工没有分享有关行业、公司、顾客同样的基础知识，因此，综合协调利用卡地纳健康公司所有能力去解决问题是一个相当困难的任务。卡地纳健康公司的领导阶层希望有一种简单的、创造性的方式，用一种通俗、活泼、容易贯彻、容易在不同职能部门/业务单位和地理位置传递的形式，让员工了解其战略、市场挑战以及经济状况。

为了开始具体解决这些问题，卡地纳健康公司与 Root Learning 公司共同开发了一系列学习地图模块和电子 Root-vMap 讲坛。学习地图模块是配有讨论问题和学习练习的大型图画。做法是 10～12 人的员工小组聚集在一个视图旁边，在一名促进员帮助下，按照讨论指南进行讨论。在 45 分钟左右的时间里，该小组有一次独特而普通的学习经历。以下是卡地纳健康公司在这些应用软件中所包含的某些要素：

- 保健护理市场以及所有的动因都会影响成本、质量和效率。
- 这些市场动因为卡地纳健康公司的顾客创造了重要的挑战和机遇。
- 员工个人在创造顾客解决方案过程中能发挥的作用。
- 人口结构的变化、R&D 成本的增长、政府管制、保险活动以及商业化正在推动的保健护理行业变革。
- 保健护理提供商协会的大力发展以及制药公司之间

的大规模合并,导致竞争加剧。

- 关键消费者群体与技术及用户至上主义的影响。
- 卡地纳健康公司的现状及未来状态,包括战略、价值观以及成长创新活动。

所有的模块都是围绕表现概念或思想隐喻性的图像来构建的。卡地纳健康公司采用的是一个水系的隐喻。它开发了四个学习地图模块,用以帮助各个业务单位、各个层次、各个地理位置的员工理解有关本公司的基本概念:

地图1:"一个正在迅速改变的市场"(图8—3)是有关卡地纳健康公司的市场(谁是顾客,什么是市场动因,它们如何影响本公司的产品和服务,可能影响这个市场的趋势,竞争是如何进行的,等等)的。

地图2:"将其全都集合在一起"是关于卡地纳健康公司的市场反应的,说明其产品和服务如何满足需求,其战略驱动要素如何成为其所做的每件事的基础,以及其如何能综合匹配各种产品和服务去满足顾客需求。

地图3:"创造股东价值"是关于卡地纳健康公司如何吸引投资者和创造股东投资回报(收入流回顾)的。

地图4:"建造一座通往愿景的桥"是关于多元化及内涵,以及卡地纳健康公司为实现其愿景而正在采取的行动的。

在该地图问世的头六个月,人们对它的需求很盛;历时一年之后,需求仍然很旺。头三张地图每张印制了500多份并分发一尽。该公司估计其在世界各地的员工中有大约一半人已经参与了至少一个模块的学习。该公司已经将这些工具翻译成西班牙文，并希望将它们翻译成另七种文字以便所有员工学习。

在卡地纳健康公司内部网站上发布在线版学习地图模块的头三到四个星期里，有 800 多人下载它们，这使得学习地图模块成为该公司曾经发布的内容中最受欢迎的内容。

图 8—3　卡地纳健康公司的学习地图

资料来源：Reprinted with permission of Cardinal Health and Root Learning, Lnc。

沟通员工战略和测量指标：戴尔公司的案例

任何战略的成功都取决于如何通过员工迅速而有效地

使战略得以贯彻。过去几年来，戴尔公司的战略重点是帮助员工专注于推动和执行该公司战略。戴尔公司早期的迅速发展要求重视业务和保持成长动力。随着戴尔公司的市场越来越成熟，该公司认识到必须重视员工，用新的方式将人员与经营战略联系起来。

将戴尔公司的模式延伸到存储器

在决定将其直接业务模式延伸到其他领域(如存储器、软件以及服务)之前，戴尔公司一直闻名于个人计算机领域。在戴尔公司最初决定进入存储器市场的时候，它与EMC公司形成了合作伙伴关系，这是其战略的一部分。戴尔公司认识到，一个最大的挑战就是，让其销售团队完成这个重大的转变。戴尔公司的“销售额制造者”(指销售团队)非常精通和擅长戴尔PC机和硬件的直销模式。由于销售额制造者要开始进行更为复杂的解决方案的销售，戴尔公司认识到，必须让他们完全理解和支持新的业务方式，并具备新产品的销售能力。戴尔公司领导团队抓住了让销售额制造者推动这个新战略执行的机遇，尝试将戴尔公司定位为存储器产品的领导者，以新的方式强化消费者体验。为了保持传统的增长速度，它必须让其员工“以戴尔的速度”工作。为此，在Root Learning公司的帮助下，戴尔公司开发了一系列学习地图模块，以帮助所有人迅速上手。这些学习模块的重点如下：

- 创造对戴尔公司业务的理解，建立该公司业务重点并实现战略转移——特别是对信息不断增长和复杂性的管理——的框架。
- 研究存储器市场,包括其进展、成本以及现行趋势。
- 探究消费者细分结构及其不断变化的企业需求。
- 了解戴尔公司与 EMC 公司之间的关系,以及这种合作关系可能为消费者创造的价值。
- 讨论存储器方面企业解决方案的概念,确定支持戴尔公司成为企业解决方案提供商目标的个人行动。

销售额制造者的财务敏感性

由于存储器学习地图计划的成功,戴尔公司打算将这种学习方法论应用于其他主题,比如提高销售额制造者的财务敏感性。在这方面,关键是戴尔公司的员工不仅要了解戴尔公司如何挣钱的基本方式,而且还要了解其独特的财务结构实际上是公司的一个竞争优势(这是一个令许多人畏缩的话题)。戴尔公司与 Root Learning 公司基于一个攀岩隐喻开展了一系列活动,帮助员工理解戴尔公司错综复杂的财务现状。这些活动包括以下内容:

- 评议戴尔公司的财务发展目标。
- 了解实施和扩充戴尔业务模式将如何帮助戴尔实现其目标。
- 探讨关键的财务测量指标和驱动这些指标的杠杆。
- 讨论戴尔公司的现金流,包括收入、毛利、营业收入、税后纯营业收入(NOPAT)等。

- 说明戴尔公司如何将其业绩与竞争对手的业绩进行比较,运用某些关键的财务业绩指标。
- 说明戴尔公司的财务成就如何有益于戴尔公司的客户和戴尔公司本身。

由于学习地图方法是建立在视频学习的基础上的,因此它要适应全世界的文化。这些模块被翻译成八种语言;而且,不论讨论在哪里进行,这个隐喻都要有很强的说服力。该公司还打算将这种方法用于另一个战略重点——针对其全世界的人才团队发展。戴尔公司的学习和发展团队采取的这种方法直接体现并推动了它的战略创新活动,帮助促成了一个见多识广的、效忠公司的、世界范围的戴尔团队成员共同体。

沟通员工战略和测量指标:保德信金融集团案例

还有一个非常成功的、整体化的沟通活动是在美国最古老的保险公司之一,保德信金融集团(Prudential Financial)进行的。在准备将这个互助型保险公司转变为一个公众持股公司的过程中,该公司对近4.5万名员工进行了有关保险行业环境变化的培训。培训内容包括成为公众持股公司的必要步骤、综合性的业务知识以及在完成转型之后公司将如何测量其成就。[6]这个过程被叫做 One Prudential Exchange 或 OPX,它包括:150名最高层管理人员的一系列会议,下个层次的经理的一天半的会议，帮助这些经理人员成为 OPX 过程的教练和促进员，最后是 3500 多个工作单位的会议，将信息传达给员工。

与卡地纳健康公司和戴尔公司一样，保德信金融集团也用学习地图作为其沟通活动的核心。保德信金融集团从参加者那里收集到的一系列书面评价，进行电话采访和调查，最后对 OPX 调查结果与后来的员工意见调查数据进行综合研究，对 OPX 过程的效力作出评价。保德信金融集团发现，对 OPX 过程的积极评价与后来积极的员工意见调查数据是相关的。他们发现在某些调查项目上有 20 多个百分点的利润。而且，许多经理人员报告说，通过推动 3500 次 OPX 会议的学习过程，经理人员主持大型团队会议的技能也得到了很大提高。

沟通员工战略和测量指标：LEGO 公司案例

在沟通员工测量指标和开发运用这些指标的能力方面，LEGO 公司也有一个开发得非常完善的系统。[7]这个系统的目的是对其全球员工进行意见调查以促进 LEGO 投资。整个调查过程是通过网络实现的。LEGO 员工可以从世界各地得到这些工具。这个被 LEGO 员工给予高度评价的计划包括录像和基于文本的要素，在计划结束时有一个自我评价模块。迄今，经理人员对这种张贴测试的评分已达到的将近 90%的准确度。在表 8—1 中可以看到关于 LEGO 方法的小结。

表 8—1 LEGO 公司的 E-learning 计划

模块 1:绪论(4 页)	**幻灯演示** □ 培训计划总论和练习说明(自我测试) □ 录像要素说明
模块 2:背景与调查方法(10 页)	**幻灯演示** □ LEGO 公司的使命和战略重点 □ 落实 LEGO 公司战略的人 □ 员工调查的目的;各个调查类目的概要 **录像:CEO 演讲** □ CEO 简要讲解 LEGO Pulse 调查的重要性,管理人员在改变员工态度方面的作用,以及这如何支持公司的变革创新
模块 3:了解调查结果(10 页)	**幻灯演示** □ 调查样本页略图,调查类目和颜色代码说明 □ 结果阐释指南 □ 张贴调查管理者"行动单"模板
模块 4:关于调查结果的行动(10 页)	**幻灯演示** □ 调查结果行动的全球时间表 □ 筹备团队会议和分享成果的诀窍 □ 行动指南,选项,策略 **录像:CEO 演讲** □ CEO 简要讲解他提倡当地管理人员继续努力的态度,并强调员工必须参加改进计划
模块 5:了解更广泛的组织发展创新(29 页)	**幻灯演示** □ 组织发展工具"Dream Out"介绍,该工具被用于收集员工如何改进调查结果和推动组织发展的想法 □ Dream Out 过程的主要参加者和发展阶段的讨论 **录像:CEO 演讲** □ 管理人员能在什么程度上应用他们所学到的东西?练习展示了一系列有关 LEGO 报告具体内容的问题以及对管理人员行动计划的建议活动

资料来源:The LEGO Group。

培训员工使用员工测量指标

本章主要想说明的是，世界上最好的测量指标体系并不能创造很多价值，除非你能让这些数据到达那些需要它们的人手中，并且鼓励他们使用这些数据。这就对我们提出了一个重要的问题：我们期望直线经理和人力资源经理了解有关员工测量的一些什么？这是一个大问题，特别是人力资源专业人员需要探讨的一个大问题，因为从专业出发有很多指标是不适合作为测量指标的。对员工的新要求和期望将需要用新工具去规定和说明如何做这些事情的范例。

使用员工测量指标的能力的开发与大多数其他员工开发方式没有什么不同。它需要综合使用与那些教学内容直接有关的方法和技术。有个跨国企业的经验可以作为一个好的学习计划典型。该企业开发了一系列模拟活动以说明管理人员如何能通过有效利用人力资源测量指标提高他们决策的工效。而且，该企业还鼓励高级人力资源经理用3%的预算去进行人力资源测量指标的实验和改革。他们有自己的预算、现成的内部的ERP以及该企业内部公认最佳和最创新的人力资源数据用途。

另一个例子是IBM公司。它认真地抓住这些新的人力资源胜任能力。其高级人力资源副总裁兰迪·麦克唐纳要求，围绕核心人力资源胜任能力的特殊学习计划必须支持IBM公司的战略并且提高IBM公司的价值。IBM的"全世界人力资源专业人员发展计划"是一个专注于提高其人力资源专业人员能力的学习计划。该计划由三个模块构成：了解该企业，改进组织氛围，管理客户关系。通过 E-learning 与传统课堂辅导的结合，人力资源专业人员参加了一系列学习活动。这有助于他们理解这些方面的关键概念，应用模型/工具去鉴别潜在的员工问题并找到解决这些问题的方案。所有这些学习计划都有考试，所有的人力资源专业人员（包括高级管理人员）都必须通过这些考试。麦克唐纳定期收到这些考试的成绩，评价人力资源专业人员的进步，并在适当的时候直接向人力资源专业人员个人提供反馈。

除在线学习工具之外，许多企业还为人力资源经理和直线经理召开为期一天的研讨会。这些研讨会的内容集中在实际了解应用软件和利用员工数据促进业务成果。研讨会由员工测量指标设计小组的一名资深成员主持讲解，与会者被鼓励在员工测量指标设计小组面前鉴别和提出指标建议。接下来安排团队的每个成员在研讨会之后的 30 天内确定和解决会上提出的各种问题。最后是为所有有需求的人提供专业咨询。

运用员工测量指标

在本章里，我们已经阐明，利用员工测量指标进行战略执行管理需要认真考虑一系列沟通和学习目标。我们举例说明了这些方法如何能为不同的组织（如卡地纳健康公司、戴尔公司、IBM 公司、保德信金融集团以及 Verizon 公司）创造价值。最后，我们强调指出，有效利用员工测量指标去驱动战略将需要一套新的员工素质和能力，需要有针对性的培训计划去落实这些新的测量指标。在第九章，我们为希望用员工测量指标去推动战略执行的人力资源高级管理人员和经理人员综合了某些关键知识。

表 8—2　员工测量 VP 的职位说明书

关键职责

□ 创建测量/测量指标的基础
□ 进行实用的、有目标的内部人力资源研究以确定内部顾客需求，帮助创建受研究成果驱动的行动计划。
□ 参加定制培训学习班的设计，以便通过分析确定差距。
□ 帮助进行领导力评价和基本实力分析。
□ 参与设计和实施关键领导力和组织效力创新活动（例如 180 度反馈、平衡记分卡、绩效管理、素质模型）。
□ 参与创建和实施评价和测量解决方案（例如评价中心、角色扮演中心、pulse-check 调查）。

预期关注的领域

□ 围绕战略重点和组织目标与业务领导合作开发测量指标。
□ 领导数据收集手段（如调查和核心小组）的设计。
□ 利用 SPSS，Excel 等工具进行数据分析，以发现数据关系和解释数据。
□ 为领导者提供战略测量指标的周期记分卡。与领导者/人力资源综合领导者密切配合，确定必要的干预手段以调整测量指标的针对性。
□ 协助适当的绩效测量系统的开发和贯彻。
□ 与组织中各种群体接触，以保证在各种论坛和会议上讨论有关分析结果。

需要的主要技能

□ 统计学专门技术（SPSSx for Windows）
□ 研究设计和分析
□ 项目管理技能
□ 书面沟通技能
□ 演讲技能
□ 实际解决问题的技能

第九章　最终产品

在第一章，我们为本书提出了一个非常简单的前提：在 CEO 和高级管理人员能够直接改变的所有影响企业业绩的因素中，员工成功，或曰企业能形成一支具有执行其战略所必需的文化、心态、胜任能力及战略行为的员工队伍的程度，是大多数企业中最重要但利用最不充分的资产。由此可以推论：大多数企业都有潜力大力改进其战略执行的效力，进而改进企业绩效。能提供最大回报的管理杠杆是改进员工成功。这是好消息。而坏消息是，几乎没有唾手可得的成果。如果很容易诊断和实现这些变革，那这些变革就早已在大多数组织中发生了。在随后的各章里，我们根据关于员工在战略执行过程中作用的新观念设计了应对这个挑战的解决方案，也就是提出了测量员工成功的一种新方法，以及执行员工战略的一种新程序。

本章将进行总结，强调那些已经成功应对这些挑战的组织的明确特征，提出一个有关这些挑战的整体看法。前面各章已经提供了有关我们管理员工成功的方法的基本原理和阐释。本章将突出说明“最终产品”的关键特征。除了概括总结前面各章的管理意义之外，我们还鼓励读者用本章作为一个诊断工具。对于那些正在执行我们所介绍的各种或部分方法的经理人员来说，本章将提供一个清单以便测量他们的进展。另外，有许多经理人员刚开始重新评价其员工战略（或没有员工战略）如何能更加有效地为战略执行作出贡献。对于他们来说，不是“如何从这里到达那里”的问题，而是“现在我们处于何处”，“那里”是什么样子这类问题，对于这些经理人员来说，本章可被当作一个诊断工具，用以快速诊断他们还有多远的路要走，以及必须强调的重点领域在哪里。

正确的观念

本书的一个关键前提是：高级经理人员必须采取一种新的观念看待其员工战略的战略潜力。这包括处在推动战略执行地位上的CEO、高级管理人员、直线经理以及人力资源专业人员。这个新的观念意味着新的行为、新的绩效期望以及管理战略执行和员工队伍的新方式。已经成功地采取这种新的员工战略观念的组织具有六个显著特征。

1. CEO期望高级管理人员、直线经理以及人力资源领导团队能说明员工成功对成功执行战略的影响。

在这个特征上得分高对组织来说有几个重要的意义：第

一，它意味着CEO“明白这一点”。虽然追逐利润的企业总会强调底线财务业绩，但在这些组织中，CEO也理解员工成功作为财务业绩引导性指标的作用，并且期望其他人也有同样地理解。CEO知道，员工不仅是一种要最小化的成本，而且，如果管理得当的话，员工成功能成为一种竞争优势来源。

第二，对于CEO来说，这不只是一种“嗜好”。员工成功是任何战略执行讨论中的常规组成部分。CEO期望高级管理人员、直线经理以及人力资源领导能够解释，在他们各自管辖的业务领域中，员工成功如何能或不能为有效的战略执行作出贡献。这个讨论绝不针对劳动成本、人头费用以及预算变化。对于某些企业来说，采取这种新观念可能是开发切实可行的员工测量系统的先决条件。不过，即使在缺乏充分支持那种解释的测量指标的情况下，直线经理和业务领导也能说明员工成功在如何影响战略执行。

这个新观念也建立在一个坚实的分析基础上。CEO、高级管理人员以及高级人力资源专业人员已经经过了一个系统的过程，清楚地说明了界定成功的战略执行的战略驱动要素系统。无论这个过程是一个比较正式的战略地图（如卡普兰和诺顿描述的那样），还是一个比较不正式的过程，对于什么在驱动成功的战略执行以及员工成功是否符合战略执行过程，都有一个共同的理解。[1]因此，在员工成功的各个维度和战略性业务成果之间存在着一条清晰的视线。CEO与高级管理人员之间的谈话，以及高级人力资源专业人员与高级管理人员之间的谈话，都体现了这个共同的观念。

2. CEO 期望看到员工成功测量指标,并且要求高级管理人员对这些绩效测量指标负责。

即使在没有测量指标的地方,正确的观念也应当意味着,CEO、高级管理人员、直线经理以及人力资源领导团队之间的谈话体现了关于员工成功的战略观念。在某些地方,绩效测量指标不久就会被引入到这种谈话中。具体而言,CEO 应当期望看到所提供的员工成功测量指标作为有关战略执行进展常规讨论的一部分内容。同样重要的是,CEO 会要求高级直线经理对员工成功的管理负责,并且期望看到反映这些经理人员这方面工作绩效的测量指标。

虽然让 CEO 要求高级管理人员对员工成功负责也许是成功开始的标志,但相同的观念也应当层层下放,指导直线经理去经营他们所管辖的业务单位。在直线经理理解这个员工战略新观念的时候,员工记分卡就会被用作执行企业整体战略中某个业务战略的一个重要业务工具。作为其业务问题的一个解释和解决方案,直线经理通常会注意员工战略的执行。例如,直线经理将知道他们的哪些下属员工是在"A"职位上,哪些是"A"绩效员工或具有"A"潜力的员工。直线经理和人力资源专业人员都将期望花较多的时间和资源去开发和奖励"A"职位的"A"绩效员工。同样,这种文化将宣布淘汰"C"绩效员工是合适的做法。在很多时候,"C"绩效员工会看到墙上公布的文件,他们会主动离职。直线经理将要对这两个方面的问题负责。

3. CEO 和高级管理人员理解为什么一个差异化的员工战略对有效的战略执行非常重要，它是如何被贯彻的以及如何对它加以测量。

当 CEO 和高级管理人员对员工成功持正确观念的时候，他们会理解差异化员工战略的重要性。这并不意味着每个企业都会用同样的方式去区分其战略，而是意味着差别的程度将会得到系统地考虑，形成一种战略决策。持这种观念的企业不会倾向于依赖员工“感到好”的陈词滥调或与企业经营战略的执行只有很小关联的上选雇主战略。他们理解战略不等于对所有员工都产生同等影响的全公司范围的、最低公分母的创新活动。

具有正确观念的 CEO 和高级管理人员知道：员工战略有一个核心维度和一个定制化的维度。这个核心维度是对组织中大多数或所有战略驱动要素具有重大影响的员工战略的组成部分。在这方面，以轮岗为主要手段的领导力开发可以作为一个例子。它将焦点放在广义的经验上，而不只是放在任务特殊的独特业务需求上。你还可以发现，在依靠收购和极力整合一个品牌下的不同业务组织中，更强调员工战略的核心维度。

我们再次指出，具有正确的企业成功观念的企业，关键特征不在于什么是核心和什么是被定制化的，那些是通过更大的组织战略执行要求去体现的。你在具有正确观念的企业中不会找到无差别的员工战略。无差别的战略常常表现为一种流行的人员战略或本行业的最佳实践,但与企业战略的成功执行几乎没有直接关联。相形之下,拥有精心制定的员工战略的组织已经定制了那些要素以满足特定战略驱动要素的独特需求。这比一个尺寸适合于所有战略的做法要花多得多的努力,但就其结果来看,付出更多的努力是很值得的。

最后,差异化的员工战略将被体现在一个清晰的认识中。这个认识就是:某些职位比其他职位的战略相关性更高,对这些职位上的员工将给予比较多的投资。这种不成比例的投资不仅以财务资源的形式出现,而且还以直线经理和人力资源专业人员的时间和精力来体现。其成果就是一种高绩效的文化。在这种文化下,不容忍低绩效。那些没有绩效的人知道他们是谁并且通常会自动离职。

4. 高级管理人员和直线经理了解驱动战略绩效的员工成功与 HR 服务之间的差别。

在高级管理人员和直线经理了解员工成功战略作用的组织中,他们用不同的观念看待人力资源部的活动。这些企业的直线经理不赞成人力资源部只提供传统的客户/服务支持。他们看到了机会,并且希望与人力资源领导形成合作伙伴关系。在人力资源部为支持员工成功所做的事情与其用传统的支持服务方式所做的事情之间,存在着明显的区别。虽然人力资源部的部分职能可能继续停留在“服务”业务模式,但是这些支持服务将没有明确的战略执行视线,并且将被主要作为一个成本中心来加以评价。从这个新的观念出发，对直线经理的期望不仅更多，而且要求也不同。

持这种新观念的高级管理人员和直线经理首先会期望吸引、雇佣、开发和奖励人才的人力资源管理系统与企业的员工战略保持一致、不相冲突。这个人力资源管理系统的各种要素根据明确确定的、界定有效战略执行的战略驱动要素互相强化。为直线经理与人力资源专业人员之间关系所投入的大部分精力和资源要用于重点保证该人力资源管理系统的战略影响。

5. 高级管理人员、直线经理以及高级人力资源专业人员共担（但不必同等）对员工成功和战略绩效驱动要素的责任。

公司如果切实将整体化员工战略作为战略执行的一个关键驱动要素，就不会只提出像“人是我们最重要的资产”这样的一些口号，然后继续完整保持传统的报告关系和绩效管理方式。这种新观念体现为将适当管理的员工成功理解为一种无形资产。这种资产价值必须得到与组织中其他有价资产同样的关注和管理。由于这种资产的价值与员工成功和战略驱动要素直接相关，因此，直线经理和人力资源专业人员必须承担对开发和保持那种关系的价值的责任。也就是说，经理人员要更关注员工成功的价值创造部分而非成本控制部分。

从传统上看，直线经理一直在对业务成果负责，而不对员工成功负责。人力资源专业人员一直在对员工效率或活动负责，而不对业务成果负责。开发员工战略的全部资产价值需要在人力资源专业人员与直线经理之间建立一种新的关系，这很像合资企业中的关系。这种共同责任又要求责任本身有相当大的变化。直线经理的责任要从价值链往下移，而人力资源专业人员的责任则必须往上移。

这种责任的相对分配是可以协商的，并且在企业内部可以改变。但是它必须得到明确的承认，并且不能像对待传统报告关系下的工作范围那样对待它。但要注意，不要限制人力资源部对人力资源活动负责的倾向。正如第七章所述，我们认为，人力资源专业人员在“员工”密集的业务成果方面具有某种“游戏规则”制定者的作用。换言之，对于那些成功主要取决于员工绩效的战略驱动要素，人力资源专业人员应当承担某种“底线”责任。因为绩效合同（无论是明确的还是隐含的）必然是不完善的，因此这很重要。这种新观念要求人力资源专业人员永远关注价值链的延伸，不囿于人力资源职能范围，且关注成功的战略执行。执行员工战略应当是他们的直接重点。人力资源专业人员应当被激发起来去策动变革和改进，这些将导致更有效地执行更大的战略。

6. 人力资源专业人员的作用体现为他们对员工成功如何推动战略业务成功的理解。

这种新观念对某些人力资源专业职能具有巨大的影响。我们没有指望所有的人力资源管理职能都消失，而是说对人力资源战略人员的主要工作任务会有一种新的认识，重视其在推动与企业战略有关的员工成功方面的作用。这种新作用基于在员工成功与成功的经营业绩之间明确的相关性。这些新的人力资源专业人员不是员工关系专家,而是战略管理人员。这种新的桥梁角色比传统的人力资源专业人员角色需要更好的业务敏感性和分析能力,还需要具备比对直线经理所期望的更多的诊断与业务问题相关的员工问题的能力。

这种新作用也体现为人力资源专业人员与直线经理讨论某些问题,以及他们如何去分析这些问题。在直线经理和人力资源专业人员理解这个新观念的组织中,你会发现有更加系统的员工分析作为解决业务问题的依据。对确定员工问题的根本原因投入更多的努力和关注,人力资源专业人员与直线经理能够一起讨论、用先导型和滞后型指标来分析这些问题。承认员工战略的先导性意味着最终会承认员工问题是最终驱动那些业务问题的基础。IBM 公司的员工战略和测量指标"总负责人"加勒特·沃尔克说:

> 在 IBM 公司,直线经理和人力资源经理通常注重短期和月度业务测量指标和绩效。这使我们非常擅长策略,但也限制了我们注重我们应当考虑的为未来成长而建设员工能力的行动。平衡对收入/利润/生产率/成本的短期绩效要求与对支撑未来成长机遇所必需的长期员工投资之间的关系非常重要。适当的员工测量指标能强化这两方面的需求,并有助于突出能对未来利润产生影响的员工投资的价值。最要紧的是高级直线管理

人员要理解投资决策对员工队伍的意义以及员工记分卡所提供的那种见识。[2]

适当的测量指标

本书的第二个假设是：仅有员工战略的新观念是不够的。作为管理指南和绩效管理的依据，测量指标非常重要。员工记分卡不仅描述了一种新的员工测量指标，而且描述了这些指标在战略执行过程中的新作用。组织如果有效地采用了这个员工测量新方法，就会表现出以下八个关键特征。

1. 高级经理人员关注少数几个员工测量指标，每个人都知道这些指标为什么重要。

将员工成功提高到战略高度来考虑的组织具有一个最重要的特征：CEO 和高级管理团队在听有关"战略性"员工测量指标介绍的时候，他们知道他们在关注什么以及他们为什么要关注它们。这种组织有少数几个至关重要的测量指标，它们是战略性员工决策的焦点。这些企业中的经理人员认识到，数据不是信息。你不会看到人力资源专业人员和直线经理每个季度凝视着六英寸高的打印稿，极力想弄清楚哪些结果重要，哪些不重要。因为他们已经知道哪些测量指标是重要的。这样，他们的时间和精力就可以放在根据那些测量结果确定必须进行什么管理变革上。

对那少数几个测量指标为什么具有战略相关性持有共识同样很重要。我们很难看到哪个组织会将单个"人员"测量指标作为与顾客满意度和财务成果测量指标同样重要的指标。也许人员测量指标来自于某个态度调查或员工满意度的其他测量指标。这种组织有“极少数”正确的指标，但其忘记了“至关重要的”部分。问题是，没有人能清晰地描述出连结顾客满意度或财务成功的业务逻辑。在其他组织中，人员流动率和人力资源工作效率可能是核心测量指标。在所有这些企业中，你经常发现，是高级人力资源专业人员在为CEO和高级管理团队做讲解，描述导致员工流动的种种变化和趋势，回答像“这意味着什么?”或“这为什么重要?”之类的提问。简言之，要做好这件事就需要限制员工测量指标的数量，并且让直线经理和人力资源专业人员一致认为这些测量指标具有战略相关性。关于这一点，我们又引用 IBM 公司的加勒特·沃尔克所说：

> 我相信，我们已经提升了员工测量指标的显著程度，并且正在将它们充分整合到业务和管理系统中去。2004 年，配合支持员工队伍工作重点和计划，我们确定了一套反映整体化经营战略目标观点的顶级测量指标。这导致将一套整体化的、数量有限的测量指标组成一个员工记分卡：兰迪·麦克唐纳能够向最高经营领导层传达我们的员工测量指标观点，说明我们对员工队伍预期状态的长期观点，以及对在实现长期目标的过程中短期绩效的看法。[3]

2. 所测量的与所管理的之间没有差距。

我们已经说过，在战略绩效管理框架中，测量指标是对问题的回答。这在员工测量指标方面表现得尤为真实，因为员工成功与经营成功之间的关系通常是间接的。在没有接受这种测量观念的企业中，经理人员会忽视员工测量指标，因为他们不关心员工问题；或者他们会作出误导性的员工决策，因为他们的印象是，这些测量指标与有关战略执行的询问有关，而并非当时的事实。

以下迹象表明，经理人员相信员工测量指标比较准确地描绘了战略执行过程中的重要业务决策。在已缩小了测量指标与管理决策之间差距的企业中，这些测量指标会在直线经理和人力资源专业人员的绩效评价中发挥重要作用，正如我们在第六章和第七章里所阐述的那样。这些企业相信那些测量指标所抓住的根本性业务流程的战略重要性，并且因此让经理人员对他们自己在那些方面的绩效负责。同样，由于这些测量指标是财务绩效的引导性指标，因此对在这些方面取得优秀绩效的管理人员给予奖励，即使在财务绩效可能低于目标要求的那些年里也如此。

3. 企业的战略性员工测量指标基于其独特的战略需求而非从外部得到的基准标杆。

在具有正确的员工战略观念的企业中，关键员工测量指标是企业内部自行制定的。它们不是来自某个“十佳测量指标”清单,也不是从某个行业竞争对手那里复制而来。人力资源专业人员不必向直线经理“兜售”来自其他企业的测量指标的价值,以及论证该指标在本行业其他企业的使用情况。这不是一种短视的决策方式和拒绝“非本地发明”的做法。直线经理知道员工战略的战略作用在很大程度上取决于在执行本企业更大战略时所使用的本企业特有的实践。

在这些企业中,人们了解究竟是什么构成了员工测量领域的最佳实践。许多经理人员认为最佳实践就是测量指标,而事实上最佳实践是开发测量指标的过程。这种误解是开发有效的员工测量指标的最大障碍之一。有正确测量观念的企业会开发出他们自己的测量指标,因为他们认识到这些测量指标是对企业的细节进行必要分析的结果。在两个不同的企业中,这个分析过程可能是相同的,但除非这两个企业以完全相同的方式执行相同的战略,否则他们就不会开发出相同的员工测量指标。相形之下,某些经理人员,特别是依靠外部基准标杆去评价人力资源或员工绩效的人力资源专业人员,自然会专注于最低公分母效率测量指标和基于成本的测量指标,而这种指标与大多数企业的战略需求几乎或完全无关。

4. 关注今天的员工测量指标的管理人员与关注五年前的测量指标的管理人员大不相同。

说明一个组织是否已开发出合适的员工测量指标的一个最有效指征就是,这些指标对以往测量指标的依赖程度。

我们所描述的新观念包含员工成功以及后来对直线经理及人力资源专业人员新绩效测量指标的全新作用的评价。这个测量革命虽然获得了动力，但仍然处在初期发展阶段。此时常常是烟大火小。要确定一个企业是否真正理解这个新观念和“明白它”，可采取一个很确切的方式：了解该企业的关键员工测量指标中在五年前被使用过的占多大比例。答案应当是“极少”。

这是一个敏感点。因为在人力资源部门，在开始迈向更有效的员工测量之路时，往往以退一步为首要步骤。有些人力资源经理不去制定能回答战略问题的真正的新测量指标，而是错误地将以往的测量指标改装为“战略性”测量指标。我们将这种做法叫做“HR炼金术”。传统的会计、成本以及效率测量指标被结合到新测量指标中，贴上“人力资本增值”这样的标签，就被认为是进步。这是用新瓶装旧酒。

以往的测量指标难以放弃，因为它们通常反映了象征长期变化的固有基准的历史记录。但是这没有打中要点。那些测量指标很少能抓住员工成功方面的任何战略意义；因此，这些历史变化——无论它们看起来是进步还是失败——实际上几乎无关紧要。需要强调的是，这些历史遗留的测量指标不是重要问题的答案，因此也没有必要一直给答案。

5. 测量过程承认员工成功与业务成果之间的关联，这是确定员工测量指标的关键因素。

经理人员经常按因果逻辑思考问题。但是，在考虑员工测量指标的时候，传统上强调的是测量水准。例如，某个职类的人员流动率从6%上升到8%。对这个问题人们通常会思考，这个变化对某些业务成果意味着什么。在有正确的员工测量观念的企业中，这个过程被倒过来了。在这些企业中，这些测量指标是根据那些员工驱动要素（如人员流动率）与具体的业务成果之间的预期关联选定的。这个员工测量指标的价值以及这个指标的实际应用，是根据对员工成功是否反映了一套严密的、经过估价的业务成果的初始诊断来设定的。例如，在有正确的员工测量观念的企业中，可能有三个维度的员工成功被认为是对某个特定的战略驱动要素或业务成果的绩效有影响的。在测量这三个员工成功维度的时候，可能没有思考什么是那些测量水准的业务意义，针对的是关联。IBM公司的加勒特·沃尔克说：

> 作为一种具有远见的手段，我们的测量过程和员工记分卡包含能为管理人员提供能促使员工绩效更佳的、实用主义的测量指标。例如，如果没有适当数量的技术人才资源去将一个新生的快速成长的业务机会变成资本，那么管理层就会从测量指标中看到相应的反映，并且采取措施去重新调整资源以满足那个关键业务的需求。[4]

可能要讨论和思索的问题是这种关联的量级。将关联整合到测量过程的第二种方式是，将假设的关联转变为经验主义的关联。这正是处在员工测量领先地位的企业的优势所在。对某些或所有关键员工测量指标，经理人员都可以使用这样的表述:"'员工战略焦点'中10%的减量是一个问题,因为它会导致来年顾客付费份额减少2%",或者"销售人员自愿性流动率增高2%必须受到监控;不过,如果要创造交叉销售方面的重大变革,就应当将此比率提高至少5%"。从某些方面来看,在开发一个全面的员工测量系统的过程中,关联转变是一个最严峻的挑战,但是它也能产生最大的回报。只要一个组织开始建立员工绩效测量指标与有价值的业务成果之间的这种关联,直线经理就能唤起对员工战略问题的新热情和特别关注。

最早全面估计员工测量指标与业务成果之间数量化关系的范例出现在20世纪90年代的西尔斯公司。[5]在托尼·鲁西和史蒂夫·肯(Steve Kirn)的领导下,西尔斯公司首先确定了这样一个假设:为了提高收入,西尔斯公司必须成为一个"令人驻足"的购物处所;而西尔斯公司首先得是一个"引人注目"的工作场所,然后才能成为一个"令人驻足"的购物处所。这个商业模式意味着一系列关联:员工的工作态度驱动购物体验的质量,而这又驱动了收入。那个假设模式建立在对员工测量指标与顾客态度以及最终收入变化的一系列数量化估算之上。

最近的一个例子是Allstate Insurance公司。多年来,该公司人力资源部收集了许多有关人员流动率、雇佣等的员工测量指标,但没有看到这些测量指标与重要的业务成果之间的明显关联。与其他许多公司一样,该公司最近对领导能力投入了比较多的注意,并且根据那些特征制定了一个领导能力指标。大多数企业都会做到这种程度就停止了。但该公司在人力资源高级副总裁琼·克罗克特(Joan Crokett)和人力资源助理副总裁卡林·朱兹奇(Karleen Zuzich)的领导下,采取了下一个重要步骤。该公司建立了领导能力指标等级与各种顾客索赔测量指标(比如索赔满意度和政策更新)之间的数量化关联。这个领导能力指标发挥了相当重要的作用,而且人力资源部与索赔领导能力之间的关联就反映了那种新的观念。

6. 组织收集说明对"A"职位和"A"绩效员工给予不同投资的测量指标。

衡量差异化员工战略的一个关键指标就是,一个组织是否对其战略性职位或"A"职位以及担任这些职位的"A"绩效员工给予不同投资。给予不同投资的企业会跟踪了解这些投资的结果。除了比较传统的人口统计结构范畴之外,员工成功测量指标还按"A"职位和"A"绩效员工进行分类;对"C"绩效员工的淘汰率要进行计算;对人员招募渠道和雇佣程序要分析其"A"绩效员工的产量;对薪酬制度和奖金总额的分配要评价其对"A"、"B"、"C"绩效员工的分配情况。人力资源专业人员和直线经理要负责落实这种差异化投资的战略,在绩效评审中要包括一个关于这些问题的讨论。

虽然我们同意对所测量的、所管理的内容进行观察,但是有些企业在没有精心设计的测量系统的情况下,非常成功地实行了差异化投资政策。只要这个观念被植入到自 CEO

而下的文化之中，那么利用测量系统驱动变革就不成问题。例如，我们了解的一个《财富》500 强公司，其 CEO 为“A”职位高级经理的雇佣和领导能力开发决策投入了比较多的时间。在最近两年，1/4 的高级经理离开了该企业，其中有一半以上的人又受到该公司的聘请。我们认为这种情况属于例外而非规则，但如果你有幸在这样的组织中工作的话，这是值得记住的。

7. 人力资源部日常关注和衡量人力资源管理系统与对直线经理非常重要的战略性业务成果之间的一致性或适应性。

员工战略的差别不断增加意味着人力资源管理系统与企业的战略驱动要素之间的适应性和一致性会越来越重要。行业中的最佳实践是不够的。有时候，企业自己可以创造良好的适应性，比如说高级管理人员开发。高潜力的领导者被安排在针对企业总体战略执行过程各个方面的各种职位上轮岗。但是，人力资源管理适应性的其他方面可能会比较精确地针对某个具体的战略驱动要素。某制药公司的销售人员选拔、开发和薪酬实践便是一个例子。

有正确观念的企业经常会问及有关整个人力资源管理系统如何一起适应强化企业战略的问题。遗憾的是，战略一致性不是一个一次性的事件。实践活动可以发展，或者出于效率的原因会被迫商业化，因此一致性就可能受到损害。虽然适应性或一致性的测量指标是一个主观评价，但是对它也应当根据一个常规的依据加以监控。一个简单监控的方式是在员工调查(季度或年度)中增加有关一致性的问题,然后将调查结果与人力资源专业人员或许还有直线经理对同样问题的回答进行比较。

8. 组织拥有相应技术专长的人力资源专业人员,能够开发适当的测量指标和向业务领导说明分析过程。

从传统上看,没有要求人力资源专业人员具备专深的测量知识。其测量工作实践通常被局限在开发或批准有关员工调查项目,或将基于会计学的测量指标转化为人力资源管理效率测量指标。有时,所谓测量工作只是在测量"服务商"之间进行选择。战略性绩效测量需要一系列能力。对关联而非水准的强调,不仅意味着人力资源专业人员必须考虑因果关系和人力资源部以外的业务成果,而且意味着他们必须对估算那些关联的方式、原因以及局限性有所了解。

对于组织来说,这是一种非常重要的新能力。组织可以雇佣企业内部具有这些技能的人才(比如 Allstate 公司或 BMS 公司),也可以聘请掌握计量经济学和心理测量学技术的顾问(比如卡地纳健康公司)。但是无论在哪种情况下,高级人力资源专业人员都得具备分析能力,才能有效地利用具备这种新能力的人才。人力资源专业人员要了解这些测量技术为什么重要以及它们的局限性何在,这样他们才能与直线经理进行深入的交谈。

在这方面胜人一筹的是 BMS 公司。也许是因为其业务性质(基于科学的发现)的原因,BMS 公司鼓励经理人员去为重要的员工管理创新活动收集数据和测试“有关活动的理论”。但是,数据不是解决有关设计和实施员工记分卡的挑战的唯一答案。BMS 公司领导能力开发与组织效力副总裁彼得·法索洛(Peter Fasolo)说:

> 分析与研究方法论使专业人员去进行有关员工问题的基于事实的讨论,而离开基于“我认为”和“我觉得”的讨论。无论你测量组织内部的什么都必须直接与该企业的战略相联系。如果你没有目标,你就不应当测量它。如果你测量它,你也需要对目标投入资源以有助于改进这个目标。例如,在 BMS 公司,有一个在统计和验证工作方面训练有素的 I/O 心理学家小组帮助进行员工数据设计、收集和解释。最后,人力资源部不可能作为员工测量指标的唯一的代理者或所有者——有必要作为直线领导者的平等的合作伙伴。陷阱是:让专业人员成为测量指标的唯一所有者。高级直线经理团队必须与人力资源部形成合作伙伴关系,共同推动变革。测量指标的开发运用也可以外包出去,如果它们不真是战略性的话。[6]

在这方面,一个重要的教训是,人力资源专业人员在第一次面对测量工作的挑战时,常常感到迷惑。在此,我们要重复前面所说过的,测量方面的最佳实践活动是过程,而不是测量指标本身。不要问其他人:你们使用什么测量指标?而要问:你们是如何开发你们的测量指标的?一个简单的例子就是卡地纳健康公司的做法。其首席行政主管托尼·鲁西了解员工测量。他知道领导能力是员工成功的一个重要驱动要素,但需要一个测量指标。卡地纳健康公司没有去寻找一张十佳领导能力测量指标清单。相反,它遵循合理的测量原则,基于卡地纳健康公司具体的业务需求,开发出了自己的测量指标。更为重要的是,该公司又根据后来的领导潜力评价结果对这个指标进行了验证。最终形成了一个与卡地纳健康公司具体战略需求有明确关系的员工测量指标。而且,高级管理团队也知道这个测量指标是为其特定环境而制定的,并且他们更关注的是利用该测量指标去实施管理而不是去质询它的有效性。

适当的执行

企业不仅有正确的观念和适当的测量指标,而且也执行不同的测量过程。在这些企业中,你可以看到不同的测量指标,但是你也应当能看到围绕那些指标形成了不同的组织。测量被当作一种独立的活动。它实际上改变了直线经理和人力资源专业人员处理整个员工战略执行过程的方式。在这方面做得到位的企业有以下六大特征:

1. 人力资源专业人员用于处理员工绩效问题的时间比五年前少。

理想地讲,这是对用于处理员工绩效问题的时间的均衡且绝对的改变。首先,应当只存在更少的绩效问题。人力资源部和直线经理可以将更多的时间和精力用于在雇佣的时候区别"A"绩效者与"C"绩效者。或许,如果该企业更喜欢根据实际绩效作决策的话,那么,在合理的期限内,则可以有一个系统的选择过程,做一个提升或者淘汰的决定。必须作这个决策的直线经理了解这个测量系统。人力资源专业人员也了解这个测量系统。而最重要的是,新员工也了解这个测量系统。而更喜欢比较模糊的评价系统的求职者会撤退,到别处去找工作。

这个例子强调了为什么人力资源专业人员用于处理绩效问题的时间会减少的其他两个原因。第一,直线经理会花更多时间去处理绩效问题,或者说,至少人力资源部不必花更多时间去证实这些问题。直线经理将会承担开发"A"绩效员工和淘汰"C"绩效员工的责任。在允许"C"绩效员工不受其工作绩效的影响而留在组织里的情况下,员工成了主要的绩效问题。直线经理必须在那些员工变成问题之前就进行绩效评价并将那些员工淘汰。实际上,那些员工将不再适用。

第二,对绩效差异的这种强调将最终形成一种高绩效文化。这种文化将改进员工队伍的自我选择。随着绩效差异越来越成为员工战略的一个显著和核心的特征,潜在的员工库开始发生变化,不过自愿性人员流动的结构也将开始发生变化。"C"绩效员工将越来越多地看到墙上张贴的文件并且在他们成为问题之前就选择离职。

结果,人力资源专业人员就会有更多的时间用于战略性工作任务。我们认识到,由于组织变得越来越精简,少数经理人员觉得他们有余地承担更多的责任。的确,对许多人力资源部而言,在贯彻一种比较具有战略性的观念时所面临的一个最大的挑战就是,人力资源专业人员被期望继续作为行政管理专家并且平息同样的雇员关系问题,而同时又要增加新的战略性活动。这是不可能做到的。但是,在企业比较适当地管理员工战略的情况下,这意味着重新分配工作任务,而不是增加人力资源专业人员的工作。

2. 员工成功与战略执行之间的关系界定了新人力资源职能创新活动的 ROI。

正如直线管理人员通常去管理得到测量的东西一样,人力资源专业人员也是如此。从传统上看,人力资源专业人员专注于人力资源职能工作。他们的工作重点首先是在创新活动上,其次是在这些创新活动对本公司业务的意义上。并不是人力资源专业人员不想让这些创新活动有益于本公司,而是因为业务状态是一个非常笼统的概念,没有具体针对本组织中的战略驱动要素。

在具有正确的员工战略观念的组织中,由人力资源创新活动落实的那部分员工战略是具有战略针对性的。并非所有的人力资源创新活动都能上升到这种重要程度。有些活动只能改进人力资源部的操作效率。但是,对战略性而非操作性的创新活动应当给予更多投资,因为战略性的创新活动有更大的回报。与任何其他投资一样,可以根据回报率而非成本来评价人力资源创新活动。在这里,关键点不是对每个潜在的创新活动都计算出一个必须遵从的预期ROI数字，而是更广义地界定这种潜在的“回报”。对基于效率的人力资源职能和创新活动而言，这种回报被限定在某种形式的成本节省（分母管理）。因为成本下降，所以回报改进。对注重战略的人力资源职能而言，焦点是基于对企业战略驱动要素的清晰认识改进业务成果。因为分子增大，所以回报改进。人力资源部内部的讨论针对人力资源创新活动与业务解决方案之间的因果关系（分子管理），而非人力资源解决方案。

IBM公司是一个很好的例子。在该公司，直线经理和人力资源部正专注于通过更好的分子管理（价值创造而非成本降低）改进员工生产率的机遇。他们认识到，不能靠“收缩变成巨人……截断争取成功的道路”，不能简单地控制劳动成本，而是要主动地开展几个能增进员工价值创造的创新活动。提供具有战略针对性的、及时的技能开发以支持这个新发展，这是一种战略性员工创新活动。

更广泛地说，IBM公司正在考虑几个有关如何管理和评价员工队伍“改变比赛规则的”活动。他们特别重视测量员工队伍价值的新方法以及优化那种价值的方式。这种方法将极力把员工价值设计与他们所支持的解决方案更紧密地联系在一起，使IBM公司能进一步体现其在市场上的差异性。例如，IBM公司已经完全改造了其PC事业部的员工队伍，主要目的是为了响应这个特殊行业重点竞争压力和快速商品化的特点。在完成这项工作的过程中，IBM公司已经能够将非核心功能（如生产和测试）转移给供应商了。结果，

IBM公司形成了一个精干的、针对性很强的研究、设计以及市场营销专业人员团队。

3. 创建一种没被臆断的共同心态。

成功地将员工战略提升为企业战略执行过程一个关键驱动要素的组织，能够成功地创建一种共同心态，清晰地了解为执行企业的战略而必须做的事情，以及在这个过程中员工战略的作用和测量的作用。这种了解延伸到高级管理团队以外并且也包括更大的员工队伍。有关“员工战略焦点”的员工调查表明，员工了解他们的工作如何适应企业更大的战略实施。

这种组织已经开展了明确的创新活动以构建这种共同心态和战略能力。这不仅包括CEO主持视频会议和说明大图景，而且还包括员工的理解没有被臆断，并且这种理解得到监控和测量。不仅要对有关更大战略的说明给予特别注意，而且更重要的是，还对有关个人角色和责任如何推动战略执行的说明给予特别注意。学习地图和小组会议通常被用来促进这个学习过程。

4. 人力资源部有一个能够有效平衡充当战略合作伙伴与提供有效人力资源服务之间压力的人员结构。

利用员工战略作为一个战略杠杆，要求CEO、高级管理人员、直线经理以及人力资源部都发生变化。这就意味着，人力资源部将必须重新考虑其自身的组织结构。承担对员工成功的共同责任给人力资源部内部带来了人员结构压力，因为人力资源部原来主要是作为一个客户/服务组织而组建的。战略角色要求采用不同的绩效测量指标，对人力资源管理系统的一致性有不同的看法，与直线经理建立不同的关系。

重构人力资源部通常是最后一道难题。最初的时候，组织只是想在现有结构内部扩大某些个人角色。相对于这种兼职角色所能得到的时间和资源来说，这个挑战实在是太大了，这很快就使最初阶段维持不下去了。扩展企业测量能力的一般方法是在优秀人才中心(Centers of Excellence)内部开发局部适应专家。沿测量学习曲线发展顺利的组织通常会创建一个测量专家小组(例如太阳微系统公司的人力资源实验室)。这些专家了解这个挑战技术方面的情况，可以把那些技术问题翻译成对决策者有明确意义的东西。最后，该组织会发现，必须为直线经理与人力资源专业人员之间的战略关系配备人力资源专业人员，这些人员的责任主要是独立提供服务。IBM公司的加勒特·沃尔克指出：

> IBM公司的人力资源部总是善于传达员工对企业的贡献，这不是新情况。但是，这种传达是比较主观的/定性的或传闻似的，没有根据为主要业务投资或资产分配确定的重点顺序。在我们目前竞争性资源和开支限制严格的环境中，在创新、成长、收入、成本和生产率方面保持卓越是一种竞争优势。员工记分卡澄清了这种传闻式的谈话，它告诉我们，我们是否有适当的人力资

源管理重点顺序以及这种计划/创新活动是否针对企业需求。[7]

5. 战略性员工测量指标被个人或特别工作小组所“拥有”和调整。

承认无形资产越来越重要的组织也认识到，从本质上看，这些无形资产的管理是比较困难的，因为从本质上看对这些无形资产的测量是比较困难的。这些企业与众不同之处在于，他们对这种挑战难度的反应与这种挑战的重要性是相称的。企业在战略性员工测量方面的最重要的决策是，将这些测量指标的所有权交给有知识、精力和资源去充分利用这些新测量系统的价值的个人或特别工作小组。

谁拥有这些测量指标和资源，谁就必须充分实现这个新的测量观念。这是一个重要的信号，它说明员工测量是一种战略需求。与许多传统的财务成功测量指标不同，员工测量指标绝对是先导型指标。它们不是最终结果，它们的价值只体现在它们对其他中间成果的推动程度上。这就是说，能最有效地利用员工测量指标价值的测量组织是那种包含了战略价值链各个维度的组织。这意味着负责财务、市场、运营以及员工测量指标的人之间的沟通时间应当与他们同各个职能管理人员进行沟通的时间一样多甚至更多。测量被当作一种战略能力而非一种操作责任来管理。

6. 高级管理人员、直线经理以及人力资源专业人员认为值得为测量系统的成效而努力贯彻这种测量系统。

执行一个新的员工测量系统不是件容易的事。它对传统的员工角色观点提出了挑战，并且对直线经理和人力资源专业人员提出了新的责任和义务要求。但是，直线经理和人力资源专业人员最终会说，这种回报是值得他们付出努力的。不是因为组织采取了一种需要很少时间和资源的表面手段，而是因为不管增加了什么努力和资源，收益是明显的；而且他们不希望走回“老路”去。直线经理特别不认为这种新的测量系统是将他们从其本职工作中转移出去的另一块组织的“天花板”。相反，直线经理知道，他们的“实际”工作已经被重新定义，这些测量指标有助于他们更有效地完成工作任务。这又改变了直线经理与人力资源专业人员之间的关系动机，生动地重新调整了他们关于战略而非操作和服务问题的讨论。

全面诊断

我们将本章作为一个整体化的诊断手段，以帮助你看清你组织中的大画面。本章主要依据我们自己对那些已经在沿着这个学习曲线运动的公司的专业观察，提供了一个发展清单，便于你在努力实践这些观点时谨记在心。任何一个组织都不可能具备所有这些特征，然而它们可以帮助组织成功地制定一种有效的员工战略。不过，根据我们的判断，这些

表9—1　战略执行的人力资本维度的管理与测量能力：一个诊断工具

说明：用以下方式对每个问题作出评价：1＝完全不是，3＝适度，5＝很高程度

正确的观念

____ 1. CEO期望高级管理人员、直线经理以及人力资源领导团队能说明员工成功对成功执行战略的影响。
____ 2. CEO期望看到员工成功测量指标，并且要求高级管理人员对这些绩效测量指标负责。
____ 3. CEO和高级管理人员理解为什么一个差异化的员工战略对有效的战略执行非常重要，它是如何被贯彻的以及如何对它加以测量。
____ 4. 高级管理人员和直线经理了解驱动战略绩效的员工成功与HR服务之间差别。
____ 5. 高级管理人员、直线经理以及高级人力资源专业人员共担（但不必同等）对员工成功和战略绩效驱动要素的责任。
____ 6. 人力资源专业人员的作用体现为他们对员工成功如何推动战略业务成功的理解。

适当的测量指标

____ 7. 高级经理人员关注少数几个员工测量指标，每个人都知道这些指标为什么重要。
____ 8. 所测量的与所管理的之间没有差距。
____ 9. 企业的战略性员工测量指标基于其独特的战略需求而非从外部得到的基准标杆。
____ 10. 关注今天的员工测量指标的管理人员与关注五年前的测量指标的管理人员大不相同。
____ 11. 测量过程承认员工成功与业务成果之间的关联，这是确定员工测量指标的关键因素。
____ 12. 组织收集说明对“A”职位和“A”绩效员工给予不同投资的测量指标。
____ 13. 人力资源部日常关注和衡量人力资源管理系统与对直线经理非常重要的战略性业务成果之间的一致性或适应性。
____ 14. 组织拥有相应技术专长的人力资源专业人员，能够开发适当的测量指标和向业务领导说明分析过程。

适当的执行

____ 15. 人力资源专业人员用于处理员工绩效问题的时间比五年前少。
____ 16. 员工成功与战略执行之间的关系界定了新人力资源职能创新活动的ROI。
____ 17. 创建一种没被臆断的共同心态。
____ 18. 人力资源部有一个能有效平衡充当战略合作伙伴与提供有效的人力资源服务之间压力的人员结构。
____ 19. 战略性员工测量指标被个人或特别工作小组所“拥有”和调整。
____ 20. 高级管理人员、直线经理以及人力资源专业人员认为值得为测量系统的成效而努力贯彻这种测量系统。

特征“越多越好”。每个特征都为一个成功的员工战略的基础添了一块砖。这个基础是如何创建的，这个问题不太重要；而比较重要的是，这个基础是否牢固，其设计的用途是否符合你企业战略执行的要求。

表9—1用一个全面的诊断量表概括了这些特征，你可以用这个量表给你自己的组织打分。

在本书即将结束的时候，我们希望，本书已经为你提供了帮助，使你具备了推动你组织战略执行和员工测量指标工作议程的工具和动机。如果你企业在表9—1所示的诊断调查中的得分不如人意，我们希望这个结果会成为促使你企业真正开始进行测量工作的另一种激励。如果你企业是在该测试中取得高分的为数很少的企业之一，我们希望你会利用这种知识去帮助提高和改进你已经完成的事情。无论在哪一种情形下，我们都希望你继续改进你企业战略执行的质量，用正确的观念看待员工对企业成功的贡献，用适当的测量指标去跟踪了解你企业的进步，用适当的战略执行去保证经理人员作好准备，有愿望、有能力利用员工测量指标去驱动经营成功。

注　　释

序

1. Larry Bossidy, Ram Charan, and Charles Burck, *Execution: The Discipline of Getting Things Done* (New York: Crown Business, 2002).

2. Dave Ulrich, "Organizational Capability as a Competitive Advantage: Human Resource Professionals as Strategic Partners," *Human Resource Planning* 10, no. 4 (1987): 169—184; Dave Ulrich and Dale Lake, *Organizational Capability: Competing from the Inside Out* (New York: Wiley, 1990); Dave Ulrich, "The Leader of the Future: Credibility × Capability," in *The Leader of the Future*, ed. Frances Hesselbein, Marshall Goldsmith, and Dick Beckhard (San Francisco: Jossey-Bass, 1996); Dave Ulrich and Norm Smallwood, "Capitalizing Your Capabilities," *Harvard Business Review* (June 2004).

3. Dave Ulrich and Norm Smallwood, *Why the Bottom Line Isn't* (New York: Wiley, 2003).

4. This formula is derived from work by Steve Kerr: effectiveness = quality * acceptance. Personal conversation with Steve Kerr.

5. Dave Ulrich and Wayne Brockbank, *The HR Value Proposition* (Boston: Harvard Business School Press, 2005).

注释

绪论

1. Brian E. Becker, Mark A. Huselid, and Dave Ulrich, *The HR Scorecard: Linking People, Strategy, and Performance* (Boston: Harvard Business School Press, 2001).

第一章

1. 在这里,我们区分了两种基准标杆研究成果。一种聚焦于确定与某个通用于各个企业的特定变量(比如,在300家企业中的平均雇佣成本/人是什么?)相关的水平,另一种聚焦于与单个企业中的某个单独的结果(比如,联邦快递公司如何处理其配送和供应链物流)相关的方法。我们认为基准标杆方法很可能带来具有战略价值的信息和理解,但基准标杆水平却不可能做到这一点,正如我们在后面的内容中将详细阐述的那样。

2. Robert S. Kaplan and David P. Norton, *The Strategy-Focused Organization: How Balanced Scorecard Companies Thrive in the New Business Environment* (Boston: Harvard Business School Press, 1996).

3. Brian E. Becker, Mark A. Huselid, and Dave Ulrich, *The HR Scorecard: Linking People, Strategy, and Performance* (Boston: Harvard Business School Press, 2001).

4. 在本书中,我们将测量指标(measures)和测量方法(metrics)用作同义词。

5. Becker, Huselid, and Ulrich, *The HR Scorecard*.

6. Wayne F. Cascio, *Responsible Restructuring: Creative and Profitable Alternatives to Layoffs* (New York: Berrett-Koehler, 2002).

7. Baruch Lev, *Intangibles* (Washington, DC: Brookings Institution, 2001), 5.

8. 同上,9。

9. Thomas Stewart, "Real Assets, Unreal Reporting," *Fortune*, July 6, 1998, 207.

10. Clayton Christensen and Michael Raynor, *The Innovator's Solution* (Boston: Harvard Business School Press, 2003).

11. Baruch Lev and Suresh Radhakrishnan, "The Measurement of Firm Specific Human Capital," NBER working paper no. 9581.

12. Lev, *Intangibles*, 1.

13. Christopher D. Ittner and David F. Larker, "Coming Up Short on Nonfinancial Performance Measurement," *Harvard Business Review* (November 2003): 91.

14. 同上,90。

15. Larry Bossidy, Ram Charan, and Charles Burck, *Execution: The Discipline of Getting Things Done* (New York: Crown Business, 2002).

16. Becker and Huselid, "High Performance Work Systems and Firm Performance." See also William Joyce, Nitin Nohria, and Bruce Roberson, *What Really Works: The 4+2 Formula for Sustained Business Success* (New York: Harper-Business, 2003).

17. B. E. Becker and M. A. Huselid, "Measuring HR's Performance? Benchmarking Is Not the Answer!" *HR Magazine* (December 2003).

18. 有关此文献的评论,见 James G. Combs, Angela T. Hall, and Yongmei Liu, "High Performance Work Practices and Organization Performance: A Meta-Analysis," working paper, 2004; Becker, Huselid, and Ulrich, *The HR Scorecard*; and Becker and Huselid, "High Performance Work Systems and Firm Performance"。

19. 参见 Dave Ulrich and Norm Smallwood, "Capitalizing on Capabilities," *Harvard Business Review* (June 2004), 1—8。

20. Jeffrey Pfeffer and Robert I. Sutton, *The Knowing-Doing Gap: How Smart Companies Turn Knowledge into Action* (Boston: Harvard Business School Press, 2000).

第二章

1. Bradford D. Smart, Ph. D., *Topgrading: How Leading Companies Win by Hiring, Coaching, and Keeping the Best People* (New York: Prentice Hall Press, 1999).

2. Larry Bossidy, Ram Charan, and Charles Burck, *Execution: The Discipline of Getting Things Done* (New York: Crown Business, 2002), 95.

3. 参见 Steve Kerr, "On the Folly of Rewarding A While Hoping for B," *Academy of Management Journal* 18(1975):765。

4. 关于 HR 哲学、HR 政策、HR 计划、HR 实践活动以及 HR 方法之间的区别,见 R. S. Schuler, "Strategic Human Resource Management: Linking the People with the Strategic Needs of the Business," Organizational Dynamics (summer 1992): 18-32。

5. R. E. Miles and C. C. Snow, *Fit, Failure, and the Hall of Fame* (New York: The Free Press, 1994); Michael Porter, *Competitive Advantage: Creating and Sustaining Superior Performance* (New York: The Free Press, 1985).

6. Dave Ulrich and Dick Beatty, "From Partners to Players: Extending the HR Playing Field," Human Resource Management 40, no. 4(2001):293-307。除迪夫·乌里奇和迪克·贝蒂关注核心战略与员工心态的一致性之外,其他一些作者也探究过在不同核心战略下员工角色行为和人力资源管理系统会有什么不同。这方面的基础研究成果包括:

Randall S. Schuler and Susan E. Jackson, "Linking Competitive Strategies with Human Resource Practices," *Academy of Manage-*

ment Executive 1, no. 3 (1987): 207—220; R. S. Schuler and S. E. Jackson, "Organizational strategy and organization level as determinants of human resource management practices," *Human Resource Planning* 10, no. 3, 125—141; R. S. Schuler and S. E. Jackson, "Determinants of human resource management priorities and implications for industrial relations," *Journal of Management* 15, no. 1, (1989): 89—99; R. S. Schuler, S. E. Jackson, and J. C. Rivero, "Organizational characteristics as predictors of personnel practices," *Personnel Psychology* 42, no. 4, (1989): 727—786; and S. E. Jackson and R. S. Schuler, "Understanding human resource management in the context of organizations and their environments," *Annual Review of Psychology* 46 (1995): 237—264。

7. Michael Treacy and Fred Wiersema, *The Discipline of Market Leaders: Choose Your Customers, Narrow Your Focus, Dominate Your Market* (Boulder, CO: Perseus Publishing, 1997).

8. Robert S. Kaplan and David P. Norton, *The Strategy-Focused Organization: How Balanced Scorecard Companies Thrive in the New Business Environment* (Boston: Harvard Business School Press, 1996).

9. B. E. Becker and B. Gerhart, "Human Resources and Organizational Performance: Progress and Prospects," *Academy of Management Journal* (Special Issue: Human Resources and Organizational Performance) 39, no. 4 (1996): 779—801; B. E. Becker and M. A. Huselid, "High Performance Work Systems and Firm Performance: A Synthesis of Research and Managerial Implications," ed.

G. Ferris, *Research in Personnel and Human Resource Management* 16 (1998): 53—101; J. E. Delery and D. H. Doty, "Modes of Theorizing in Strategic Human Resource Management:

Tests of Universalistic, Contingent and Configurational Performance Predictions," *Academy of Management Journal* 39, no. 4 (1996): 802—835; M. A. Huselid, "The Impact of Human Resource Management Practices on Turnover, Productivity and Corporate Financial Performance," *Academy of Management Journal* 38, no. 3 (1995): 635—672.

10. 有关这些差异的其他理论论述，见 B. E. Becker and M. A. Huselid, working paper, "Value Creation Through Strategy Execution: The Role of SHRM Theory and Practice" (available from the authors)。

还有一些正在研究中的学术文献探究了各种人力资源管理系统及子系统的构成和对企业层面的影响。例如，在 B. E. Becker and M. A. Huselid, "Human Resource Management Systems, Complementarities, and Firm Performance," (working paper, 1995, available at www.markhuselid.com), and M. A. Huselid and B. E. Becker, "The Impact of High Performance Work Systems, Implementation Effectiveness, and Alignment with Strategy on Shareholder Wealth," Academy of Management Best Papers Proceedings (1997): 144-148;我们论证了几个不同的人力资源体系结构(在指导一个人力资源管理系统的开发和实施的理论或哲学之下)对公司以及股东价值的影响。M. A. Huselide, "The Impact of Human Resource Management Practices on Turnover, Productivity and Corporate Financial Performance," Academy of Management Journal 38, no. 3(1995): 635-672,比较了将这些系统纳入公司战略与"最佳实践"方法对 968 家企业的绩效的不同影响。在 B. E. Becker, and M. A. Huselid, "High Performance Work Systems and Firm Performance: A Synthesis of Research and Managerial Implications", in Research in Personnel and Human Resource Management, ed. G. Ferris, vol. 16 (1998):53-101 一文中，我们说明了从对这些系统的投资中得到的回

报是非线性的(在最低到最高水平的分布状态的最大回报)。我们也说明了,这种回报在各个行业、各种资本强度水平下,因我们称作官僚化和非官僚化工作系统、因管理人员薪酬子系统而有所不同。参见M. A. Huselid and B. E. Becker, "The Strategic Impact of High Performance Work Systems," working paper, available at 〈www.markhuselid.com〉。

最近, Lepak 和 Snell (1999)对这方面作出了重要贡献,他们开发了一种模式,说明人力资本的价值和独特性水平如何互动以建立四个不同的雇佣模式(基于知识的模式、职位的模式、合同工模式以及加盟模式),这种模式进而建议了四种不同的人力资源管理实践结构(基于承诺的、生产率的、遵守法规的和协作的)。Lepak 和 Snell (2002), Lepak, Takeuchi 和 Snell (2003) 随后又为他们的模式提供了效度数据。参见 David P. Lepak and Scott A. Snell, "The Human Resource Architecture: Toward a Theory of Human Capital Allocation and Development", Academy of Management Review 24, no. 1 (1999): 31-48; David P. Lepak and Scott A. Snell, "Examining the Human Resource Architecture: The Relationships Among Human Capital, Employment, and Human Resource Configurations". Journal of Management 28, no. 4 (2002): 517-543. ; and David P. Lepak, Riki Takeuchi, and Scott A . Snell, "Employment Flexibility and Firm Performance: Examining the Interaction Effects of Employment Mode, Environmental Dynamism, and Technological Intensity", Journal of Management 29, no. 5 (2003): 681-703。

11. Michael E. Porter, "What Is Strategy?" *Harvard Business Review* (November-December 1996): 61—78.

12. 同上,62。

13. Robert S. Kaplan and David P. Norton, *Strategy Maps: Converting Intangible Assets into Intangible Outcomes* (Boston: Harvard Business School Press, 2004).

14. 有关这些差异的进一步理论阐述，见 B. E. Becker and M. A. Huselid, working paper, "Value Creation Through Strategy Execution: The Role of SHRM Theory and Practice" (available from the authors)。

15. Robert Kaplan, "Using Strategic Themes to Achieve Organizational Alignment," *Balanced Scorecard Report*, reprint no. B0111A, 2001; Robert Kaplan, "Wells Fargo Online Financial Services (A)," Case 9-198-146 (Boston: Harvard Business School, 2001); Robert Kaplan, "Wells Fargo Online Financial Services (B)," Case 9-199-019 (Boston: Harvard Business School, 1998). Harvard Business School cases provide useful illustrations because they make additional contextual detail available that is beyond the scope of this book.

16. 资料来源：Garret Walker, Director of Global Resourcing and HR Strategy at IBM. Interview with Mark Huselid, summer 2004。

17. Bradford D. Smart and Geoffrey H. Smart, "Topgrading the Organization," *Directors and Boards* 21, no. 3 (Spring 1997): 28.

18. Robert Simons and Antonio Davila, "Siebel Systems: Organizing for the Customer," Case 9-103-014 (Boston: Harvard Business School, 2002).

19. Smart, *Topgrading: How Leading Companies Win*, 34.

20. Becker, Huselid, and Ulrich, *The HR Scorecard*.

第三章

1. Michael E. Porter, *Competitive Advantage: Creating and Sustaining Superior Performance* (New York: The Free Press, 1985).

2. C. K. Prahalad and Gary Hamel, "The Core Competence of

the Corporation," *Harvard Business Review* (1990); Gary Hamel and C. K. Prahalad, *Competing for the Future* (Boston: Harvard Business School Press, 1994); C. K. Prahalad and Venkatram Ramaswamy, *The Future of Competition: Co-Creating Unique Value with Customers* (Boston: Harvard Business School Press, 2003).

3. Robert S. Kaplan and David P. Norton, *Strategy Maps: Converting Intangible Assets into Intangible Outcomes* (Boston: Harvard Business School Press, 2004); Robert S. Kaplan and David P. Norton, *The Strategy-Focused Organization: How Balanced Scorecard Companies Thrive in the New Business Environment* (Boston: Harvard Business School Press, 1996).

4. 表3—1,3—2,3—3,3—4中的某些项目摘自 Brian E. Becker, Mark A. Huselid, and Dave Ulrich, The HR Scorecard: Linking People, Strategy, and Performance (Boston: Harvard Business School Press, 2001)。

5. Peter Fasolo, interview with Mark Huselid, summer 2004.

6. Denise M. Rousseau, "Assessing organizational culture: The case for multiple methods," in *Organizational Climate and Culture*, ed. B. Schneider (San Francisco: Jossey-Bass, 1990).

7. William Joyce, Nitin Nohria, and Bruce Roberson, *What Really Works: The 4 + 2 Formula for Sustained Business Success* (New York: HarperBusiness, 2003).

8. Louis V. Gerstner Jr., *Who Says Elephants Can't Dance? Inside IBM's Historic Turnaround* (New York: HarperBusiness, 2002).

9. Larry Bossidy, Ram Charan, and Charles Burck, *Execution: The Discipline of Getting Things Done* (New York: Crown Business, 2002).

10. 参见 Anthony J. Rucci, Steven P. Kirn, and Richard T.

Quinn, "The Employee-Customer-Profit Chain at Sears," *Harvard Business Review* (January-February 1997): 83-97; and Steven P. Kirn, Anthony J. Rucci, Mark A. Huselid, and Brian E. Becker, "Strategic Human Resource Management at Sears," *Human Resource Management* 38, no. 4 (1999): 329—336。

11. B. E. Becker and M. A. Huselid, "High Performance Work Systems and Firm Performance: A Synthesis of Research and Managerial Implications," ed. G. Ferris, *Research in Personnel and Human Resource Management* 16 (1998): 53—101.

第四章

1. 参见 Brian E. Becker, Mark A. Huselid, and Dave Ulrich, *The HR Scorecard: Linking People, Strategy, and Performance* (Boston: Harvard Business School Press, 2001)。

2. 同上,48。

3. Wayne F. Cascio, *Responsible Restructuring: Creative and Profitable Alternatives to Layoffs* (New York: Berrett-Koehler, 2002).

4. 表 4—2, 4—3, 4—4, 4—7 中的某些项目摘自 Brian E. Becker, Mark A. Huselid, and Dave Ulrich, The HR Scorecard: Linking People, Strategy, and Performance (Boston: Harvard Business School Press, 2001)。

5. 感兴趣的读者应参阅 Peter Senge 关于系统动机的著作以了解更多信息。参见 Peter M. Senge, *The Fifth Discipline: The Art and Science of the Learning Organization* (New York: Bantam Doubleday Dell Publishing Group, 1990), and also Peter M. Senge, Art Kleiner, Charlotte Roberts, Richard B. Ross, and Bryan J. Smith, *The Fifth Discipline Fieldbook* (New York: Currency Doubleday, 1994)。

6. Deborah Barber, Mark A. Huselid, and Brian E. Becker, "Strategic Human Resource Management at Quantum," *Human Resource Management* 38 (1999): 321—328.

7. 有关该著作主要内容的概述见 M. A. Huselid, "The Impact of Human Resource Management Practices on Turnover Productivity and Corporate Financial Performance," *Academy of Management Journal* 38, no. 3 (1995): 635—672; B. E. Becker and M. A. Huselid, "High Performance Work Systems and Firm Performance: A Synthesis of Research and Managerial Implications," ed. G. Ferris, *Research in Personnel and Human Resource Management* 16 (1998): 53—101; and James G. Combs, Angela T. Hall, and Yongmei Liu, "High Performance Work Practices and Organization Performance: A Meta-Analysis," working paper, 2004. Available from James G. Combs, Department of Management, College of Business, Florida State University。

8. Mark A. Huselid, S. E. Jackson, and R. S. Schuler, "Technical and Strategic Human Resource Management Effectiveness As Determinants of Firm Performance." *Academy of Management Journal* 1, no. 40 (1997): 171—188.

9. Sara Rynes, Amy Colbert, and Kenneth Brown, "HR Professionals' Beliefs About Effective Human Resource Management Practices: Correspondence Between Research and Practice," *Human Resource Management* 41 (2002): 149—174; Sara Rynes, Amy Colbert, and Kenneth Brown, "Seven Common Misconceptions About Human Resource Practices: Research Findings versus Practitioner Beliefs," *Academy of Management Executive* 16 (2002): 92—102.

10. Additional examples of the use of these metrics can be found in Becker, Huselid, and Ulrich, *The HR Scorecard*, chapter 6.

11. Rynes, Colbert, and Brown, "HR Professionals' Beliefs A-

bout Effective Human Resource Management Practices."

12. 图4—6中的栏目标题(目标、测量指标、具体目标、创新)摘自 Robert S. Kaplan and David P. Norton, *The Strategy-Focused Organization: How Balanced Scorecard Companies Thrive in the New Business Environment* (Boston: Harvard Business School Press, 1996) 中所使用的框架。

13. S. E. Jackson and R. S. Schuler, "Human Resource Management in the Context of Organizations and Their Environments," *Annual Review of Psychology* 46 (1955): 237—264; R. S. Schuler and S. E. Jackson, "Linking Competitive Strategies with Human Resource Practices," *Academy of Management Executive* 1, no. 3 (1987): 207—220.

第五章

1. B. E. Becker and M. A. Huselid, "Measuring HR's Performance? Benchmarking Is Not the Answer!" *HR Magazine* (December 2003).

2. 参见 B. E. Becker and M. A. Huselid, "High Performance Work Systems and Firm Performance: A Synthesis of Research and Managerial Implications," ed. G. Ferris, *Research in Personnel and Human Resource Management* 16 (1998): 53—101。

第六章

1. Michael E. Porter, "From Competitive Advantage to Corporate Strategy," *Harvard Business Review* (May-June 1987); Michael Treacy and Fred Wiersema, *The Discipline of Market Leaders* (Reading, MA: Addison-Wesley, 1995).

2. Gary Hamel and C. K. Prahalad, *Competing for the Future* (Boston: Harvard Business School Press, 1996).

3. William Joyce, Nitin Nohria, and Bruce Roberson, *What Really Works: The 4 + 2 Formula for Sustained Business Success* (New York: HarperBusiness, 2003).

4. R. E. Kopelman and L. Reinharth, "Research Results: The Effect of Merit-Pay Practices on White Collar Performance." *Compensation Review* 14, no. 4 (1982); R. L. Heneman, *Merit Pay: Linking Pay Increases to Performance Ratings* (Reading, MA: Addison-Wesley, 1992); R. E. Kopelman, J. L. Rovernpor, and M. Cayer, "Merit Pay and Organizational Performance: Is There an Effect on the Bottom Line?" *National Productivity Review* (1991): 299—307; J. L. Pearce, W. B. Stevenson, and J. L. Perry, "Managerial Compensation Based on Organizational Performance: A Time Series Analysis of the Effects of Merit Pay," *Academy of Management Journal* 28 (1985): 261—278; B. Gerhart and G. T. Milkovich, "Organizational Differences in Managerial Compensation and Firm Performance," *Academy of Management Journal* 33 (1990): 663—691; T. M. Welbourne and A. O. Andrews, "Predicting the Performance of Initial Public Offerings: Should Human Resource Management Be in the Equation?" *Academy of Management Journal* 39 (1996): 891—919.

5. R. F. Felton and M. Watson, "Changeacross the Board," *McKinsey Quarterly*, no. 4 (May 2002): 30—45.

6. John K. Waters, *John Chambers and the Cisco Way: Navigating Through Volatility* (New York: John Wiley & Sons, 2002).

7. Joann Muller, "Global Motors," *Forbes* (January 12, 2004): 62—68.

8. R. S. Schuler and S. E. Jackson, "Linking Competitive Strategies with Human Resource Practices," *Academy of Management Executive* 1, no. 3 (1987): 207—220.

9. Adapted from Bradford D. Smart, Ph. D., *Topgrading: How Leading Companies Win by Hiring, Coaching, and Keeping the Best People* (New York: Prentice Hall Press, 1999), 16—17.

第七章

1. Dick Beatty interview with Craig Eric Schneier, Ph. D., Executive Vice President, Human Resources, Biogen Idec, Inc., summer 2004.

2. Anthony J. Rucci, Steven P. Kirn, and Richard T. Quinn, "The Employee-Customer-Profit Chain at Sears," *Harvard Business Review* (January-February 1997): 83—97.

3. Jack Stack, *The Great Game of Business* (New York: Doubleday/Currency, 1992).

4. Bill George, *Authentic Leadership: Rediscovering the Secrets to Creating Lasting Value* (San Francisco: Jossey-Bass, 2003).

5. 有关杜邦公司方法的进一步信息可以查阅 Richard W. Beatty, B. Nicholas Dimitroff, and Dennis J. O'Neill, "Developmental Pay: Aligning Employee Capabilities with Business Needs," in *The Performance Imperative: Strategies for Enhancing Workforce Effectiveness*, eds. Howard Risher and Charles Fay. (San Francisco: Jossey-Bass, 1995), 323—342。

6. Richard W. Beatty, James R. Beatty, and Dennis J. O'Neill, "HR's Next Challenge: Building and Retaining Intellectual Capital," *Employment Relations Today* (Autumn 1998): 33—48.

7. Dave Ulrich and Dick Beatty, "From Partners to Players: Extending the HR Playing Field," *Human Resource Management* 40, no. 4 (2001): 293—307; Further information on Nissan's approach can be found in Richard W. Beatty, James R. Beatty, and Dennis J. O'Neill "HR's New Challenge: Building and Retaining In-

tellectual Capital," *Employee Relations Today* (autumn 1998): 33—48.

8. Dave Ulrich, *Human Resource Champions: The Next Agenda for Adding Value and Delivering Results* (Boston: Harvard Business School Press, 1997).

第八章

1. Garrett Walker and J. Randall MacDonald, "Designing and Implementing an HR Scorecard," *Human Resource Management* 40 (2001): 365—377.

2. *Learning Map*® is a trademark of Root Learning, Inc., of Maumee, Ohio. Learning Map products are soley owned by Root Learning, Inc. and cannot be reproduced or modified in any form without the company's express written permission.

3. Susan J. Ashford and Gregory Northcraft, "Robbing Peter to Pay Paul: Feedback Environments and Enacted Priorities in Response to Competing Task Demands," *Human Resource Management Review* 13 (2003): 537—559.

4. Edwin A. Locke and Gary P. Latham, *A Theory of Goal Setting and Task Performance* (Englewood Cliffs, NJ: Prentice-Hall, 1990); Ashford and Northcraft, "Robbing Peter to Pay Paul."

5. Mark A. Huselid and Brian E. Becker, "An Interview with Mike Losey, Tony Rucci, and Dave Ulrich: Three Experts Respond to HRMJ's Special Issue on HR Strategy in Five Leading Firms," *Human Resource Management* 38 (1999): 353—365.

6. Richard McKnight, Jody Doele, and Kim Christine, "One Prudential Exchange: The Insurance Giant's Literacy and Alignment Platform," *Human Resource Management* 40 (2001): 241—247.

7. 我们想感谢 Christian Iversen, VPHR at The LEGO Compa-

ny 允许我们重印这张表。该表也出现在 *A New Measurement Mandate: Leveraging HR and Organizational Resources to Enhance Corporate Performance*（Corporate Leadership Council：Washington，DC，2001），75。

第九章

1. Robert S. Kaplan and David P. Norton，*Strategy Maps: Converting Intangible Assets into Intangible Outcomes*（Boston：Harvard Business School Press，2004）.

2. Garrett Walker is Director of Global Resourcing and HR Strategy at IBM. Interview with Mark Huselid，summer 2004.

3. 同上。

4. 同上。

5. 参见 Anthony J. Rucci，Steven P. Kirn，and Richard T. Quinn，"The Employee-Customer-Profit Chain at Sears，" *Harvard Business Review*（January-February 1997）：83—97。

6. Peter Fasolo，interview with Mark Huselid，August 2004.

7. Walker interview.

作者简介

马克 · A. 休斯理德是 Rutgers 大学管理与劳动关系学院(SMLR)的人力资源管理教授。关于员工管理及测量系统、战略实施以及企业绩效之间的相互关联这个主题,休斯理德教授有许多著述和丰富的咨询经验。休斯理德教授的著作《人力资源记分卡:将人员、战略、绩效连结起来》(*The HR Scorecard: Linking People, Strategy, and Performance*,与布雷恩 · E. 贝克和迪夫 · 乌里奇合著)已于 2001 年由哈佛商学院出版社出版。《人力资源记分卡》已经被翻译成九种文字并成为国际畅销书。休斯理德教授从 2000 年到 2004 年担任《人力资源管理》杂志(*the Human Resource Management Journal*)的编辑,并且是许多编辑委员会的现任或前任成员。

布赖恩 · E. 贝克尔是布法罗纽约州立大学组织与人力资源系主任和人力资源教授。贝克教授就有工会和无工会组织中的雇佣系统财务影响主题发表了大量著述。他目前的研究和咨询兴趣集中在人力资源系统、战略实施以及企业绩效之间的关系方面。他与马克·A.休斯理德以及迪夫·乌里奇合著了《人力资源记分卡:将人员、战略、绩效连结起来》(哈佛商学院出版社,2001年)。

理查德·W.贝蒂是Rutgers大学人力资源管理教授和密歇根大学高级管理人员教育中心的核心师资委员会成员。贝蒂教授是《人力资源管理》杂志的副编辑、人力资源管理基金会会长,并且是该会图书奖获得者。他还两度获得人力资源规划学会的研究奖。他是《绩效评价:工作中的人的行为管理》(*Performance Appraisal: Managing Human Behavior at Work*, with H. John Bernardin, Kent Publishing Company, 1984)和《人力资源管理:一种经验性技能构建方法》(*Human Resource Management: An Experiential Skill-Building Approach*, with Craig E. Schneier, Addison-Wesley, 1977)的作者。他的研究兴趣集中在人力资源战略和员工绩效各个方面的测量上。

译 者 致 谢

本书翻译过程中，曾得到高慧女士、袁媛女士和吴非先生的鼎力支持和协助。在此，谨对他们表示诚挚的谢意。

本书译者　吴雯芳